U0616285

隧道工程智能建造关键技术丛书

热带雨林地区复杂地质条件下
浅埋高速铁路隧道施工关键技术

程鹏军 ◉ 著

西南交通大学出版社
·成 都·

图书在版编目（CIP）数据

热带雨林地区复杂地质条件下浅埋高速铁路隧道施工关键技术 / 程鹏军著. -- 成都：西南交通大学出版社，2024.11. -- ISBN 978-7-5774-0220-8

Ⅰ. U459.1

中国国家版本馆 CIP 数据核字第 2024Q1X471 号

Redai Yulin Diqu Fuza Dizhi Tiaojian Xia Qianmai Gaosu Tielu Suidao Shigong Guanjian Jishu

热带雨林地区复杂地质条件下浅埋高速铁路隧道施工关键技术

程鹏军　**著**

策划编辑 / 韩洪黎　张　波
责任编辑 / 韩洪黎
封面设计 / 曹天擎

西南交通大学出版社出版发行

（四川省成都市金牛区二环路北一段 111 号西南交通大学创新大厦 21 楼　610031）
营销部电话：028-87600564　028-87600533
网址：http://www.xnjdcbs.com
印刷：成都勤德印务有限公司

成品尺寸　170 mm×230 mm
印张　13.25　字数　238 千
版次　2024 年 11 月第 1 版　印次　2024 年 11 月第 1 次
书号　ISBN 978-7-5774-0220-8
定价　96.00 元

图书如有印装质量问题　本社负责退换
版权所有　盗版必究　举报电话：028-87600562

前　言　PREFACE

　　雅加达—万隆高速铁路项目（简称"雅万高铁"），作为连接印尼首都雅加达与第三大城市万隆的重要交通纽带，不仅是中国高铁技术首次走出国门、在海外落地生根的标志性工程，也是东南亚地区首条最高设计速度达到 350 千米/时的现代化高速铁路。这条全长 142.3 千米的铁路线，穿越 9 个市县，设立 4 座车站，将铁路运营时间从 3 个多小时缩短至 40 分钟，促进了区域经济一体化，激发了沿线的经济活力。其背后，是中印尼两国企业深度合作的智慧结晶，以及高达 400 亿人民币的投资规模，其中 75% 的资金由中国国家开发银行提供贷款支持，彰显了国际合作的力量与信心。

　　然而，雅万高铁的建设并非坦途，它面临着前所未有的挑战，尤其是隧道工程部分。由于线路途经热带雨林地区，独特的地质构造与极端气候条件相互叠加，导致隧道施工环境异常复杂。频繁的强降雨使得地下水补给极为丰富，进一步弱化了围岩的稳定性，施工过程中频繁遭遇围岩大变形、支护结构侵限、掌子面挤出坍塌等一系列工程难题，严重威胁施工安全，影响工程进度与经济效益。面对如此严峻的挑战，如何确保工程顺利推进并实现预期的社会效益与经济效益，成为摆在建设者面前的一项重大课题。

鉴于此，本研究聚焦于雅万高铁 2 号与 4 号隧道工程，旨在深入探索热带雨林地区复杂地质条件下浅埋高速铁路隧道施工的关键技术。通过系统性的研究与实践，我们针对火山堆积层浅埋偏压地段隧道洞口施工技术、软弱膨胀性泥岩隧道变形控制技术、穿越强富水块石土层与高液限黏土交界面开挖施工技术、强降水条件下的地表及洞内防排水措施、膨胀性泥岩地段隧道基底变形处理策略，以及隧道大型机械化配套快速施工技术等多个方面，形成了一系列创新性研究成果和技术体系。这些成果不仅直接指导了工程的高效、安全建设，保障了雅万高铁的顺利贯通，更为未来类似工程提供了宝贵的经验借鉴，展现出显著的工程应用价值和经济效益潜力。

　　在此背景下，本研究的开展不仅是对现有高铁建设技术的一次重要补充与提升，更是对国际工程合作模式下应对极端地质条件挑战的一次积极探索。我们相信，通过不断的技术创新与实践积累，能够为全球高铁建设事业的发展贡献更多中国智慧与中国方案，同时也为促进"一带一路"倡议下的国际基础设施合作树立新的典范。

作　者

2024 年 4 月

目　录　CONTENTS

第 1 章

绪 论

　　雅加达至万隆高速铁路（雅万高铁）设计速度 350 km/h，线路正线全长 142.3 km，其中雅加达市范围约 3.6 km，西爪哇省范围约 138.7 km。铁路沿线设哈利姆（Halim）、卡拉旺（Karawang）、瓦利尼（Walini）、德卡鲁尔（Tegalluar）4 座车站和德卡鲁尔（Tegalluar）动车段。项目总投资达 400 亿人民币，是国家外交战略的标志性项目，定位为"一带一路"建设早期收获的项目。

1.1　工程概况

　　雅万高铁是中国首个海外高铁项目，也是东南亚第一条设计速度 350 km/h 的高铁。雅万高铁线路全长 142.3 km，途经 9 个市县，全线共设 4 座车站。项目由中国和印度尼西亚企业合作建设和运营，中方提供贷款。建成通车后，雅加达到万隆的列车运行时间将由现在的 3 个多小时缩短至 40 分钟，有助于便利民众出行、带动沿线产业发展、提升区域经济社会发展水平。

　　雅万高铁全线共有隧道 13 座，全长 16.872 km，隧线比 11.84%，全部设计为单洞双线隧道。其中，盾构法施工城市隧道 1 座（1 号隧道长 1885 m）、矿山法施工山岭隧道 12 座。最长隧道为 6 号隧道，长 4478 m；最短隧道为 GDK99～GDK100 隧道，长 208 m。隧道最大埋深 103 m，Ⅳ级围岩占比 14.5%，Ⅴ级围岩占比 65.6%，Ⅵ级围岩占比 13.4%。全线设施工辅助斜井 10 座，长度均为 200 m 左右，其中单车道斜井 7 座，双车道斜井 3 座，所有斜井后期均封堵处理。雅万高铁隧道概况如表 1.1-1 所示。

表 1.1-1 雅万高铁隧道概况

区段	隧道分类长度	双线隧道长度及数量	
		长度/m	数量/座
正线	$L \leq 1000$	2358	5
	$1000 < L \leq 2000$	7846	6
	$2000 < L \leq 3000$	2190	1
	$3000 < L \leq 5000$	4478	1
	合计	16872	13

　　隧道作为铁路建设的控制性工程，其施工难度大，进度缓慢，由于地质条件的复杂性和工程位置的特殊性，往往会使其面临各种各样的困难，甚至造成严重的工程事故，带来生命财产的损失。雅万高铁项目位于印度尼西亚，属于热带雨林地区，终年炎热而潮湿，按降雨量大小分为旱季、雨季，全年 11 月至次年 3 月为雨季西北季风期，多雨多云，4 月至 10 月为旱季东南季风期，晴天多而雨量少，沿线主要气象站气象要素见表 1.1-2。该地历年平均降水量为 2415.8 mm，历年年平均降水日数为 223 d，地下水稳定水位均高于洞身结构面上部，施工期间会对膨胀性黏土、泥岩等地层进行扰动，从而形成地下水径流通道，进而造成洞身围岩坍塌。

表 1.1-2 气象要素

项目	地点	
	雅加达	万隆
历年各月平均气温/ °C	27.1	23.1
历年各月极端最高气温/ °C	37.8	36.0
历年各月极端最低气温/ °C	16.9	11.2
历年各月平均相对湿度/%	79.2	78.9
历年年平均降水量/mm	2347.7	2415.8
历年日极端最大降水量/mm 及（发生年份）	305（2011 年）	123（2010 年）
累年平均风速/（km/h）	6.8	6.0
累年最大风速/（km/h）及（风向）	46.3（270°）	55.6（135°）
累年年平均雷暴日数/d	66.5	21.9
累年年平均雾日数/d	0.4	1.1
累年年平均降水日数/d	188.7	223
历年各月平均能见度/km	8.7	9.8

雅万高铁沿线隧道工程地质条件较差，且由于其特殊的地理位置，使得年降雨量极大，地下水补给十分充足，进一步劣化围岩强度，在施工中极易出现围岩大变形、支护结构侵限、掌子面挤出坍塌等工程事故，严重影响了施工进度及经济效益。因此，本书以雅万高铁 2、4 号隧道为工程背景，针对热带雨林地区复杂地质条件下浅埋高速铁路隧道施工关键技术进行深入研究，研究内容包括：火山堆积层浅埋偏压地段隧道洞口施工技术、软弱膨胀性泥岩隧道变形控制技术、穿越强富水块石土层与高液限黏土交界面开挖施工技术、强降水施工期间地表及洞内防排水措施、膨胀性泥岩地段隧道基底变形处理措施，研究成果及技术体系将直接应用于依托工程的修建，保障雅万高铁的顺利贯通，并作为集团公司的技术储备，可为其他类似工程提供一定的经验，具有较高的工程应用价值及社会经济效益。

1.2 地形地貌

第 2 号隧道位于普望加达西南侧，2 号隧道全长 1030 m，隧道洞身最小埋深约 7 m，隧道最大埋深 53.6 m，地处丘陵区，地势起伏大，植被覆盖率较高。隧道进口自然坡度为 8°~11°，隧道出口自然坡度为 13°~30°。隧道附近有村落，地表多为农田和树林，地势总体西低东高。隧道调查区内山脊大致呈东西向展布，形成多处局部分水岭。隧道区分布的地层从新至老有第四系更新统火山堆积层（Qos）黏土、粗圆砾土，第三系中新统 subang 组泥岩（Msc）、砂岩，第三系中新统 Jatiluhur 组泥岩（Mdm）。因沿线植被发育，基岩露头少，致使产状准确量取非常困难，根据 Cianjur9/XⅢ-E 幅地质图查得工点附岩层产状为 33°∠20°，因此直接取用产状 33°∠20°。

第 4 号隧道进口里程 DK76+935.00，出口里程 DK78+250.00，中心里程 DK77+592.50，全长 1315.00 m，隧道洞身最小埋深约 4 m，隧道最大埋深约 73.6 m，本隧道拟采用矿山法施工。第 4 号隧道位于 jatiluhur 地区，剥蚀丘陵区，地势起伏大，总体南低北高，植被覆盖率较高。隧道进口自然坡度约 10°，隧道出口自然坡度约 18°。隧道附近有村落，表层多为农田和树林。隧址范围内多处开辟为采石场及碎石场。隧道调查区内山脊主要呈西北-东南向展布，形成多处局部分水岭，进出口均有道路可到洞口附近。

1.3 工程地质

1.3.1 地层岩性

1.2 号隧道

2 号隧道区分布的地层从新至老有第四系更新统火山堆积层(Qos)黏土、粗圆砾土,第三系中新统 subang 组泥岩(Msc)、砂岩,第三系中新统 Jatiluhur 组泥岩(Mdm)。根据现场调查,本工点附近岩层产状为 $22°∠60°$,因沿线植被发育,基岩露头少,致使产状准确量取非常困难,根据 Cianjur9/X Ⅲ -E 幅地质图查得工点附岩层产状为 $33°∠20°$,按照不利条件考虑取用产状 $33°∠20°$。隧道调查区勘探深度范围内地层厚度、岩性特征由新至老简述如下:

(1)第四系更新统火山堆积层。

$⑧_{22}$ 黏土:黄褐色,软塑,含有约 10%的砂粒,厚 6.0 ~ 9.0 m,分布于隧道上部表层。

$⑧_{23}$ 黏土:黄褐色、褐黄色、灰黄色,软塑,夹粉质黏土及碎石,含砾石及砂,厚 4.5 ~ 11.5 m,分布于隧道上部小里程段。

$⑧_{24}$ 黏土:黄褐色、棕红色,硬塑,偶见碎石,厚 3.5 ~ 8.5 m,分布于隧道进口处。

$⑧_{25}$ 黏土:褐黄色、棕红、灰褐色、灰绿色,硬塑,含圆砾及砂,厚 6.0 ~ 15.0 m,分布于隧道进出口。

$⑧_{26}$ 黏土:灰褐色,坚硬,含少量铁锈,厚 1.0 ~ 2.0 m,分布于出口附近。

$⑧_{122}$ 粗圆砾土:灰褐色,稍密,饱和,砾石成分以安山岩为主,黏土充填,夹碎石,厚 0 ~ 5.3 m,隧道上部透镜体状分布。

(2)第三系中新统 subang 组。

$⑯_{11}$ 泥岩:褐灰色、黄褐色,全风化,原岩结构构造基本破坏,岩芯呈土柱状,局部碎块状。层厚 4.0 ~ 23.5 m,隧址区广泛分布,产状 $33°∠20°$。

$⑯_{12}$ 泥岩:深灰色、褐灰色、灰褐色,强风化,泥质结构,层状构造,岩芯呈碎块状及短柱状。该层在勘探深度范围内未揭穿,隧址区广泛分布,产状 $33°∠20°$。

$⑯_{32}$ 砂岩:灰色,强风化,粒状结构,层状构造,岩芯呈柱状,层厚约 1.5 m,产状 $33°∠20°$。

(3)第三系中新统 Jatiluhur 组。

⑰₁₂泥岩：灰褐色、褐灰色、浅灰色，强风化，泥质结构，层状构造，岩心呈柱状，锤击声闷易碎。该层在勘探深度范围内未揭穿，隧道出口下部分布，产状33°∠20°。

2. 4号隧道

4号隧道区分布的地层从新至老有第四系坡积层（Qdl）黏土、第四系更新统火山堆积层（Qos）黏性土、碎石类土及泥岩（半成岩），新生界安山岩（ha），第三系中新统 Jatiluhur 组泥岩（Mdm）、火山角砾岩。隧道调查区勘探深度范围内地层厚度、岩性特征由新至老简述如下：

（1）第四系坡积层。

⑩₂₂黏土：黄褐色，软塑，厚0.0～2.0 m，分布于隧道进口处及隧道上部。

⑩₂₅黏土：灰褐色、灰绿色、黄褐色，硬塑，厚2.0～8.5 m，分布于隧道进口处及隧道上部。

（2）第四系更新统火山堆积层。

⑧₂₁黏土：黄褐色，流塑，含大量白色斑点及少量铁锈，含少量砂粒，厚0.0～4.7 m，分布于隧道上部。

⑧₂₄黏土：棕红色、灰黄色、棕黄色，硬塑，含砂粒，厚1.0～15.2 m，分布于隧道进出口处及隧道上部。

⑧₂₅黏土：褐黄色、灰黑色、硬塑，芯呈碎屑状，厚3.5～8.8 m，分布于隧道出口及上部。

⑧₂₇土：褐黄色、灰绿色，坚硬，具胶结作用，含少量砂粒，厚3.3～10.2 m，分布于隧道洞身处。

⑧₃₅粉质黏土：灰黑色、硬塑，岩芯呈半胶结作用，岩芯夹大量白色斑点及角砾，揭示厚度约6.0 m，分布于隧道出口处。

⑧₁₆₄块石土：浅灰色，密实，饱和，岩芯呈碎块及短柱状，含白色斑点，锤击易碎，揭示厚度4.0～9.3 m，分布于隧道中部洞身位置，靠近小里程一侧。

⑧₂₀₁泥岩（半成岩）：灰白色、褐灰色，具半成岩作用，成岩作用差，岩芯呈短柱状及块状，锤击易碎，揭示厚度2.4～6.8 m，分布于隧道中部洞身位置。

（3）新生界安山岩层。

㉖₁₂安山岩：浅灰色，强风化，斑状交织结构，块状构造，岩芯呈碎块及短柱状，含白色斑点，锤击易碎，层厚1.4～4.0 m，隧址区广泛分布。

㉖₁₃安山岩：浅灰色，弱风化，斑状交织结构，块状构造，岩芯呈短柱状，含白色斑点，锤击易碎。该层在勘探深度范围内未揭穿，隧址区广泛分布。

（4）第三系中新统 Jatiluhur 组。

⑰11 泥岩：褐灰色，全风化，原岩结构构造基本破坏，岩芯呈碎屑状，局部碎块状。层厚 2.4 ~ 10.0 m，分布于隧道进口附近，产状 225°∠20°。

⑰12 泥岩：深灰色、褐灰色，强风化，岩芯呈碎块状及短柱状。该层在勘探深度范围内未揭穿，分布于隧道进口附近，产状 225°∠20°。

⑰92 火山角砾岩：青灰色，强风化，碎屑结构，块状构造，岩芯呈柱状，锤击声闷易碎。该层在勘探深度范围内未揭穿，产状 225°∠20°。

1.3.2　不良地质及特殊岩土

1. 不良地质

2 号隧道进出口处火山堆积层含水量高，孔隙比大，扰动后强度较低，土石交界处容易产生塌方。隧道爆破施工对其稳定性有一定程度影响，可能由于爆破震动的影响，上部土层发生移位，从而产生危害。

4 号隧道隧道进出口处火山堆积层夹有胶结碎块，土质软硬不均，土石交界处容易产生塌方。隧道爆破施工对其有一定程度影响，可能由于爆破震动的影响，上部土层发生移位，从而产生危害。采石场表层堆积松散土体及滚石，分布大量采石坑，坑内积水，爆破开采石料对洞身稳定性不利。

2. 特殊岩土

（1）2 号隧道。

膨胀土：根据 15-ZC-102（DK74+630.26 右 18 m）孔膨胀土试验报告，结合临近孔膨胀土试验报告，综合判定隧址区黏性土具弱膨胀性。

膨胀岩：根据 15-ZC-102（DK74+630.26 右 18 m）孔膨胀岩试验报告，综合判定隧址区泥岩具中等膨胀性，自由膨胀率 68% ~ 80%。

（2）4 号隧道。

膨胀土：根据 15-ZC-057（DK76+850.52 左 0.24 m）及 15-ZC-058（DK78+078.64 右 12.58）孔膨胀土试验报告，综合判定隧址区 DK76+935.00 ~ DK77+510.00 段黏性土具中等膨胀性，自由膨胀率 42% ~ 61%，DK77+510.00 ~ DK78+250.00 段黏性土具弱膨胀性。

膨胀岩：根据 15-ZC-057（DK76+850.52 左 0.24 m）膨胀岩试验报告，综合判定隧址区泥岩具中等膨胀性，自由膨胀率 43% ~ 70%，膨胀力 P_p 为 120 ~ 422 kPa。

1.3.3 岩土工程分级

2 号隧道岩土工程分级见表 1.3-1。

表 1.3-1　2 号隧道岩土工程分级

时代成因	岩土名称	土层编号	状态	岩土施工工程分级
Qos	黏土	⑧$_{22}$	软塑	II
		⑧$_{23}$		
		⑧$_{24}$	硬塑	
		⑧$_{25}$		
		⑧$_{26}$	坚硬	III
	粗圆砾土	⑧$_{122}$	稍密	III
Msc	泥岩	⑯$_{11}$	W4	III
		⑯$_{12}$	W3	IV
	砂岩	⑯$_{32}$	W3	IV
Mdm	泥岩	⑰$_{12}$	W3	IV

4 号隧道岩土工程分级见表 1.3-2。

表 1.3-2　4 号隧道岩土工程分级

时代成因	岩土名称	土层编号	状态	岩土施工工程分级
Qdl	黏土	⑩$_{22}$	软塑	II
		⑩$_{25}$	硬塑	II
Qos	黏土	⑧$_{21}$	流塑	II
		⑧$_{24}$	硬塑	
		⑧$_{25}$		
		⑧$_{27}$	半胶结	III
	粉质黏土	⑧$_{35}$	硬塑	II
	块石土	⑧$_{164}$	密实	IV
	泥岩（半成岩）	⑧$_{201}$	成岩作用差	III
ha	安山岩	㉖$_{12}$	强风化	IV
		㉖$_{13}$	弱风化	V
Mdm	泥岩	⑰$_{11}$	全风化	III
		⑰$_{12}$	强风化	IV
	火山角砾岩	⑰$_{92}$	强风化	IV

1.3.4　围岩分级预测

1.2 号隧道

（1）评价原则及分段分析。

本隧道部分为第四系更新统火山堆积层（Qos）黏土、粗圆砾土，下伏第三系中新统 subang 组泥岩（Msc）、砂岩，第三系中新统 Jatiluhur 组泥岩（Mdm），地层岩性较简单。在开展详细地质调绘、充分分析研究地层岩性、地质构造成果的基础上，结合物探地震波测试成果，对隧道洞身围岩分级进行了预测。该隧道的工程地质条件分析如下：

①隧道正洞洞身。

• DK74+020 ~ DK74+180　　　L=160 m

黏土：黄褐色、棕褐色，软塑；泥岩，灰褐色，全风化。进口处土层稳定性较差，围岩分级为Ⅴ级，应加强支护及超前地质预报工作。

• DK74+180 ~ DK74+940　　　L=760 m

泥岩：灰褐色，全风化 ~ 强风化，岩芯呈短柱状及碎块状。围岩分级为Ⅴ级，应加强支护及超前地质预报工作。

• DK74+940 ~ DK75+050　　　L=110 m

黏土：褐黄色，硬塑，含少量铁锈及灰色条纹；泥岩：灰褐色，全风化 ~ 强风化，岩芯呈块状及柱状。围岩分级为Ⅴ级，出口处土层稳定性较差，应加强支护及超前地质预报工作。

②1 号斜井洞身。

• 斜 0+000 ~ 斜 0+155　　　L=155 m

黏土：褐黄色，硬塑，含少量铁锈及灰色条纹；泥岩：灰褐色，全风化 ~ 强风化，岩芯呈块状及柱状。围岩分级为Ⅴ级，出口处土层稳定性较差，应加强支护及超前地质预报工作。

（2）隧道正洞预测围岩分级。

① 正洞预测围岩分级。

正洞预测围岩分级见表 1.3-3。

表 1.3-3 正洞预测围岩分级

里程段落	长度/m	围岩分级
DK74+020～DK75+050	1030	V

②正洞预测围岩统计。

正洞预测围岩统计见表 1.3-4。

表 1.3-4 正洞预测围岩统计

隧道长度/m	围岩分级
	V
正洞	1030
百分比/%	100

（3）隧道斜井预测围岩分级。

① 斜井预测围岩分级。

斜井预测围岩分级见表 1.3-5。

表 1.3-5 斜井预测围岩分级

斜井名称	里程段落	长度/m	围岩分级
1 号斜井	1 斜 0+000～1 斜 0+155	155	V

② 斜井预测围岩统计。

斜井预测围岩统计见表 1.3-6。

表 1.3-6 斜井预测围岩统计

隧道长度/m	围岩分级
	V
1 号斜井	155
百分比/%	100

2. 4 号隧道

（1）评价原则及分段分析。

本隧道洞身部分为第四系坡积层（Qdl）黏土、第四系更新统火山堆积层（Qos）黏性土、碎石类土及泥岩（半成岩），新生界安山岩（ha），第三系中新统 Jatiluhur 组泥岩（Mdm）、火山角砾岩，地层岩性较简单。在开展详细地质调绘、充分分析研究地层岩性、地质构造成果的基础上，对隧道洞身围岩分级进行了预测。该隧道的工程地质条件分析如下：

① 隧道洞身。

• DK76+935 ~ DK77+065　　　L=130 m

表覆第四系坡积层（Qdl）黏土，软塑~硬塑；下伏第三系中新统 Jatiluhur 组泥岩（Mdm），全风化~强风化，黏性土、泥岩具有中等膨胀性。围岩分级为 V 级，进口处土层稳定性较差，应加强支护及超前地质预报工作，雨季施工需做好防排水工作。

• DK77+065 ~ DK77+125　　　L=60 m

剥蚀丘陵区，地形起伏大，隧道洞身处为第三系中新统 Jatiluhur 组泥岩（Mdm），全风化~强风化；新生界安山岩，弱风化，岩石坚硬，岩体完整；泥岩具有中等膨胀性。围岩分级为 IV 级，稳定性较差，应加强支护及超前地质预报工作，雨季施工需做好防排水工作。

• DK77+125 ~ DK77+215　　　L=90 m

安山岩，灰白色，弱风化，岩石坚硬，岩体完整。围岩分级为 III 级，应加强支护及超前地质预报工作。

• DK77+215 ~ DK77+315　　　L=100 m

安山岩，灰白色，弱风化，岩石坚硬，岩体完整。围岩分级为 II 级，应加强超前地质预报工作。

• DK77+315 ~ DK77+375　　　L=60 m

安山岩，灰白色，弱风化，岩石坚硬，岩体完整。围岩分级为 III 级，隧道埋藏较浅，应加强支护及超前地质预报工作。

• DK77+375 ~ DK77+465　　　L=90 m

安山岩，灰白色，弱风化，岩石坚硬，岩体完整。围岩分级为 II 级，应加强超前地质预报工作。

• DK77+465 ~ DK77+720　　　L=255 m

安山岩，灰白色，弱风化，岩石坚硬，岩体完整。围岩分级为 III 级，应加强支护及超前地质预报工作。

• DK77+720 ~ DK78+250　　　L=530 m

表覆第四系更新统火山堆积层（Qos）黏土，硬塑~坚硬；块石土，密实；泥岩（半成岩），成岩作用一般，下伏新生界安山岩，强风化~弱风化，黏性土具半胶结作用和弱膨胀性。围岩分级为Ⅴ级，土层稳定性较差，应加强支护及超前地质预报工作，雨季施工需做好防排水工作。

② 1号斜井。

• 1斜 0+00 ~ 1斜 1+60　　　L=160 m

黏土：黄褐色、灰黑色，硬塑 ~ 坚硬，半胶结；块石土：浅灰色，密实，饱和；泥岩（半成岩）：褐灰色，半成岩，成岩作用一般，下伏第三系中新统 Jatiluhur 组火山角砾岩，强风化，岩芯呈柱状，锤击易碎；新生界安山岩，弱风化。黏性土具半胶结作用和弱膨胀性。围岩分级为Ⅴ级，应加强支护及超前地质预报工作。

（2）隧道正洞预测围岩分级。

① 正洞预测围岩分级。

正洞预测围岩分级见表 1.3-7。

表 1.3-7　正洞预测围岩分级

里程段落	长度/m	围岩分级
DK76+935 ~ DK77+065	130	Ⅴ
DK77+065 ~ DK77+125	60	Ⅳ
DK77+125 ~ DK77+215	90	Ⅲ
DK77+215 ~ DK77+315	100	Ⅱ
DK77+315 ~ DK77+375	60	Ⅲ
DK77+375 ~ DK77+465	90	Ⅱ
DK77+465 ~ DK77+720	255	Ⅲ
DK77+720 ~ DK78+250	530	Ⅴ

②正洞预测围岩统计。

正洞预测围岩统计见表 1.3-8。

表 1.3-8　正洞预测围岩统计

隧道长度/m	围岩分级			
	Ⅱ	Ⅲ	Ⅳ	Ⅴ
正洞 1315	190	405	60	660
百分比/%	14.45	30.80	4.56	50.19

（3）隧道斜井预测围岩分级。

①斜井预测围岩分级。

斜井预测围岩分级见表 1.3-9。

表 1.3-9　斜井预测围岩分级

斜井名称	里程段落	长度/m	围岩分级
1 号斜井	1 斜 0+00 ~ 1 斜 1+60	160	V

②斜井预测围岩统计。

斜井预测围岩统计见表 1.3-10。

表 1.3-10　斜井预测围岩统计

隧道长度/m	围岩分级	
	V	VI
1 号斜井	160	—
百分比/%	100%	—

1.4　水文地质

2 号隧道隧址区范围雨季部分冲沟内有季节性流水。地下水主要为第四系孔隙潜水和基岩裂隙水，主要受大气降水补给，以蒸发、地下径流的方式排泄，钻探揭露埋深 2.35 ~ 5.25 m（高程 90.73 ~ 139.38 m），火山成因黏性土孔隙比大、含水率高，隧道洞身存在孔隙水及基岩裂隙水。参考利用 16-ZD-1313（DK73+604.42）孔地下水和 16-ZD-1321（DK75+110.86）孔地表水水质分析报告，依据《铁路混凝土结构耐久性设计规范》（TB 10005—2010）综合判定：地下水及地表水对铁路混凝土结构均不具侵蚀性。

4 号隧道隧址区范围 DK77+078 ~ DK77+700 处地表为采石场，采石场正在开采中，形成大量采石坑，坑内积水，水深 0.5 ~ 1.5 m，雨季部分冲沟内有季节性流水。地下水主要为第四系孔隙潜水和基岩裂隙水，主要受大气降水补给，以蒸发、地下径流的方式排泄，钻探揭露地下水埋深 0.0 ~ 11.4 m（高程 165.58 ~ 232.24 m），隧道洞身存在孔隙水及基岩裂隙水。其中赋存于DK77+780.00 ~ DK78+250.00 段 $⑧_{164}$ 块石土中的地下水以 $⑧_{24}$、$⑧_{25}$、$⑧_{27}$ 黏土及 $⑧_{201}$ 泥岩（半成岩）为相对隔水板，具微承压性。隧道分段设计预测最大涌水量 22548 m³/d，正常涌水量 6908 m³/d。特殊岩土有膨胀土和膨胀性泥岩，黏土具中等膨胀性，自由膨胀率为 42% ~ 61%，泥岩具中等膨胀性，自由膨胀率为 43% ~ 70%。风险评估预测 DK77+720 ~ DK78+250 段预计可能发生大变形、突水突泥和基底变形，DK76+935 ~ DK77+125、DK77+720 ~ DK78+250 段可能发生塌方。

隧道围岩整体软弱，具有浅埋、偏压、富水、洞身穿越块石土与黏土交界面、具有膨胀性的黏土和泥岩的软弱围岩等复杂地质条件，施工安全风险高，工期要求紧。

1.5 设计概况

1.5.1 隧道结构设计

雅万高铁 2 号隧道洞身 DK74+135 ~ DK75+002 段穿越膨胀性泥岩，全长 867 m，围岩等级为 V 级，设计为双线高速铁路隧道，采用 V_{r-p} 型衬砌，隧道衬砌断面如图 1.5-1 所示。

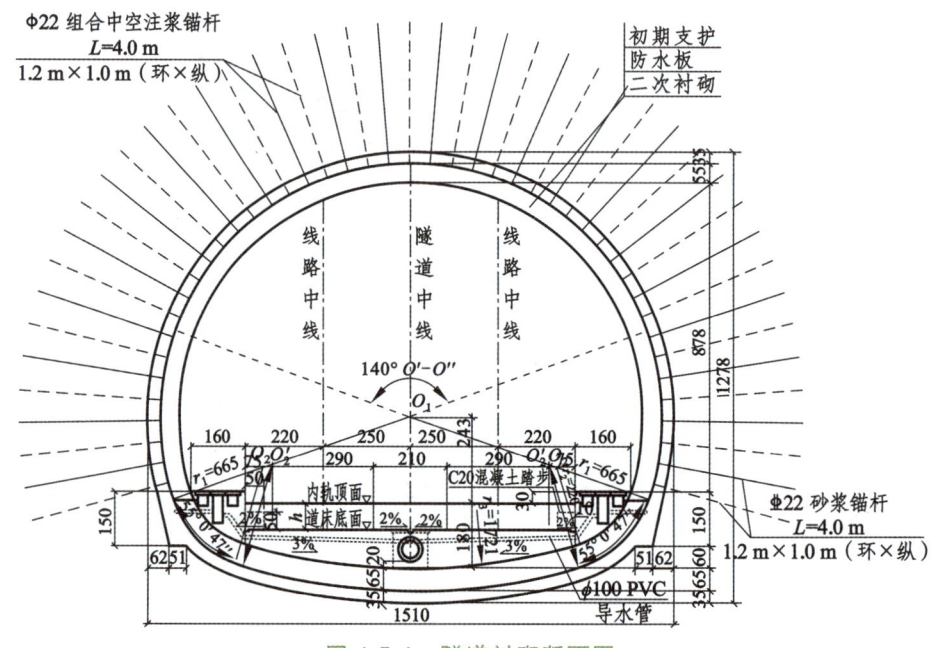

图 1.5-1 隧道衬砌断面图

隧道采用复合式衬砌支护形式，初期支护厚度 35 cm，二次衬砌 55 cm 厚 C35 模筑钢筋混凝土，初期支护参数见表 1.5-1。

表 1.5-1　初期支护参数

C25 喷射混凝土		Φ8 钢筋网		型钢钢架			锚杆		
设置部位	厚度/cm	设置部位	网格间距/cm	规格	设置部位	间距/m	设置部位	长度/m	间距/m
拱墙	35	拱墙	20×20	I25a	全断面	0.6	拱墙	4.0	1.2×1.0（环×纵）
仰拱	35								

4 号隧道浅埋段 DK77+720 ~ DK78+250 为 V 级围岩，采用的主要的衬砌类型为 V_{s-p} 和 V_{s-p-1}，衬砌断面如图 1.5-2 所示。其中 V_{s-p} 的初支采用 C30 喷射混凝土、支护厚度为 35 cm，边墙锚杆长度 3.5 m、间距为 1.2 m×1.0 m（环×纵），钢架采用 I25a 型钢、间距 0.6 m，二衬采用 C35 钢筋混凝土、拱墙厚度 55 cm、仰拱厚度 65 cm；V_{s-p-1} 的初支采用 C30 喷射混凝土、厚度为 35 cm，边墙锚杆长度 3.5 m、间距为 1.2 m×1.0 m（环×纵），钢架采用 I25b 型钢、间距 0.6 m，二衬采用 C35 钢筋混凝土、拱墙厚度 60 cm、仰拱厚度 70 cm。

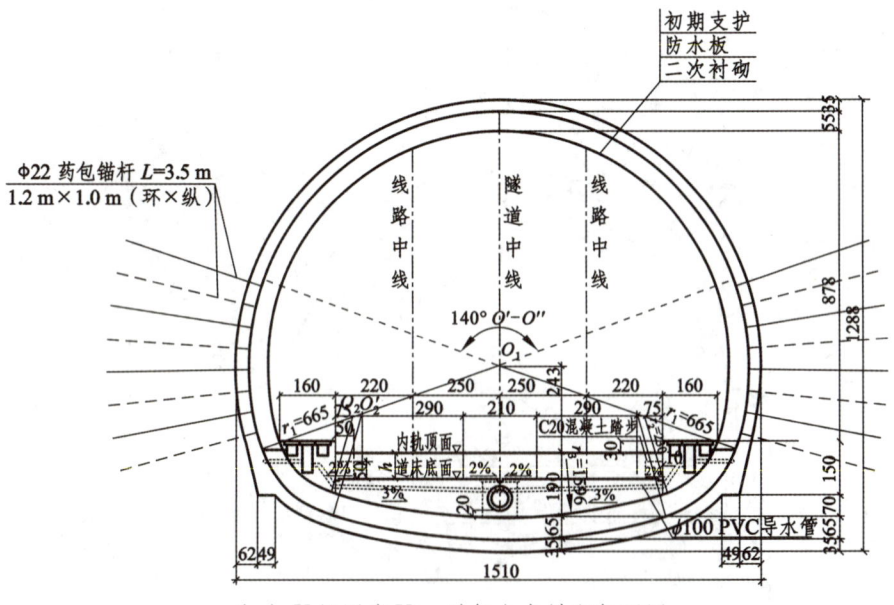

（a）V 级围岩 V_{s-p} 型复合式衬砌断面图

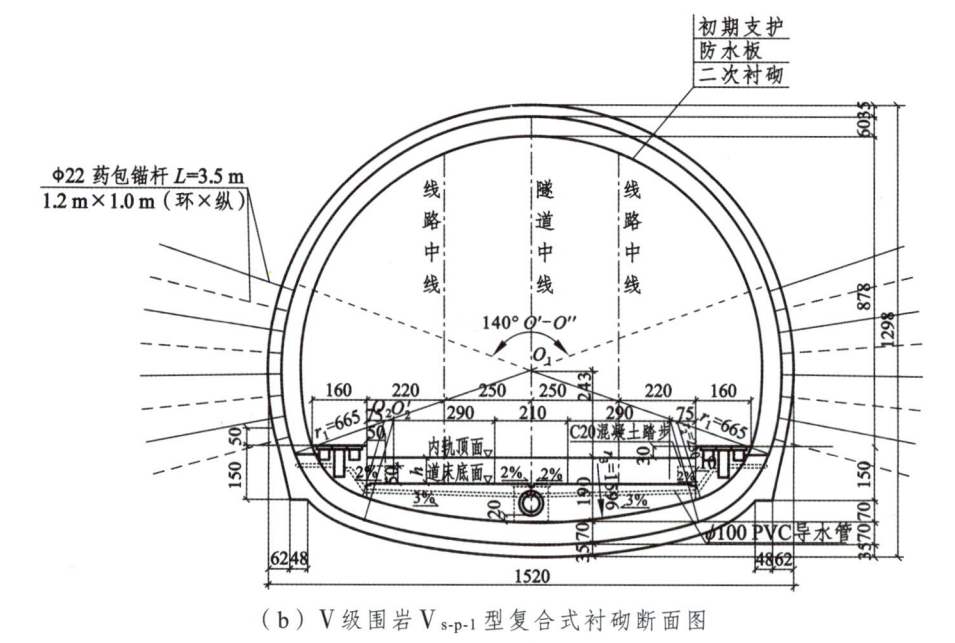

（b）V级围岩 V$_{s\text{-}p\text{-}1}$ 型复合式衬砌断面图

图 1.5-2　隧道衬砌断面图

1.5.2　膨胀性地层设计

隧道区多为海相火山灰地层，黏土、粉质黏土等膨胀性土层及泥岩等膨胀性岩层问题突出。根据目前地质资料，山岭隧道处于膨胀性地层中的段落长度为 11.3 km，占比高达 75.6%。本项目针对膨胀性地层的隧道设计措施主要有：

（1）优化结构断面形式，加强初期支护刚度和二衬承载能力。

（2）施工开挖方法上，采用"快挖快支快封闭、三台阶临时横撑和每循环掌子面喷混凝土封闭、及时排水、加强监控量测"的施工措施，确保及时有效控制变形。

（3）隧道基底加固设计。针对隧道基底土层厚度大（10～30 m）且具有膨胀性的现状，基底加固作为提高承载力必要措施。

（4）富水地段仰拱泄压排水防止底鼓。富水膨胀性地层段落，为防止水头升高，衬砌压力增大，导致仰拱道床底鼓和翻浆冒泥病害，在仰拱设置泄压排水措施。

（5）加强监控量测。除规程规定的洞内外观察、拱顶下沉、净空收敛、地表沉降必测项目外，增加隧底隆起、初支与二衬之间接触压力等监测项目；纵向每 5 m 设一处监控量测断面，并增大监控量测的频率，建立监控量测预警系统。

1.5.3 浅埋暗挖山岭隧道设计

全线山岭隧道埋深浅：覆土厚度≤30 m 段落共长 9.07 km，占比 60.7%；30 m＜覆土厚度≤50 m 段落共长 2.70 km，占比 18.1%。综合比较，覆土厚度≤50 m 段落共长 11.77 km，占比 78.8%。

全线山岭隧道围岩差：Ⅳ、Ⅴ、Ⅵ级三种围岩段落共长 15.777 km，总占比 93.51%。其中Ⅳ级围岩占比 14.5%，Ⅴ级围岩占比 65.6%，Ⅵ级围岩占比 13.4%。

1. 深浅埋划分原则

针对沿线具有膨胀性的富水软弱地层，拟将Ⅳ级围岩地层深浅埋覆土厚度判别标准确定为 40 m，Ⅴ级围岩地层深浅埋覆土厚度判别标准确定为 50 m。

2. 加强超前支护措施

根据埋深和地层条件，采用超前大管棚、超前中管棚、超前密排小导管、超前小导管、超前水平旋喷桩等超前措施。

3. 加强施工工法

Ⅳ级围岩段采用三台阶法施工。

Ⅴ级围岩深埋段采用三台阶七步开挖法；断层破碎带、偏压段、浅埋段采用三台阶临时横撑法；膨胀性地层段采用临时三台阶临时仰拱法；下穿既有公路、铁路段采用 CRD 法施工。

Ⅵ级围岩段采用三台阶临时仰拱法或 CRD 法施工。

1.5.4 抗减震设计

根据地震安全性评价，雅万高铁项目山岭隧道区段地震动峰值加速度（50 年超越概率 10%）0.22～0.35g，场地类别Ⅱ，抗震设防烈度 8 度，地震荷载组合工况成为结构设计的控制工况。

1. 抗震计算方法

依据地震系数法、反应位移法、反应加速度法、时程分析法等不同抗震计算方法的原理分析及计算对比结果，雅万高铁抗震验算拟采用反应位移法。

2. 抗减震措施

对洞门及附属、洞口、浅埋（Ⅳ级围岩覆盖层厚度小于 40 m，Ⅴ级围岩覆盖层厚度小于 50 m）和偏压地段、明洞、断层破碎带考虑抗震设防，通过抗震计算进行结构设计。主要措施有：

（1）洞门结构采用钢筋混凝土浇筑。

（2）洞门及洞口段衬砌、明洞、浅埋和偏压地段设防段长度一般不小于 40 m，并设置变形缝，变形缝间距 40～60 m。

（3）结构采用带仰拱的曲墙式衬砌，对不考虑抗震设防的深埋地段，避免素混凝土出现，防止掉块型震害，因此隧道二次衬砌无论围岩级别，全部采用钢筋混凝土。

（4）抗震设防段为增加结构延性，考虑纵向地震力影响，纵向分布筋加强。

（5）围岩较差地段根据地质特性选择性对围岩进行径向注浆加固，以有效增加围岩整体性。

1.6 工程特点及施工技术难点

1.6.1 隧道风险分析

依据《铁路隧道工程风险管理技术规范》（Q/CR 9247—2016），本书依托工程隧道地质风险因素主要有岩性及风化程度、单斜构造、地下水、滑坡、顺层、膨胀岩土，可能存在的风险因素及风险事件评价见表 1.6-1 和表 1.6-2。

表 1.6-1　2 号隧道风险因素分析

地质风险因素	矿山法隧道风险事件				
	塌方	突水（泥、石）	大变形	岩爆	基底变形
岩性及风化程度	★	★	★	★	★
单斜构造	★	★	★	★	★
地下水	★	★	★		★

续表

地质风险因素	矿山法隧道风险事件				
	塌方	突水（泥、石）	大变形	岩爆	基底变形
滑坡	★				★
顺层	★				
膨胀岩土			★		★

注："★"表示该风险因素对风险事件有影响。

表 1.6-2　4 号隧道风险因素分析

地质风险因素	矿山法隧道风险事件				
	塌方	突水（泥、石）	大变形	岩爆	基底变形
岩性及风化程度	★	★	★	★	★
单斜构造	★	★	★	★	★
地下水	★	★	★		★
顺层	★				
膨胀岩土			★		★

注："★"表示该风险因素对风险事件有影响。

1.6.2　施工技术难点

依托工程位于印度尼西亚，属于热带雨林地区，全年雨水量充足。其中，2、4 号隧道围岩整体软弱，具有浅埋、偏压、富水、洞身穿越块石土与黏土交界面、具有膨胀性的黏土和泥岩的软弱围岩等复杂地质条件，在施工中极易发生塌方、大变形、突水突泥和基底变形等工程问题，施工安全风险高，工期要求紧，因此开展热带雨林地区复杂地质条件下浅埋高速铁路施工关键技术的研究是极为必要的，具有一定的工程价值和学术意义。

（1）依托工程地质情况复杂，洞口段围岩揭示为火山堆积层，且具有浅埋、偏压等特点，在施工中极易发生洞口段的大变形及地表开裂等工程问题，如图 1.6-1、图 1.6-2 所示。因此本书开展火山堆积层浅埋偏压地段隧道洞口施工技术研究。

图 1.6-1　隧道洞口段初支开裂及大变形情况

图 1.6-2　洞口上方地表开裂情况

（2）2、4 号隧道围岩含有特殊岩土为膨胀土及膨胀性泥岩，围岩强度低，且具有膨胀性，风险评估预测会发生大变形、突水突泥和基底变形等工程问题，因此本书开展软弱膨胀性泥岩隧道变形控制技术研究是非常必要的。

（3）依托工程位于印度尼西亚，属于热带雨林地区，全年雨水量充沛，隧道围岩含水量大，围岩强度受到极大的削减，尤其在穿越强富水块石土层与高液限黏土交界面地段更为明显，该段隧道的施工难度大、进度慢，隧道变形难以控制，因此本书开展穿越强富水块石土层与高液限黏土交界面开挖施工技术研究，具有一定的工程价值。

（4）依托工程场地全年 11 月至次年 3 月为雨季，历年平均降水量为

2415.8 mm，历年年平均降水日数为 223 d，地下水稳定水位均高于洞身结构面上部。施工期间会对膨胀性黏土、泥岩等地层进行扰动，从而形成地下水径流通道，进而造成洞身围岩坍塌。因此本书开展强降水施工期间地表、洞内防排水措施研究，保证强降水期间隧道施工的安全性。

（5）膨胀岩具有遇水膨胀、软化、崩解和失水收缩、开裂的工程特性，属于易风化、软化的软岩范畴，依托工程广泛含有膨胀土及膨胀性泥岩，在施工期间极易发生基地变形的工程问题，因此本书开展膨胀性泥岩地段隧道基底变形处理措施研究。

第 2 章

火山灰堆积层浅埋隧道施工技术

　　雅万高铁 2 号隧道位于普望加达西南侧，全长 1030 m，隧道洞身最小埋深约 7 m，隧道最大埋深 53.6 m。4 号隧道全长 1315.00 m，隧道洞身最小埋深约 4 m，隧道最大埋深约 73.6 m。火山灰堆积层浅埋隧道在施工过程中极易发生洞口段的大变形及地表开裂等工程问题。

2.1　工程环境及施工风险分析

2.1.1　2 号隧道工程环境概况

　　2 号隧道区分布的地层从新至老有第四系更新统火山堆积层（Qos）黏土、粗圆砾土，第三系中新统 subang 组泥岩（Msc）、砂岩，第三系中新统 Jatiluhur 组泥岩（Mdm）。根据现场调查，本工点附近岩层产状为 22°∠60°，因沿线植被发育，基岩露头少，致使产状准确量取非常困难，根据 Cianjur9/XⅢ-E 幅地质图查得工点附岩层产状为 33°∠20°，按照不利条件考虑取用产状 33°∠20°。隧道进出口处火山堆积层含水量高，孔隙比大，扰动后强度较低，土石交界处容易产生塌方。隧道爆破施工对其稳定性有一定程度影响，可能由于爆破震动的影响，上部土层发生移位，而产生危害。

　　2 号隧道主要特殊岩土有：

　　膨胀土：根据 15-ZC-102（DK74+630.26 右 18 m）孔膨胀土试验报告，结合临近孔膨胀土试验报告，综合判定隧址区黏性土具弱膨胀性。

　　膨胀岩：根据 15-ZC-102（DK74+630.26 右 18 m）孔膨胀岩试验报告，综合判定隧址区泥岩具中等膨胀性，自由膨胀率 68% ~ 80%。

2.1.2　4 号隧道工程环境概况

4 号隧道区分布的地层从新至老有第四系坡积层（Qdl）黏土、第四系更新统火山堆积层（Qos）黏性土、碎石类土及泥岩（半成岩），新生界安山岩（ha），第三系中新统 Jatiluhur 组泥岩（Mdm）、火山角砾岩。隧道进出口处火山堆积层夹有胶结碎块，土质软硬不均，土石交界处容易产生塌方。隧道爆破施工对其有一定程度影响，可能由于爆破震动的影响，上部土层发生移位，从而产生危害。采石场表层堆积松散土体及滚石，分布大量采石坑，坑内积水，爆破开采石料对洞身稳定性不利。

4 号隧道主要特殊岩土有：

膨胀土：根据 15-ZC-057（DK76+850.52 左 0.24 m）及 15-ZC-058（DK78+078.64 右 12.58）孔膨胀土试验报告，综合判定隧址区 DK76+935.00 ~ DK77+510.00 段黏性土具中等膨胀性，自由膨胀率 42% ~ 61%，DK77+510.00 ~ DK78+250.00 段黏性土具弱膨胀性。

膨胀岩：根据 15-ZC-057（DK76+850.52 左 0.24 m）膨胀岩试验报告，综合判定隧址区泥岩具中等膨胀性，自由膨胀率 43% ~ 70%，膨胀力 P_p 为 120 ~ 422 kPa。

2.1.3　施工风险分析

雅万高铁 2 号隧道全长 1030 m，隧道洞身最小埋深约 7 m，隧道最大埋深 53.6 m。第 4 号隧道全长 1315.00 m，隧道洞身最小埋深约 4 m，隧道最大埋深约 73.6 m。火山灰堆积层浅埋隧道在施工过程中极易发生洞口段的大变形及地表开裂等工程问题，施工安全风险高，主要表现在以下方面：

（1）依托工程场地全年 11 月至次年 3 月为雨季，历年平均降水量为 2415.8 mm，历年年平均降水日数为 223 d，地下水稳定水位均高于洞身结构面上部。施工期间会对火山灰堆积层土体工程特性产生消极影响，增加施工难度。

（2）依托工程位于印度尼西亚，属于热带雨林地区，全年雨水量充沛，隧道围岩含水量大，围岩强度受到极大的削减，尤其在隧道进出口段更为明显，该段隧道的施工难度大，施工进度慢，隧道变形难以控制。

（3）依托工程地质情况复杂，洞口段围岩揭示为火山堆积层，且具有浅埋、偏压等特点，在施工中极易发生洞口段的大变形及地表开裂等工程问题。

针对上述施工风险，本章以雅万高铁 2 号隧道穿越浅埋偏压地层段为依托，对火山灰堆积层工程特性、隧道预支护及加固技术、施工力学及工法优化方法、隧道穿越浅埋段施工技术进行研究，以指导该隧道的实际施工。

2.2 火山灰堆积层工程特性研究

2.2.1 依托项目简介

雅万高铁位于印度尼西亚，属于热带雨林地区，全年 11 月至次年 3 月为雨季，历年平均降水量为 2415.8 mm，历年年平均降水日数为 223 d，地下水稳定水位均高于洞身结构面上部，施工期间会对膨胀性黏土、泥岩等地层进行扰动，从而形成地下水径流通道，进而造成洞身围岩坍塌。

1. 2 号隧道概况

第 2 号隧道位于普望加达西南侧，2 号隧道全长 1030 m，隧道洞身最小埋深约 7 m，隧道最大埋深 53.6 m，地处丘陵区，地势总体西低东高、起伏较大，植被覆盖率较高。隧道进口自然坡度 8°~11°，隧道出口自然坡度 13°~30°。隧道附近有村落，地表多为农田和树林。隧道调查区内山脊大致呈东西向展布，形成多处局部分水岭。隧道区分布的地层从新至老有第四系更新统火山堆积层（Qos）黏土、粗圆砾土，第三系中新统 subang 组泥岩（Msc）、砂岩，第三系中新统 Jatiluhur 组泥岩（Mdm）。根据现场调查，本工点附近岩层产状为 22°∠60°，因沿线植被发育，基岩露头少，致使产状准确量取非常困难，根据 Cianjur9/ⅩⅢ-E 幅地质图查得工点附岩层产状为 33°∠20°，按照不利条件考虑取用产状 33°∠20°。

2 号隧道主要工程地质问题为：特殊岩土有膨胀土和膨胀性泥岩，黏土具有弱膨胀性，泥岩具有中等膨胀性，自由膨胀率为 68%~80%。风险评估全隧可能发生突水突泥、塌方和基底变形，DK74+020~DK74+180 段及 DK74+940~DK75+050 段预计可能发生大变形。

2. 4 号隧道概况

第 4 号隧道进口里程 DK76+935.00，出口里程 DK78+250.00，中心里程 DK77+592.50，全长 1315.00 m，隧道洞身最小埋深约 4 m，隧道最大埋深约 73.6 m，本隧道拟采用矿山法施工。第 4 号隧道位于 jatiluhur 地区，剥蚀丘陵区，地势起伏大，植被覆盖率较高。隧道进口自然坡度约 10°，隧道出口自然坡度约 18°。隧道附近有村落，表层多为农田和树林。隧址范围内多处开辟为采石场及碎石场，地势总体北低南高。隧道调查区内山脊主要呈西北-东南向展布，形成多处局部分水岭，进出口均有道路可到洞口附近。

隧道区分布的地层从新至老有第四系坡积层（Qdl）黏土、第四系更新统火山堆积层（Qos）黏性土、碎石类土及泥岩（半成岩），新生界安山岩（ha），第三系中新统 Jatiluhur 组泥岩（Mdm）、火山角砾岩。

4 号隧道主要工程地质问题为：特殊岩土有膨胀土和膨胀性泥岩，黏土具中等膨胀性，自由膨胀率为 42%～61%，泥岩具中等膨胀性，自由膨胀率为 43%～70%。风险评估预测 DK77+720～DK78+250 段预计可能发生大变形、突水突泥和基底变形，DK76+935～DK77+125、DK77+720～DK78+250 段可能发生塌方。

印度尼西亚地处热带雨林地区，雨季降雨量较大，地表以火山堆积黏土为主，在降雨时强度降低明显，山坡处极易造成滑坡，给隧道、路基等工程施工带来巨大风险和挑战。影响土体抗剪强度的指标有很多，如土的结构、密度、含水率等，其中含水率变化对抗剪强度的影响可能要大于其他因素的影响，其中含水率对土体黏聚力和内摩擦角的影响更为明显。

2.2.2　直剪试验及结果

1. 试验过程

本试验采用应变控制直剪仪，取土的试样放入剪切盒内，将上盒固定，下盒可沿水平方向滑动，如图 2.2-1 所示。

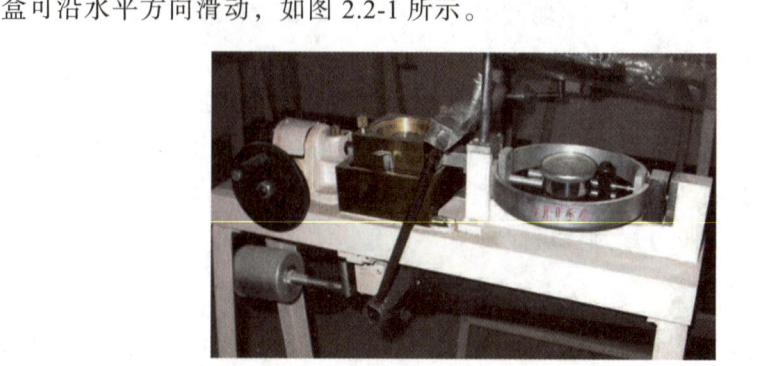

图 2.2-1　直剪试验示意图

具体试验步骤如下：

（1）按要求的干密度，称出一个环刀体积所需的试样。本试验使用扰动土试样，制备四份试样，在四种不同竖向压力下进行剪切试验。

（2）取出剪切容器的加压盖及上部透水石，将上下盒对准，插入固定销。

（3）将试样徐徐倒入剪切容器内，在试样面上依次放好透水石、加压盖、钢珠和加力框架。

（4）徐徐转动手轮至量力环上的百分表长针微微转动为止，将百分表的长针调至零，即 $R_0=0$。

（5）在试样面上施加第一级垂直压力 $P=50$ kPa。

（6）拔去固定销，均匀速率转动手轮，使试样在 3 ~ 5 min 内剪破。剪破标准：①百分表读数不变或明显后退；②当百分表指针不后退时，以剪切位移为 4 mm 对应的剪应力为抗剪强度，这时剪切至剪切位移达 6 mm 时才停止剪切。

（7）卸除压力，取下加力框架、钢珠、加压盖等，倒出试样，刷净剪切盒。

（8）重复（2）~（7）步骤，改变垂直压力，使其分别为 100 kPa、150 kPa、200 kPa 进行试验。

2. 试验结果

本次试验对不同含水率下的土样采用 0.030 mm/min 剪切速度进行直接剪切试验，对不同土样的黏聚力和内摩擦角进行记录，记录结果如表 2.2-1、图 2.2-2、图 2.2-3 所示。

表 2.2-1　不同含水率土样直剪试验得到土体黏聚力和内摩擦角

含水率/%	黏聚力 C/kPa	内摩擦角 φ/（°）	含水率/%	黏聚力 C/kPa	内摩擦角 φ/（°）
52.3	7.6	10.7	37.3	20.6	16.8
50.9	11.5	11.0	35.9	22.6	17.9
48.5	12.9	11.1	33.8	23.0	18.9
46.6	13.4	11.6	32.3	26.5	22.3
45.4	14.2	11.9	29.8	35.1	23.2
43.3	14.7	12.7	27.8	39.5	27.0
41.5	15.9	15.1	24.6	47.4	30.1
39.0	16.2	15.6			

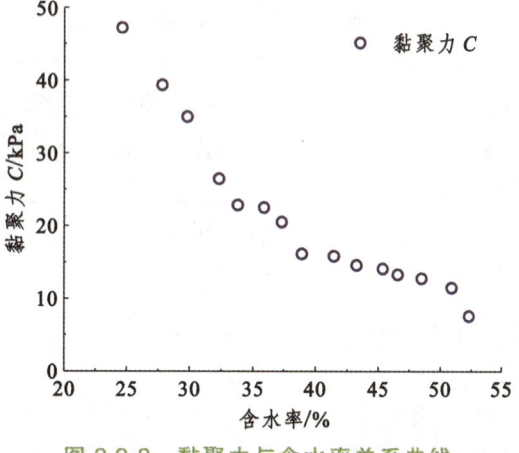

图 2.2-2　黏聚力与含水率关系曲线

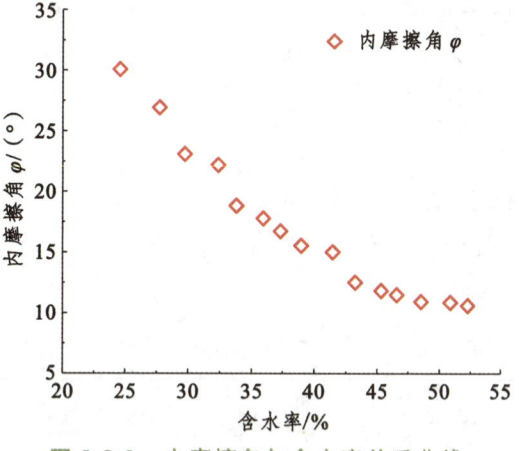

图 2.2-3　内摩擦角与含水率关系曲线

2.2.3　压缩固结试验及结果

1. 试验过程

如图 2.2-4 所示，采用标准固结法对土样进行压缩固结试验，具体试验步骤如下：

（1）按工程需要选择面积为 30 cm² 的切土环刀取土样。

（2）在固结仪的固结容器内装上带有试样的切土环刀（刀口向下），在土样两端应贴上洁净而润湿的滤纸，放上透水石，然后放入加压导环、加压板以及定向钢球。

（3）检查各部分连接处是否转动灵活，然后平衡加压部分。

（4）横梁与球柱接触后，插入活塞杆，装上测微表，并使其上的短针正好对准 6 字，再将测微表上的长针调整到 0，读测微表初读数 R_0。

（5）加载等级：本次试验压力采用 50 kPa、100 kPa、200 kPa、400 kPa、800 kPa、1600 kPa 六级荷载，每级荷载经 10 min 记下测微表读数，读数精确到 0.001 mm；然后再施加下一级荷载，以此类推直到第六级荷载施加完毕，记录测微表读数 R_1、R_2、R_3、R_4、R_5、R_6。

图 2.2-4　压缩固结试验

2. 试验结果

对不同含水率下的土样进行压缩固结试验，记录不同土样的压缩模量，记录结果如表 2.2-2、图 2.2-5 所示。

表 2.2-2　不同含水率土样压缩固结试验得到土体压缩模量

含水率	14.3%	15.1%	15.3%	15.7%	16.1%	16.3%	17.1%	17.3%	17.6%
E_s/MPa	18.5	17.3	17.1	16.4	15.6	15.0	13.9	13.7	13.2
含水率	18.3%	18.6%	20.3%	20.8%	21.0%	22.7%	23.1%	23.4%	36.3%
E_s/MPa	11.4	10.4	9.4	8.4	8.1	7.3	7.0	6.9	2.5

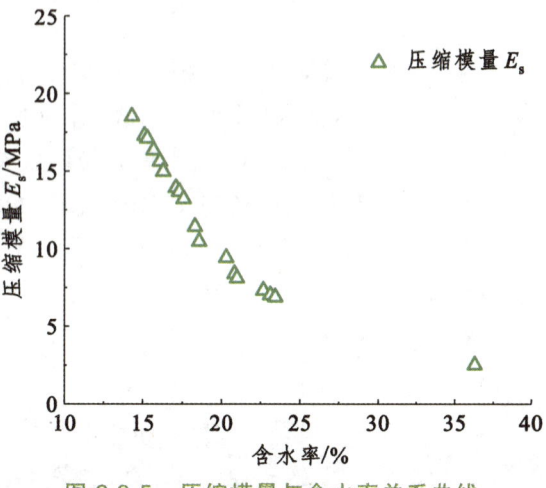

图 2.2-5　压缩模量与含水率关系曲线

2.2.4　试验结果分析

1. 直剪试验结果分析

通过试验可以看出,随着含水率逐渐增加,土体的黏聚力和内摩擦角随之逐渐减小,且随着含水率的增加,土体的黏聚力和内摩擦角减小的趋势减缓。通过对数据的分析及参考相关文献资料,对黏聚力和内摩擦角依据 Levenberg-Marquardt(列文伯格-马夸尔特)迭代优化算法采用幂函数曲线拟合,黏聚力、内摩擦角与含水率的关系方程为

$$C = A \times \omega^{B} \tag{2-1}$$

$$\varphi = D \times \omega^{E} \tag{2-2}$$

式中：C——土体黏聚力；

　　　φ——土体内摩擦角；

　　　ω——含水率；

　　　A、B、D、E——待定系数。

由此得到黏聚力、内摩擦角与含水率的拟合曲线如图 2.2-6、图 2.2-7 所示。

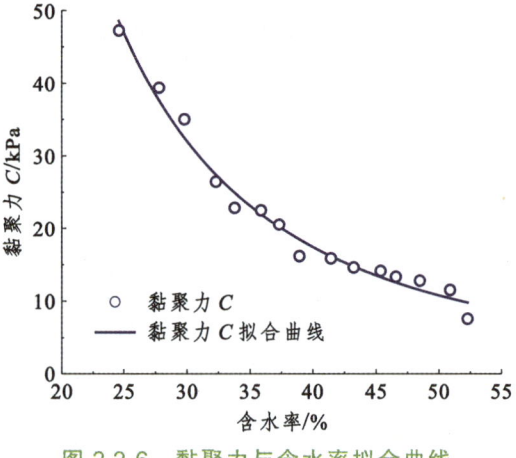

图 2.2-6　黏聚力与含水率拟合曲线

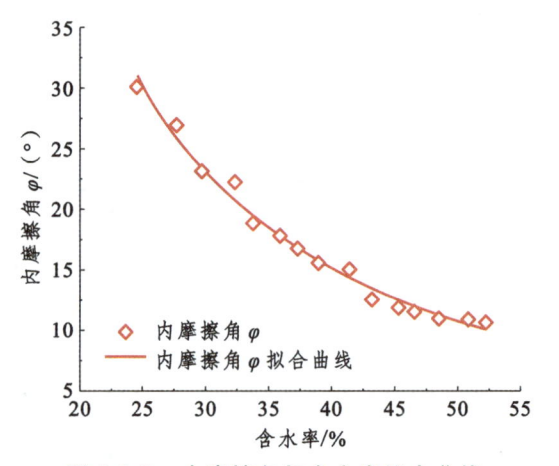

图 2.2-7　内摩擦角与含水率拟合曲线

因此,通过非线性回归分析,得到抗剪强度指标黏聚力和内摩擦角与含水率的关系为

$$C = 2.52523 \times \omega^{-2.11206} \tag{2-3}$$

$$\varphi = 3.93506 \times \omega^{-1.47383} \tag{2-4}$$

公式 2-3 的拟合系数为 $R^2 = 0.98187$,公式 2-4 的拟合系数为 $R^2 = 0.98562$,均接近 1,具有较好的拟合优度。

2. 压缩固结试验结果分析

通过试验可以看出,随着含水率逐渐增加,土体的压缩模量随之逐渐减小，且随着含水率的增加，土体的压缩模量减小的趋势逐渐减缓。通过对数据的分析及参考相关文献资料，我们对压缩模量取以 10 为底的对数，得到表 2.2-3 的数据。

表 2.2-3　不同含水率土样压缩模量对数值

含水率/%	14.3	15.1	15.3	15.7	16.1	16.3	17.1	17.3	17.6
$\lg E_s$/MPa	1.267	1.238	1.33	1.215	1.193	1.176	1.143	1.137	1.121
含水率/%	18.3	18.6	20.3	20.8	21.0	22.7	23.1	23.4	36.3
$\lg E_s$/MPa	1.059	1.018	0.974	0.922	0.911	0.863	0.845	0.839	0.391

对压缩模量取对数，压缩模量对数值与含水率的关系方程为

$$\lg E_s = F + G \times \omega \tag{2-5}$$

式中：E_s——压缩模量；

F、G——待定系数。

通过线性回归分析，得到土体压缩模量对数值与含水率的拟合曲线如图 2.2-8 所示。

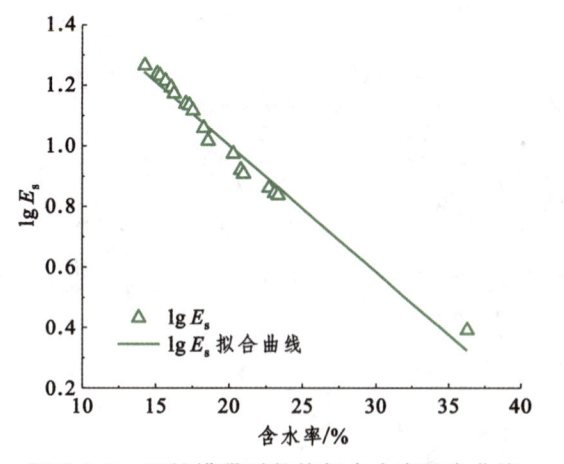

图 2.2-8　压缩模量对数值与含水率拟合曲线

本次试验中，$F=1.84132$，$G=-4.1794$。

因此，通过线性回归分析，得到压缩模量与含水率的关系为

$$\lg E_s = 1.84132 - 4.1794 \times \omega \tag{2-6}$$

将公式两端取 10 的幂函数运算得到

$$E_s = 69.39 \times 10^{-4.1794 \times \omega} \qquad (2\text{-}7)$$

公式 2-6 的拟合系数为 $R^2 = 0.97496$，接近 1，具有较好的拟合优度。

2.3 火山灰堆积层隧道预支护及加固技术

2.3.1 隧道预支护及加固技术方案

以 2 号隧道断面 DK74+055 为例，隧道进口段处于 V 级围岩，采用钻爆法施工，衬砌类型为 $V_{s\text{-}p\text{-}1}$（图 2.3-1）。隧道洞身采用三台阶临时仰拱法开挖，钢架设计如图 2.3-2 所示。隧道开挖采用凿岩台架钻眼，光面爆破，软弱围岩段采用机械配合人工开挖或人工持风镐开挖，出渣采用无轨运输方式，3 m³ 装载机配 20 t 自卸车出渣。按照"新奥法"原理，遵循"少扰动、早喷锚、勤量测、紧封闭"的原则稳步推进。

进出口帽型结构及明洞段采用明挖方式开挖，明洞后 40 m 范围内采用 Φ108 大管棚加 Φ42 超前小导管注浆加固，加固区域为 140°，圆周间隔按 40 cm 均匀布置，圆周断面共布置 Φ108 大管棚及 Φ42 超前小导管各 42 根，并在超前小导管内注水泥浆。

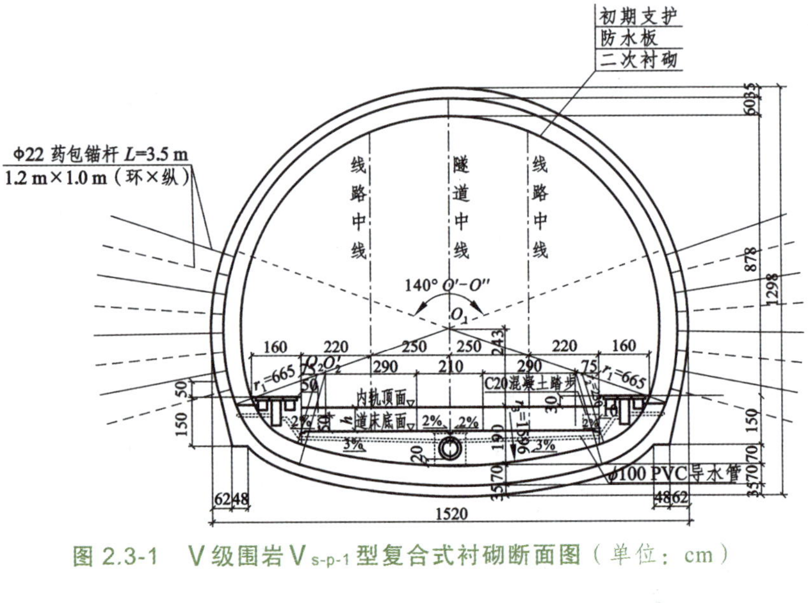

图 2.3-1 V 级围岩 $V_{s\text{-}p\text{-}1}$ 型复合式衬砌断面图（单位：cm）

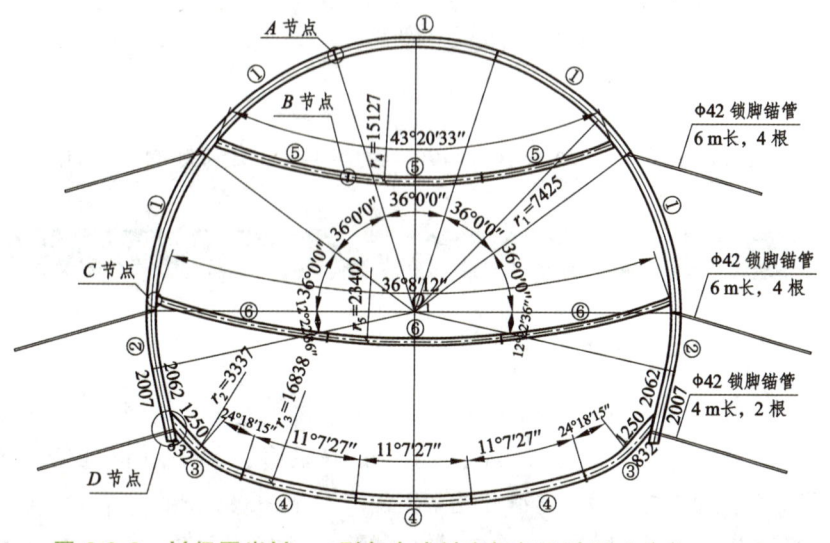

图 2.3-2　Ⅴ级围岩Ⅴ_{s-p-1}型复合式衬砌钢架设计图（单位：mm）

　　2 号隧道进口、出口、穿越浅埋段采用超前长管棚加固，长管棚采用 Φ108×6 mm 无缝钢管制成，环向按导向墙拱部 140°范围布置，每环 47 根，管棚长 40 m，环向间距 40 cm，超前长管棚外插角 1°～3°，大管棚施工布置图如图 2.3-3 所示。

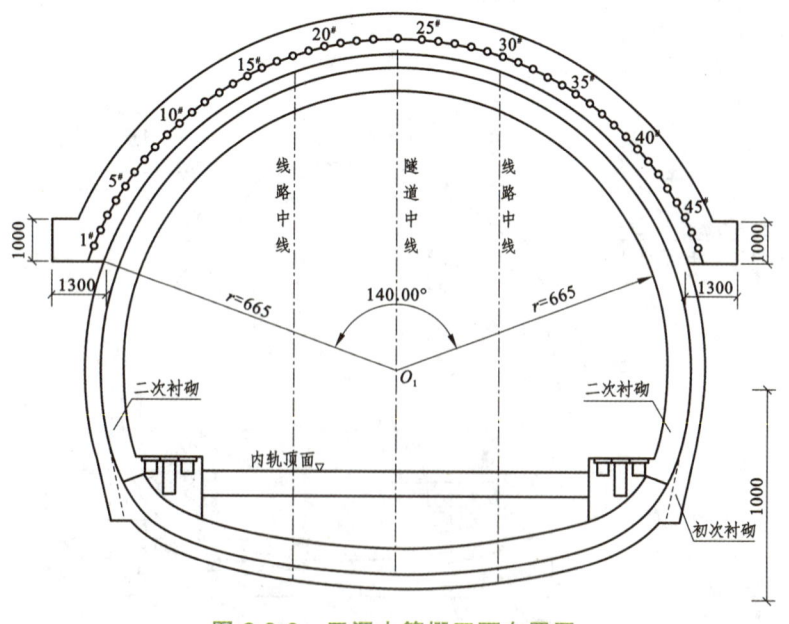

图 2.3-3　正洞大管棚正面布置图

隧道超前小导管支护采用外径 42 mm、厚 3.5 mm 的热轧无缝钢管与钢架联合使用,小导管环向间距 33 cm,外插角为 10°～15°,搭接长度不小于 1 m。

在洞口明暗分界处线路两侧分别设置一根锚固桩,辅助导向墙进洞。锚固桩截面 2.5 m×2.0 m,桩长 22 m,采用 C35 钢筋混凝土。洞口及明洞临时开挖边仰坡及明暗分界直立面采用喷锚防护,锚杆采用 Φ22 砂浆锚杆,长 3.5 m,间距 1.0 m×1.0 m,梅花形布置。喷射混凝土采用 15 cm 厚 C25 网喷混凝土,钢筋网采用 Φ8,网格 25 cm×25 cm。

2.3.2 数值模拟分析

1. 模型建立

隧道跨度 15.2 m、高 12.98 m,一般认为隧道开挖对周围地层距离 3 倍洞径的位置的影响可以忽略,故建立模型尺寸宽 116 m,左侧高度 62.7 m,右侧高度 82.744 m,横断面坡度参考地质资料所给数据。根据既有设计资料,建立模型(图 2.3-4),模型纵向长 60 m,开挖进尺 2 m,利用有限差分软件进行建模计算,并对比有无施作大管棚、锚固桩、临时边坡等相关措施,进而论证该方案是否有效。

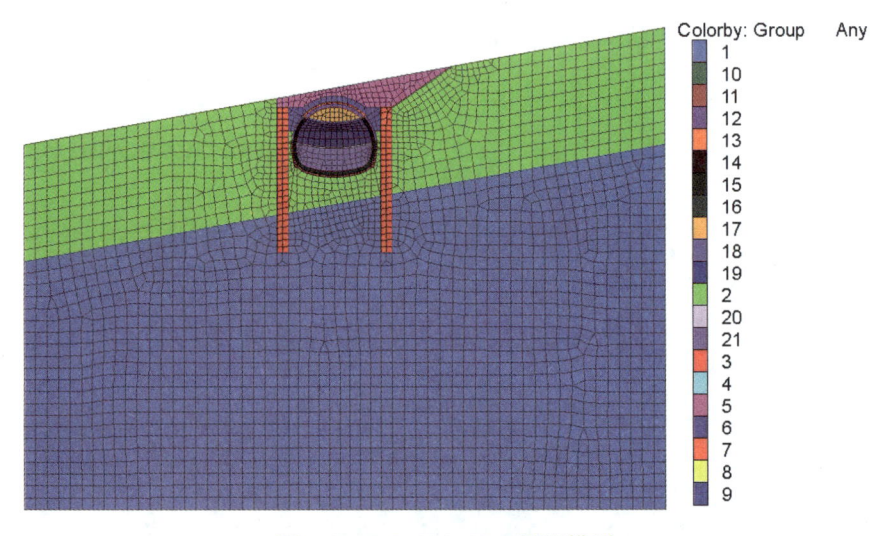

图 2.3-4　DK74+055 断面模型

2. 数据准备

本节模型计算所用参数参考设计文件所定，地层参数和支护参数如表 2.3-1、表 2.3-2 所示。

表 2.3-1　模型地层参数

地层	弹性模量/Pa	泊松比	黏聚力/Pa	内摩擦角 /（°）	密度 /（kg/m³）
黏土	0.12×10^9	0.35	50×10^3	13.2	1980
泥岩	0.51×10^9	0.32	44×10^3	35.1	2140

表 2.3-2　模型支护参数

支护内容	弹性模量/Pa	泊松比	密度/（kg/m³）
初期支护	2.785×10^{10}	0.2	2500
临时仰拱	2.598×10^{10}	0.2	2480
二次衬砌	3.150×10^{10}	0.2	2500
锚固桩	1.31×10^9	0.2	2500
大管棚	2.100×10^{11}	0.3	7800

3. 计算结果及分析

计算得到在施作大管棚、锚固桩、临时边坡等相关措施后模型的竖向位移及水平位移，如图 2.3-5、图 2.3-6 所示。

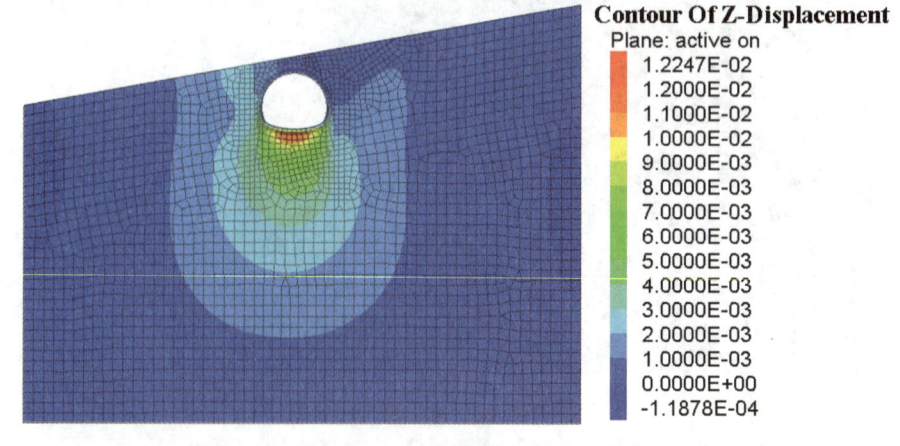

图 2.3-5　DK74+055 断面竖向位移（单位：m）

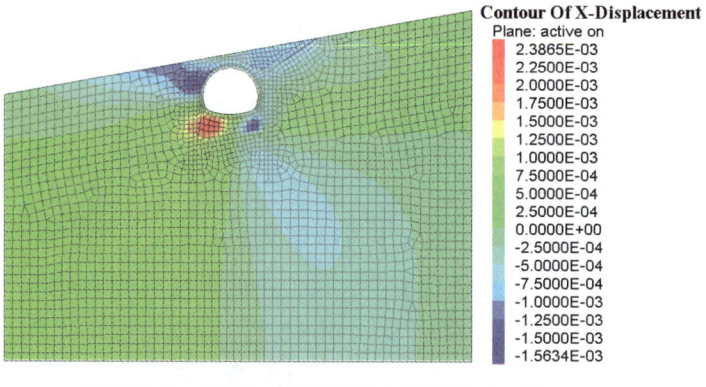

图 2.3-6　DK74+055 断面水平位移（单位：m）

　　计算得到未施作大管棚、锚固桩、临时边坡等相关措施时模型的竖向位移及水平位移，如图 2.3-7、图 2.3-8 所示。

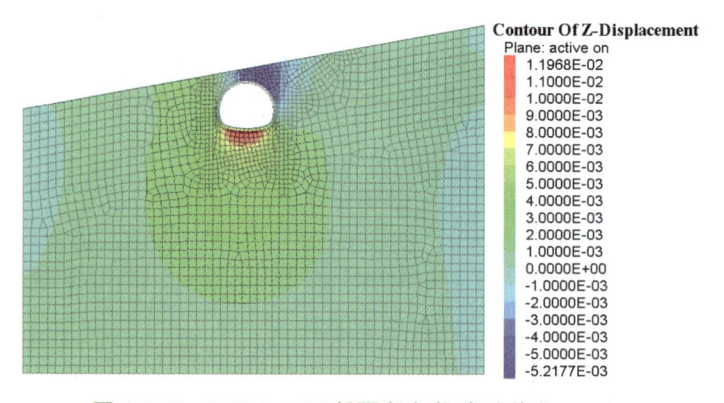

图 2.3-7　DK74+055 断面竖向位移（单位：m）

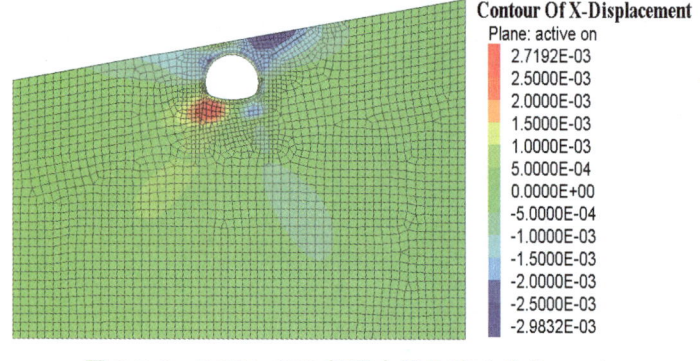

图 2.3-8　DK74+055 断面水平位移（单位：m）

对比图 2.3-5 及图 2.3-7，在施作了大管棚等超前支护措施后，拱顶附近围岩下沉最大值不到 1 mm，仰拱附近围岩隆起最大值约 12.2 mm。若未施作大管棚，拱顶附近围岩下沉最大值约 5.2 mm，仰拱附近围岩隆起最大值约 12 mm。由此可以看出施作大管棚等超前支护措施能有效减小拱顶下沉量，而对仰拱隆起效果并不明显。

对比图 2.3-6 及图 2.3-8，在施作了大管棚等超前支护措施后，围岩最大水平位移约 3.9 mm，位于两侧边墙与仰拱连接处附近。若未施作大管棚等超前支护措施，围岩最大水平位移约 5.7 mm，位于两侧边墙与仰拱连接处附近。

综上所述，施作大管棚等超前支护措施能够有效减小隧道开挖引起的拱顶附近围岩下沉量，对洞周水平位移也有一定的约束，而对仰拱位置附近围岩隆起控制效果不明显。该设计方案能够有效控制围岩变形，防止衬砌破坏，进而保证行车安全。

2.4 火山灰堆积层隧道施工力学及工法优化研究

2.4.1 火山灰堆积层隧道施工方案

2 号隧道全为 V 级围岩，以三台阶临时仰拱法加固施工。各级围岩均采用锚喷初期支护，仰拱超前二次衬砌施作，拱墙一次衬砌。隧道埋深浅，V_{r-p} 类围岩等级较多，围岩稳定性差，具有膨胀性。

2 号隧道衬砌类型及辅助施工措施详见表 2.4-1。

表 2.4-1　2 号隧道衬砌类型及辅助施工措施

起讫里程		长度/m	围岩分级	衬砌类型	超前支护	施工方法	附注
起点里程	终点里程						
DK74+020	DK74+048	28	V	帽檐斜切式缓冲结构洞门		明挖法	
DK74+048	DK74+055	7	V	路堑对称式明洞		明挖法	

起讫里程		长度 /m	围岩分级	衬砌类型	超前支护	施工方法	附注
起点里程	终点里程						
DK74+055	DK74+095	40	V	V_{s-p-1}	Φ108 大管棚＋小导管	三台阶临时仰拱法	管棚搭接长度不小于 5 m，管棚内增设钢筋笼
DK74+095	DK74+135	40	V	V_{s-p-1}	超前密排小导管	三台阶临时仰拱法	
DK74+135	DK74+600	465	V	V_{r-p}	超前小导管	三台阶临时仰拱法	
DK74+600	DK74+660	60	V	V_{r-p}	超前密排小导管	三台阶临时仰拱法	
DK74+660	DK74+982	322	V	V_{r-p}	超前小导管	三台阶临时仰拱法	
DK74+982	DK75+002	20	V	V_{r-p}	Φ108 大管棚＋小导管	三台阶临时仰拱法	
DK75+002	DK75+022	20	V	V_{s-p-1}	Φ108 大管棚＋小导管	三台阶临时仰拱法	管棚搭接长度不小于 5 m，管棚内增设钢筋笼
DK75+022	DK75+050	28	V	帽檐斜切式缓冲结构洞门		明挖法	

以断面 DK74+180 为例，地处 V 级围岩，采用 V_{r-p} 型衬砌（图 2.4-1），采用超前小导管进行超前支护，隧道超前小导管支护采用外径 42 mm、厚 3.5 mm 的热轧无缝钢管与钢架联合使用，小导管环向间距 33 cm，外插角为 10°～15°，搭接长度不小于 1 m。在超前支护完成后方可进行洞身开挖和初期支护，并进入下一循环超前支护施工。隧道采用三台阶临时仰拱法施工，钢架设计如图 2.4-2 所示。

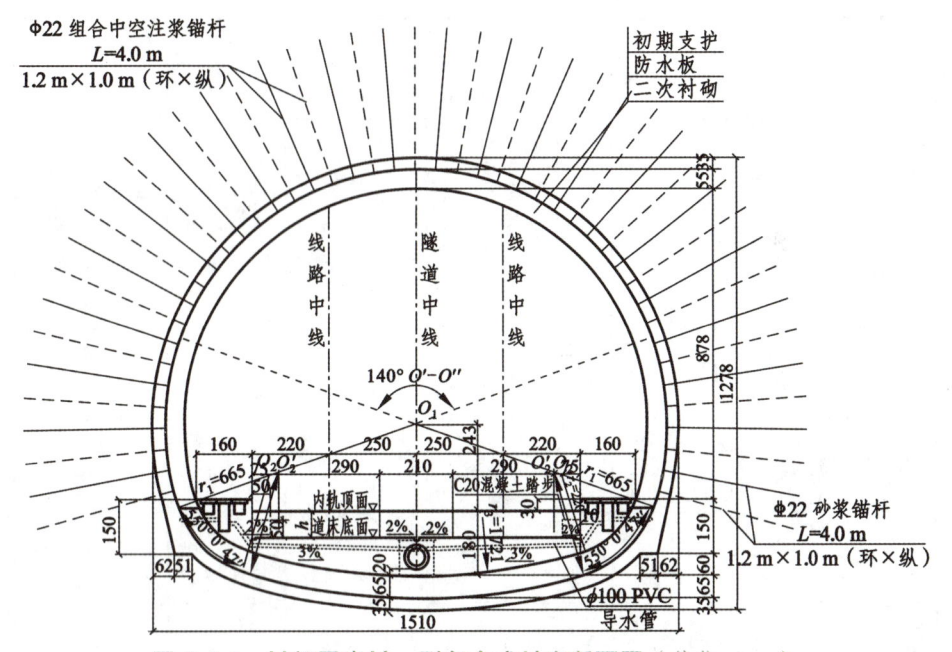

图 2.4-1　Ｖ级围岩Ｖr-p型复合式衬砌断面图（单位：cm）

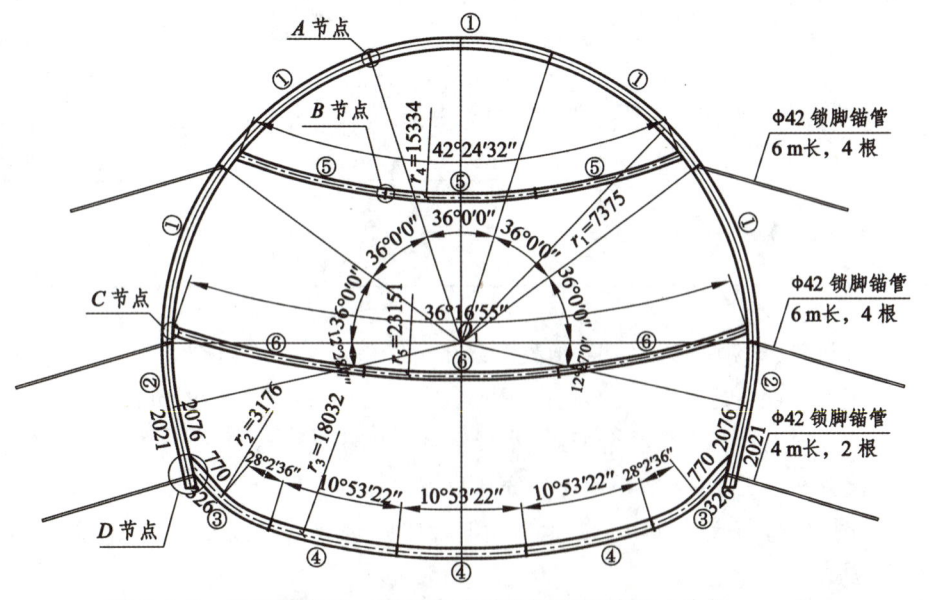

图 2.4-2　Ｖ级围岩Ｖr-p型复合式衬砌钢架设计图（单位：mm）

2.4.2 施工力学分析

1. 模型建立

隧道跨度 15.1 m，高 12.78 m，一般认为隧道开挖对周围地层距离 3 倍洞径的位置的影响可以忽略，故建立模型尺寸宽 116 m，左侧高度 90 m，右侧高度 101.524 m，横断面坡度参考地质资料所给数据。根据既有设计资料，建立模型（图 2.4-3），模型纵向长 60 m，开挖进尺 2 m，利用有限差分软件进行建模计算。

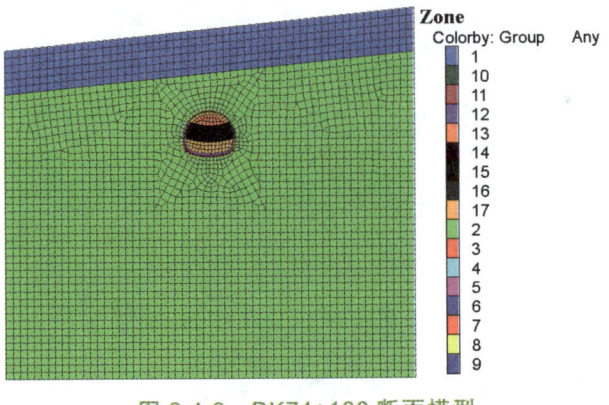

图 2.4-3 DK74+180 断面模型

2. 数据准备

本节模型计算所用参数参考设计文件所定，地层参数和支护参数如表 2.4-2、表 2.4-3 所示。

表 2.4-2 模型地层参数

地层	弹性模量/Pa	泊松比	黏聚力/Pa	内摩擦角/（°）	密度/（kg/m³）
黏土	0.12×10^9	0.35	50×10^3	13.2	1980
泥岩	0.51×10^9	0.32	44×10^3	35.1	2140

表 2.4-3 模型支护参数

支护内容	弹性模量/Pa	泊松比	密度/（kg/m³）
初期支护	2.785×10^{10}	0.2	2500
临时仰拱	2.598×10^{10}	0.2	2480
二次衬砌	3.15×10^{10}	0.2	2500

3. 计算结果及分析

计算得到洞口偏压设计模型的竖向位移及水平位移如图 2.4-4、图 2.4-5 所示。

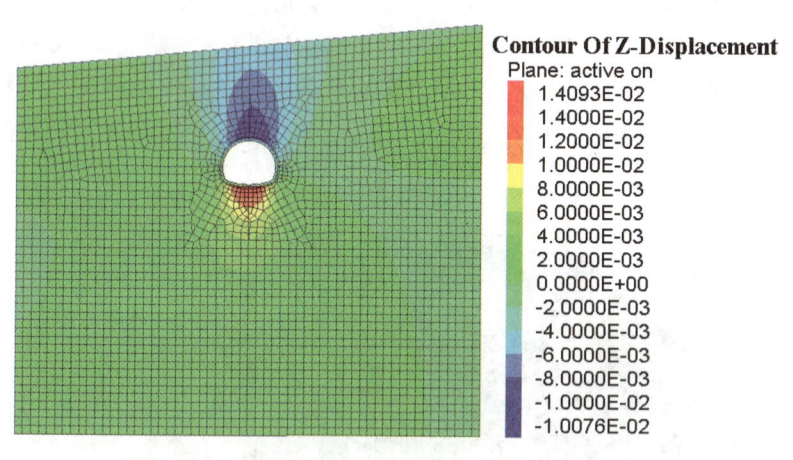

图 2.4-4　DK74+180 断面竖向位移（单位：m）

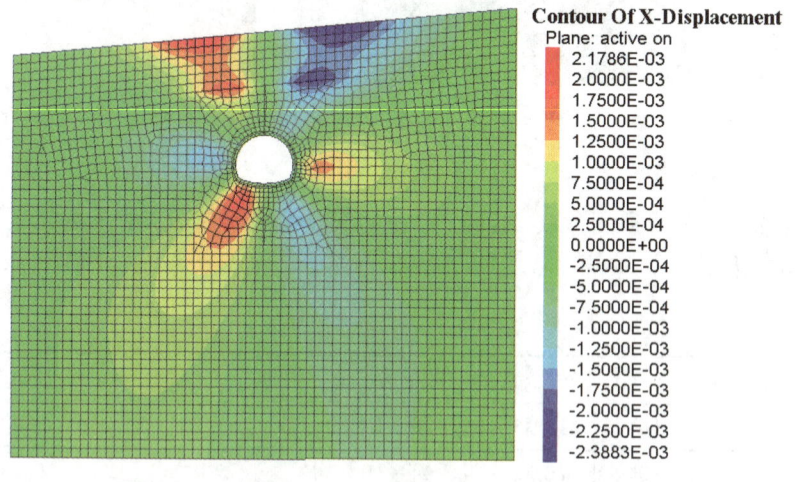

图 2.4-5　DK74+180 断面水平位移（单位：m）

如图 2.4-4 所示，采用该设计方案，隧道洞身围岩最大拱顶下沉量约 10 mm，位于拱顶中心附近，最大仰拱隆起量约 14 mm，位于仰拱中心附近，而衬砌的最大竖向位移可忽略不计。

如图 2.4-5 所示，采用该设计方案，隧道洞身围岩最大水平位移发生在仰拱与边墙交界处附近，约 2.2 mm，而隧道衬砌的最大水平位移可忽略不计。

综上所述，该设计方案可以有效控制围岩变形，防止衬砌破坏，进而保证行车安全。

2.5 火山灰堆积层浅埋隧道施工关键技术

2.5.1 火山灰堆积层浅埋隧道施工方案

以 2 号隧道断面 DK74+995 为例，地处 V 级围岩，采用 V_{r-p} 型衬砌，采用大管棚和超前小导管进行超前支护。隧道超前小导管支护采用外径 42 mm、厚 3.5 mm 的热轧无缝钢管与钢架联合使用，小导管环向间距 33 cm，外插角为 10°～15°，搭接长度不小于 1 m。在超前支护完成后方可进行洞身开挖和初期支护，并进入下一循环超前支护施工。隧道采用三台阶临时仰拱法施工。

2 号隧道进口、出口、穿越浅埋段采用超前长管棚加固，长管棚采用 $\Phi108\times6$ mm 无缝钢管制成，环向按导向墙拱部 140° 范围布置，每环 47 根，管棚长 40 m，环向间距 40 cm，超前长管棚外插角 1°～3°。大管棚布置图如图 2.5-1 所示。

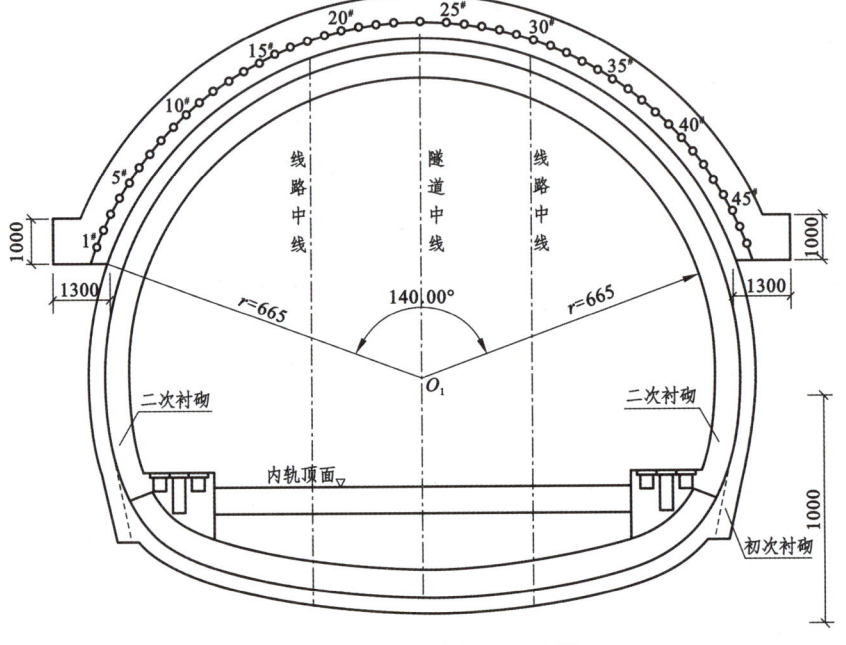

图 2.5-1 正洞大管棚正面布置图

2.5.2 数值模拟分析

1. 模型建立

隧道跨度 15.1 m，高 12.78 m，一般认为隧道开挖对周围地层距离 3 倍洞径的位置的影响可以忽略，故建立模型尺寸宽 116 m，左侧高度 80 m，右侧高度 91.524 m，横断面坡度参考地质资料所给数据。根据既有设计资料，建立模型（图 2.5-2），模型纵向长 60 m，开挖进尺 2 m，利用有限差分软件进行建模计算，并对比有无施作大管棚相关措施，进而论证该方案是否有效。

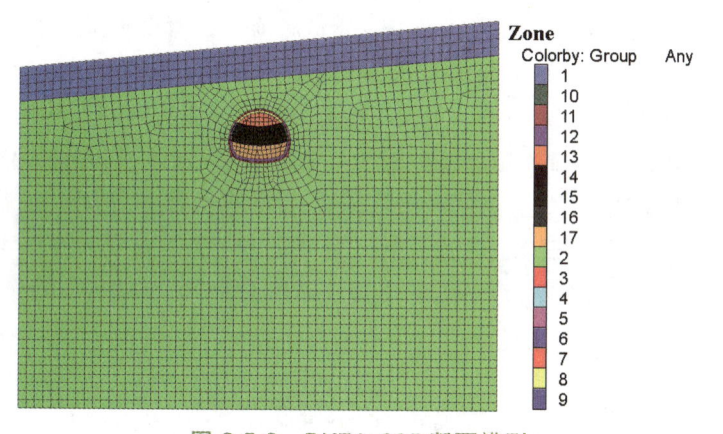

图 2.5-2　DK74+995 断面模型

2. 数据准备

本节模型计算所用参数参考设计文件所定，地层参数和支护参数如表 2.5-1、表 2.5-2 所示。

表 2.5-1　模型地层参数

地层	弹性模量/Pa	泊松比	黏聚力/Pa	内摩擦角/(°)	密度/(kg/m³)
黏土	0.12×10^9	0.35	50×10^3	13.2	1980
泥岩	0.51×10^9	0.32	44×10^3	35.1	2140

表 2.5-2　模型支护参数

支护内容	弹性模量/Pa	泊松比	密度/(kg/m³)
初期支护	2.785×10^{10}	0.2	2500
临时仰拱	2.598×10^{10}	0.2	2480
二次衬砌	3.150×10^{10}	0.2	2500
大管棚	2.100×10^{11}	0.3	7800

3. 计算结果及分析

计算得到在施作大管棚后模型的竖向位移及水平位移如图 2.5-3、图 2.5-4 所示。

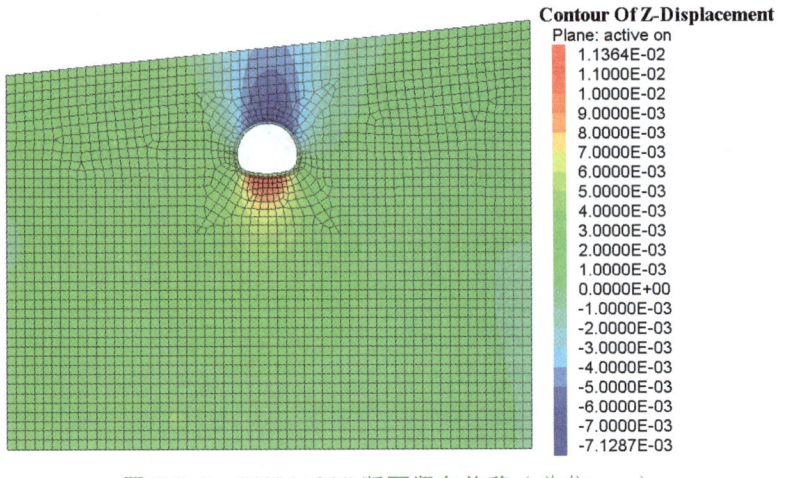

图 2.5-3　DK74+995 断面竖向位移（单位：m）

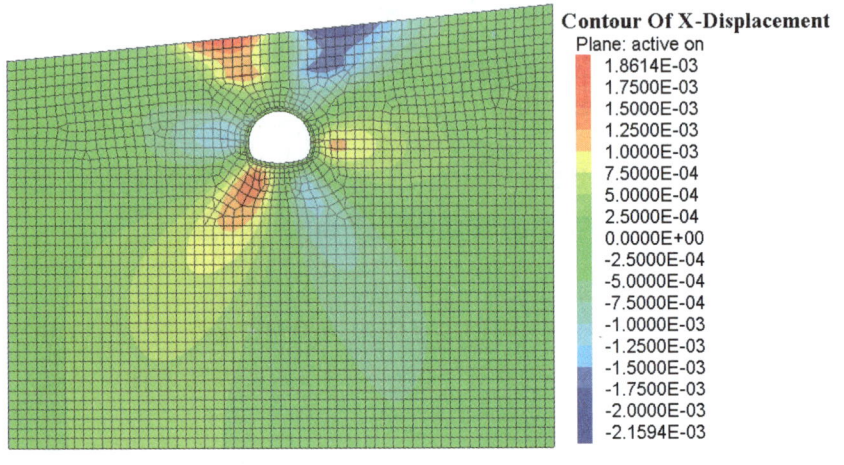

图 2.5-4　DK74+995 断面水平位移（单位：m）

计算得到未施作大管棚时模型的竖向位移及水平位移如图 2.5-5、图 2.5-6 所示。

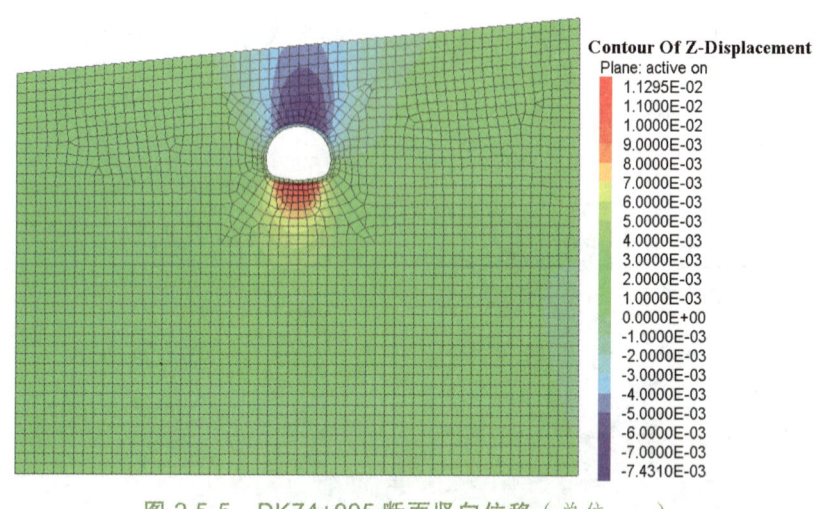

图 2.5-5　DK74+995 断面竖向位移（单位：m）

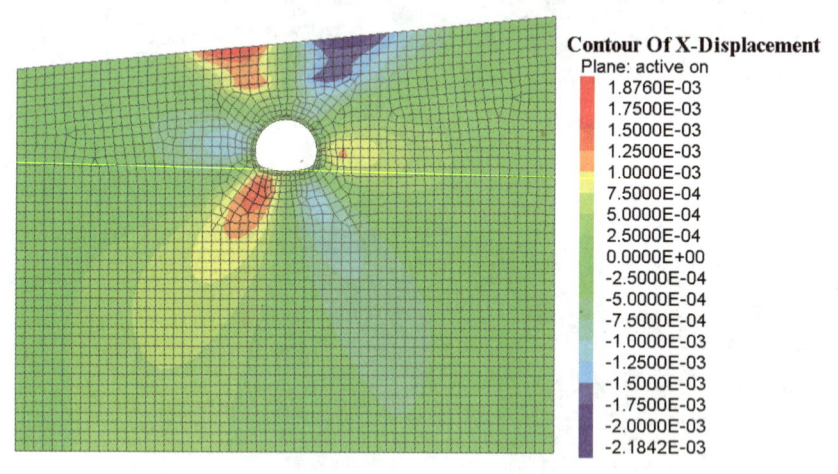

图 2.5-6　DK74+995 断面水平位移（单位：m）

　　由图 2.5-3 和图 2.5-5 可以看出，在施作大管棚之后，模型隧道洞身最大竖向位移发生在拱顶及仰拱位置处，拱顶附近围岩下沉最大约 6.1 mm，仰拱附近围岩隆起最大约 11.3 mm，围岩竖向位移较小；若无大管棚，模型隧道洞身围岩最大下沉量约 7.4 mm，围岩最大隆起量约 11.4 mm。

　　由图 2.5-4 和图 2.5-6 可以看出，在施作大管棚之后，模型隧道洞身围岩最大水平位移发生在仰拱与边墙交界处附近，最大水平位移约为 3.62 mm，水平位移较小；若无大管棚，模型隧道洞身围岩最大水平位移约 4.06 mm。

综上所述，既有设计方案可以有效控制隧道开挖所造成的隧道洞身周边位移值，以确保行车安全。

2.6 小 结

（1）含水率的大小对火山堆积层黏土的抗剪强度指标 c、φ 以及压缩模量 E_s 具有明显的影响作用。具体表现为：随着含水率的增加，土体抗剪强度指标 c、φ 呈现出非线性减小，土体压缩模量 E_s 呈现出非线性减小。

（2）采用数理统计的方法，对大量土体直剪试验数据进行分析，得到含水率 ω 与抗剪强度指标 c、φ 及压缩模量 E_s 的关系式为：$C=2.52523 \times \omega^{-2.11206}$、$\varphi=3.93506 \times \omega^{-1.47383}$、$E_s=69.39 \times 10^{-4.1794 \times \omega}$，该公式具有良好的相关性，可用其对类似土体抗剪强度指标及压缩模量进行预测，具有一定的参考价值。

（3）在洞口明暗分界处线路两侧分别设置一根锚固桩，并采用 Φ108 大管棚加 Φ42 超前小导管注浆的预支护加固技术，配合三台阶临时仰拱法开挖方法，按照"新奥法"原理，遵循"少扰动、早喷锚、勤量测、紧封闭"的原则，相较于未施作预支护及加固技术方案而言，拱顶沉降减小幅度达到 80.77%，水平收敛减小幅度达到 30.88%，可见该预支护及加固技术能够高效实现隧道进洞，对类似工程具有较高的参考价值。

（4）针对隧道浅埋段，通过采用大管棚和超前小导管进行超前支护的方法控制围岩变形，并采用数值模拟手段对其控制效果进行研究。计算结果表明：采用变形控制措施后，拱顶沉降量为 6.1 mm，相较于原施工工法减小了 18.92%，水平收敛量为 3.62 mm，相较于原施工工法减小了 10.84%，可有效控制浅埋段隧道开挖引起的变形，具有一定的工程应用价值。

第 3 章

强富水块石土层与高液限黏土交界地层隧道施工技术

3.1　工程环境及施工风险分析

4 号隧道在 DK77+720 ~ DK78+250、长度为 530 m 处穿越富水块石土层与高液限黏土交界面。隧址区范围 DK77+078 ~ DK77+700 处地表为采石场，采石场正在开采中，形成大量采石坑，坑内积水，水深 0.5 ~ 1.5 m，雨季部分冲沟内有季节性流水。地下水主要为第四系孔隙潜水和基岩裂隙水，主要受大气降水补给，以蒸发、地下径流的方式排泄，钻探揭露地下水埋深 0.0 ~ 11.4 m（高程 165.58 ~ 232.24 m），隧道洞身存在孔隙水及基岩裂隙水。其中赋存于 DK77+780.00 ~ DK78+250.00 段⑧$_{164}$ 块石土中的地下水以⑧$_{24}$、⑧$_{25}$、⑧$_{27}$ 黏土及⑧$_{201}$ 泥岩（半成岩）为相对隔水板，具微承压性。该段表覆第四系更新统火山堆积层（Qos）黏土，硬塑 ~ 坚硬；块石土，密实；泥岩（半成岩），成岩作用一般，下伏新生界安山岩，强风化 ~ 弱风化，黏性土具半胶结作用和弱膨胀性，围岩分级为 V 级。该段隧道平面图及穿越地质情况如图 3.1-1 所示。

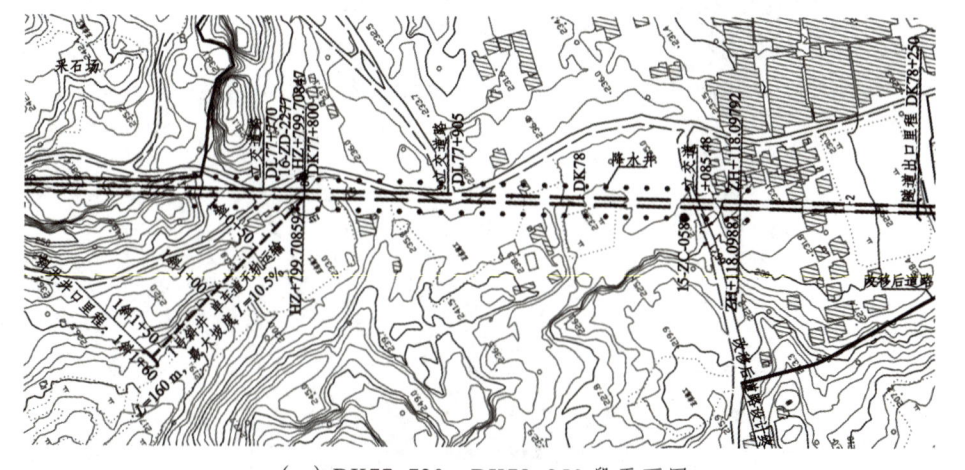

（a）DK77+720 ~ DK78+250 段平面图

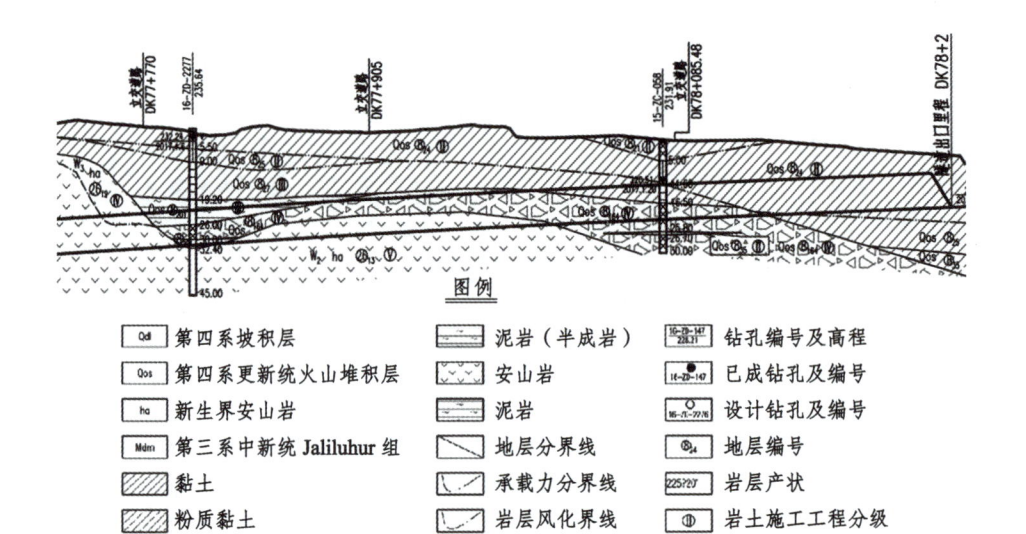

图例

Qdl	第四系坡积层		泥岩（半成岩）		钻孔编号及高程
Qos	第四系更新统火山堆积层		安山岩		已成钻孔及编号
ha	新生界安山岩		泥岩		设计钻孔及编号
Mdm	第三系中新统 Jaliluhur 组		地层分界线		地层编号
	黏土		承载力分界线		岩层产状
	粉质黏土		岩层风化界线		岩土施工工程分级
	块石土		全/强/弱风化岩		综合洞室

（b）DK77+720～DK78+250 段地质断面图

图 3.1-1　DK77+720～DK78+250 段平面图及地质断面图

本项目地处热带雨林地区，全年 11 月至次年 3 月为雨季，历年平均降水量为 2415.8 mm，历年年平均降水日数为 223 d，地下水稳定水位均高于洞身结构面上部，施工期间会对膨胀性黏土、泥岩等地层进行扰动，从而形成地下水径流通道，进而造成洞身围岩坍塌。

隧道不良地质为进出口处火山堆积层含水量高，孔隙比大，扰动后强度较低，洞口普遍位于浅埋偏压土石交界面，容易发生大面积塌方，在强降水条件下极易形成偏压边坡整体滑移。隧道围岩整体软弱，具有浅埋、偏压、富水、洞身穿越块石土与黏土交界面、具有膨胀性的黏土和泥岩的软弱围岩等复杂地质条件，施工安全风险高，工期要求紧。风险评估预测 DK77+720～DK78+250 段预计可能发生大变形、突水突泥和基底变形，DK76+935～DK77+125、DK77+720～DK78+250 段可能发生塌方。

基于以上背景，开展穿越强富水块石土层与高液限黏土交界面开挖施工技术研究，明确隧道施工时不同工况下围岩的变形规律和施工力学特性、支护结构的受力特征，旨在使隧道安全高效地穿越强富水块石土层与高液限黏土交界段，指导实际工程施工。

3.2 隧道穿越块石土层与高液限黏土交界地层预支护技术研究

采用平面应变假设的二维数值模拟分析所需时间少、对计算机硬件要求小、可在较短时间内对多种施工方法、施工工序、施工速度、支护参数、支护时间以及结构的安全性等进行合理高效的对比分析，广泛应用于单一洞室的模拟分析研究中。但二维数值模拟分析不能得出围岩和超前支护在整个施工过程中的纵向力学效应，同时也不能完全将时间和空间效应模拟出来，因此具有一定的局限性。

三维数值模拟分析虽然所需时间多、对计算机硬件要求高，但能够将时间和空间效应完全再现出来，可将超前支护措施在施工全过程中的纵向力学效应完全模拟出来。本次计算将通过三维有限元分析，对不同的超前支护措施施工进行全过程数值模拟研究。

3.2.1 隧道穿越软土交界段设计及施工方案

1. 隧道设计概况

4 号隧道浅埋段 DK77+720 ~ DK78+250 为 V 级围岩，采用的主要的衬砌类型为 V_{s-p} 和 V_{s-p-1}，衬砌断面如图 3.2-1 所示。其中 V_{s-p} 的初支采用 C30 喷射混凝土、支护厚度为 35 cm，边墙锚杆长度 3.5 m、间距为 1.2 m×1.0 m（环×纵），钢架采用 I25a 型钢、间距 0.6 m，二衬采用 C35 钢筋混凝土、拱墙厚度 55 cm、仰拱厚度 65 cm；V_{s-p-1} 的初支采用 C30 喷射混凝土、厚度为 35 cm，边墙锚杆长度 3.5 m、间距为 1.2 m×1.0 m（环×纵），钢架采用 I25b 型钢、间距 0.6 m，二衬采用 C35 钢筋混凝土、拱墙厚度 60 cm、仰拱厚度 70 cm。

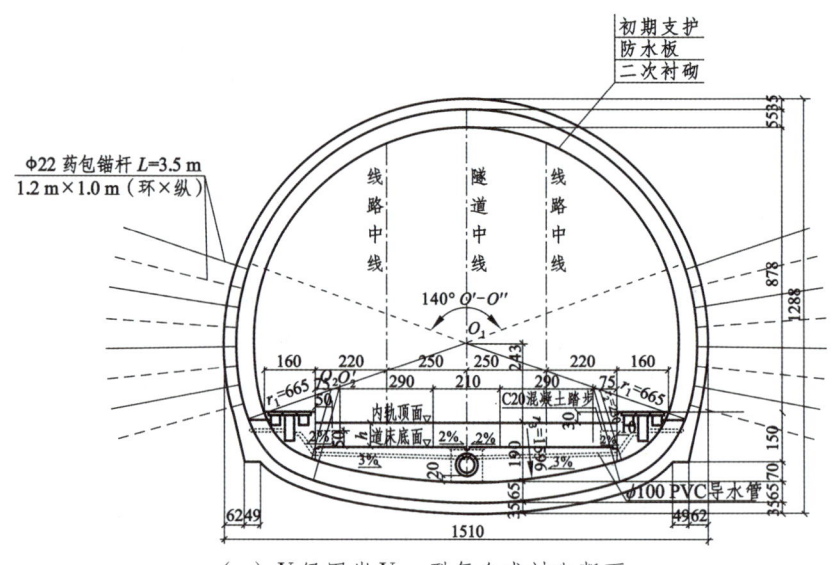

（a）V 级围岩 V$_{s-p}$ 型复合式衬砌断面

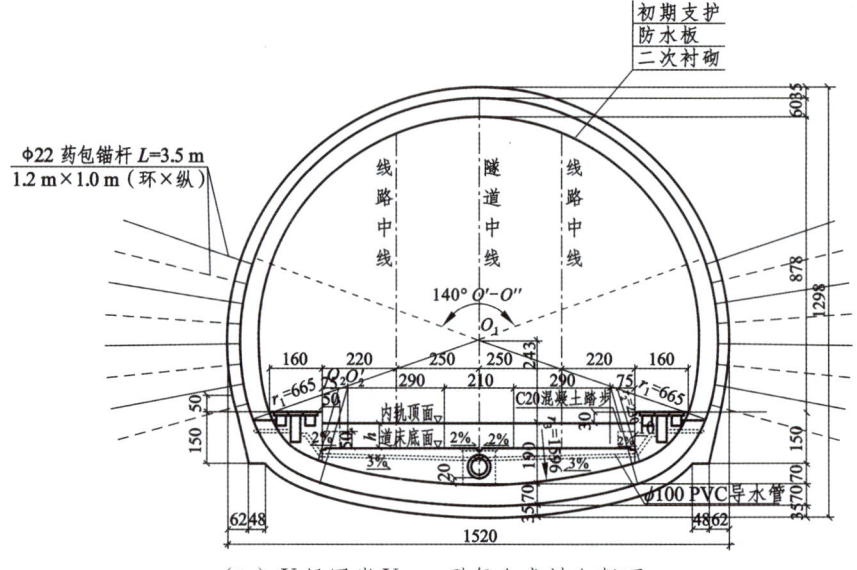

（b）V 级围岩 V$_{s-p-1}$ 型复合式衬砌断面

图 3.2-1　隧道衬砌断面图

2. 施工方案

施工方法拟采用三台阶临时仰拱法，其施工流程如图 3.2-2 所示，施工工序如图 3.2-3 所示。超前支护拟采用超前中管棚、超前小导管、$\Phi108$ 大管棚+小导管等形式。长管棚采用 Φ108×6 mm 无缝钢管制成，环向按导向墙拱部 140°范围布置，每环 47 根，管棚长 40 m，环向间距 40 cm，超前长管棚外插角 1°～3°。大管棚施工流程：导向墙测量放线→开挖→导向墙支架及底模安装→导向墙模板测量复核→导向架及导向管安装、焊接→测量复核→导向墙侧模及顶模安装→导向墙混凝土浇筑→混凝土养护→大管棚钻孔→清孔→验孔→顶管→注浆→封孔。

如图 3.2-3 所示，三台阶临时仰拱法施工施工步骤如下：

（1）开挖①部，同时每循环进尺一次，掌子面喷 5 cm 厚混凝土封闭；分部施作①部导坑周边的初期支护，即初喷 4 cm 厚混凝土，打设径向锚杆，架立钢架（钢筋网），并设锁脚锚管，安装临时仰拱；复喷混凝土至设计厚度，上导坑初期支护封闭成环。

（2）在滞后于①部一段距离后，开挖②部，导坑周边部分初喷 4 cm 厚混凝土，打设系统锚杆，架设钢架，并设锁脚锚管，安装临时仰拱；复喷混凝土至设计厚度，中导坑初期支护封闭成环。

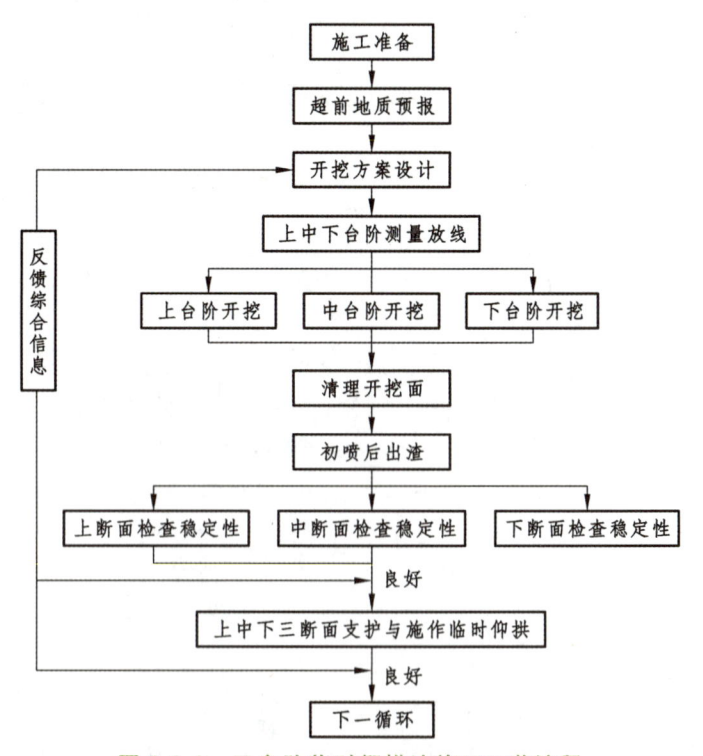

图 3.2-2　三台阶临时仰拱法施工工艺流程

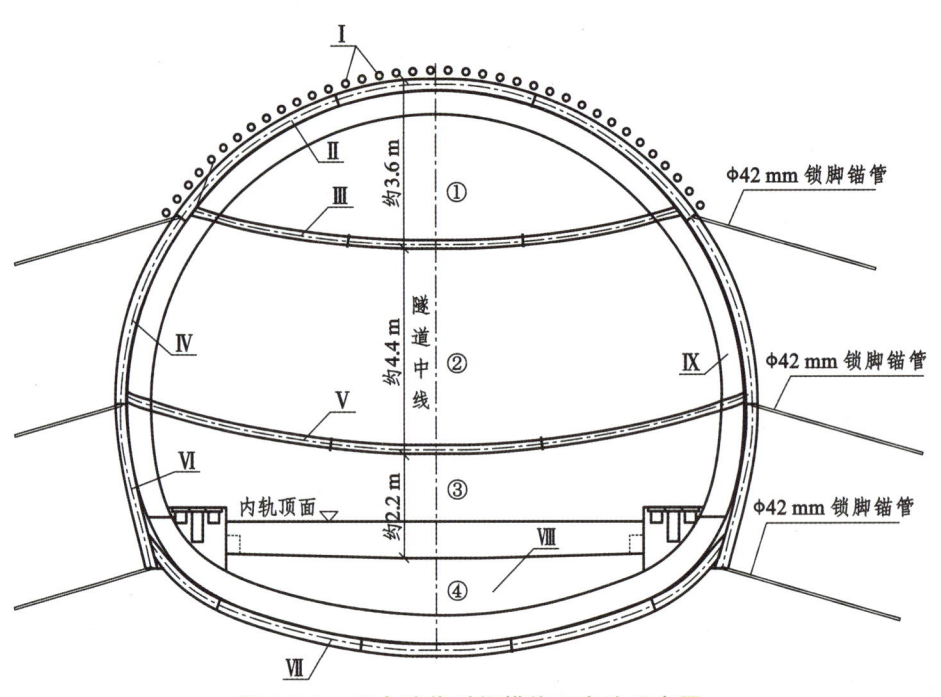

图 3.2-3　三台阶临时仰拱施工方法示意图

（3）在滞后于②部一段距离后，开挖③部，导坑周边及隧底部分初喷 4 cm 厚混凝土，打设系统锚杆，架设钢架（钢筋网），并设锁脚锚管，喷混凝土至设计厚度。

（4）在滞后于③部一段距离后，开挖④部，周边部分初喷 4 cm 厚混凝土，埋设仰拱钢架，复喷混凝土。

（5）灌注仰拱、墙底及隧底填充（仰拱及仰拱填充应分次施作）。

（6）根据监控量测结果分析，待初期支护收敛后，利用衬砌模板台车一次性浇筑衬砌（拱墙衬砌一次施作）。

3. 既有监测数据分析

表 3.2-1 为已开挖的 4 号隧道出口端断面 DK77+760 累计沉降数据，该段靠近富水块石土层与高液限黏土交界段，累计沉降数据对隧道穿越块石土层和高液限黏土交界段具有参考意义。从沉降数据可以看出，随着时间的推移，沉降值不断增大，2 月底最大沉降值达到 363.5 mm，甚至在短时间内出现沉降突变的情况，由于该段埋深浅，穿越段围岩力学性质差，因此隧道在该段开挖施工具有较大风险。

表 3.2-1　断面 DK77+760 累计沉降数据

4 号隧道出口 DK77+760		
日　期	特征断面	累计沉降数据/mm
2020-12-18		0
2020-12-19		5.6
2020-12-29		59.7
2021-01-09		125.3
2021-01-19	DK77+760	147.9
2021-01-29		151.5
2021-02-09		340
2021-02-19		348
2021-02-29		363.5

4. 超前支护及施工方案评价

4 号隧道浅埋段 DK77+720 ~ DK78+250 处在强富水块石土层与高液限黏土交界段，施工风险极高，若超前支护措施或施工方法不当，拱顶易产生大变形甚至坍塌。根据已有施工监测资料，靠近该段施工范围内的拱顶沉降达到30 cm，因此该段成为 4 号隧道施工中的重难点段。该隧道施工工期紧，地质条件极为复杂，一种超前支护措施难以保证施工安全，因此针对不同超前支护措施和不同施工方法下的施工沉降规律及施工力学特性研究很有必要。

3.2.2　数值模拟工况

如何在穿越块石土层与高液限黏土交界面地段采取有效超前支护措施，本节结合施工工程情况，运用数值仿真方法对不同超前支护加固方案进行模拟分析，以期得到适应该地层的有效超前支护措施。软岩隧道超前支护加固措施：小导管超前注浆加固，长管棚超前支护加固、中管棚超前支护加固以及水平旋喷桩加固等。本节主要考虑常见软岩超前支护加固手段，通过组合不同的超前支护手段，分析隧道穿越块石土层与高液限交界面地段在不同超前支护手段下的隧道拱顶位移、边墙位移、拱底位移、围岩应力、初支受力、围岩塑性区等关键点的受力与变形情况，对不同超前支护手段的支护效果进行研究。不同超前支护手段组合工况见表 3.2-2。

表 3.2-2　不同超前支护手段组合工况

工况	1	2	3	4	5	6
超前支护手段	无超前支护	水平旋喷桩超前加固	小导管超前注浆加固	中管棚超前支护+小导管注浆	长管棚超前支护+小导管注浆	长管棚超前支护

3.2.3　数值模拟方案

1. 数值模型

采用有限差分软件 FLAC3D 进行计算，最大开挖跨度约为 15 m，最大开挖高度约为 13 m。考虑到隧道开挖边界效应的影响，模型尺寸:隧道埋深 1 m，隧底至底部边界为 50 m，长度为 40 m，左右宽度为 100 m，见图 3.2-4。根据实际施工情况，将模型分为两层，上层为高液限黏土层，下层为块石土层。计算边界条件：模型顶部为自由面，其他 5 个面均约束法向位移。数值模拟中围岩、注浆加固区（1 m 厚）、水平旋喷桩加固区（0.5 m 厚，加固区范围对高液限黏土层进行加固，通过提高围岩力学参数进行模拟）采用弹塑性实体单元模拟，采用摩尔-库仑屈服准则，隧道初期支护及二次衬砌采用弹性实体单元模拟；锚杆、锁脚锚杆采用 Cable（锚索）单元模拟，管棚采用 beam（梁）单元模拟。

模拟隧道穿越上土石分界区间的支护形式：锚杆采用 Φ22 药包锚杆，环向间距为 1.2 m，纵向间距为 1 m，长度分别为 3.5 m；锁脚锚杆采用直径为 Φ42，长度为 6 m 和 4 m 锚杆。隧道开挖方法拟采用三台阶临时仰拱法，建立三维施工模型，开挖进尺为 2 m,初期支护和临时仰拱施作滞后一步隧道开挖，台阶步距为 6 m。模拟过程的施工工序如下：

（1）施作超前支护，开挖上台阶；

（2）施作上台阶部分周边的初期支护，设锁脚锚管，安装上台阶临时仰拱；

（3）开挖中台阶；

（4)打设边墙锚杆,施作初期支护,设锁脚锚管,安装中台阶部临时仰拱；

（5）开挖下台阶；

（6）施作下台阶初期支护及锚杆；

（7）开挖仰拱；

（8）施作仰拱初期支护；

（9）施作仰拱；

（10）拆除临时仰拱，施作二衬。

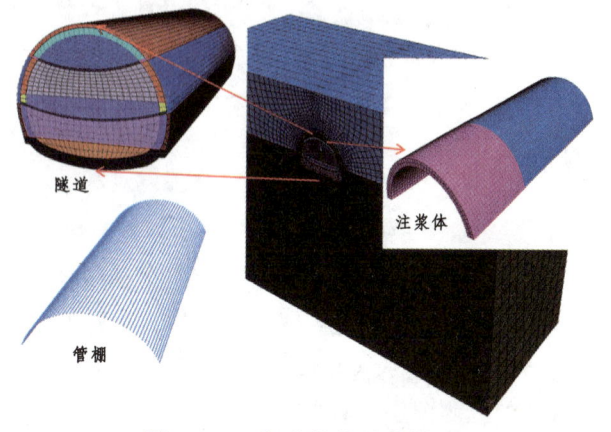

图 3.2-4　部分数值计算模型

2. 监测点设置

为了研究不同超前支护手段的支护效果，对隧道拱顶以及拱脚、边墙、仰拱等部位位移情况进行了监测，如图 3.2-5 所示。

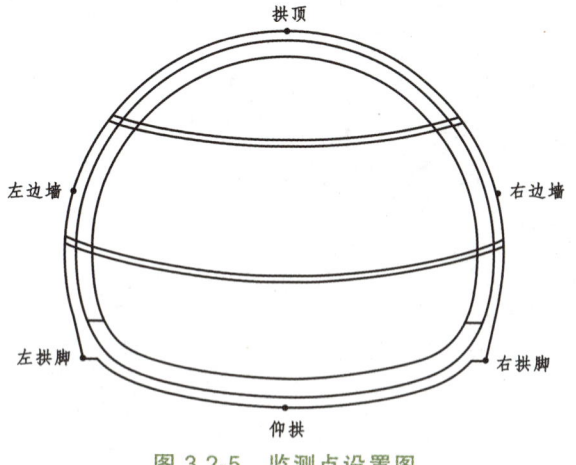

图 3.2-5　监测点设置图

3.2.4　计算参数确定

根据 DK77+720～DK78+250 段地质勘察资料，穿越土层为块石土层和高液限黏土层，数值模拟采用的围岩物理力学参数见表 3.2-3。

表 3.2-3　围岩的计算参数

围岩	弹性模量 E/MPa	密度 / (kg/m³)	泊松比 μ	黏聚力 C/kPa	内摩擦角 φ / (°)
黏土	8	2018	0.35	63	20.6
块石土	200	2400	0.3	112	35

考虑到喷射混凝土和钢架协调变形，并且初期支护以剪切破坏为主，因此隧道初期支护参数采用等效刚度，将格栅钢架的弹性模量折算给 C30 喷射混凝土；支护材料力学参数参考相关研究文献并根据《铁路隧道设计规范》（TB 10003—2016）的相关规定选取，支护参数见表 3.2-4。

表 3.2-4　支护参数

衬砌	弹性模量 E /GPa	密度 / (kg/m³)	泊松比 μ	黏聚力 C /kPa	内摩擦角 φ / (°)
初期支护	27.85	2500	0.2	—	—
临时内撑	25.98	2480	0.2	—	—
二次衬砌	31.5	2500	0.2	—	—
仰拱填充	28	2300	0.2	—	—
锚杆	75.7	7800	0.3	—	—
管棚	93.26	3280	0.2	—	—
管棚注浆加固圈	3.2	2200	0.32	300	36
小导管注浆加固圈	1.2	2100	0.35	180	31
水平旋喷桩	3.3	2200	0.23	600	38

3.2.5　超前支护效果研究

1. 位移分析

（1）竖向位移。

按照三台阶临时仰拱施工步骤，选取最大沉降断面为研究断面，对不同的工况进行动态施工模拟，得到如图 3.2-6 所示计算结果。

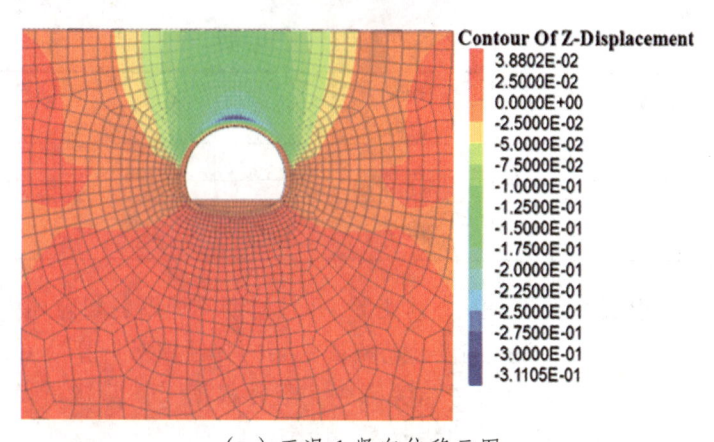

（a）工况 1 竖向位移云图

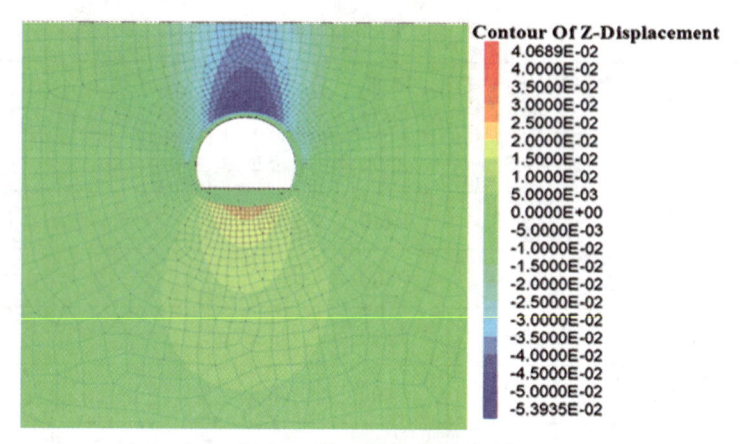

（b）工况 2 竖向位移云图

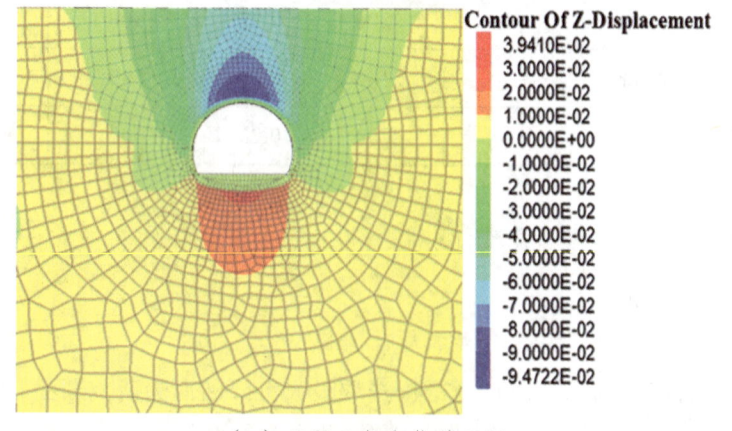

（c）工况 3 竖向位移云图

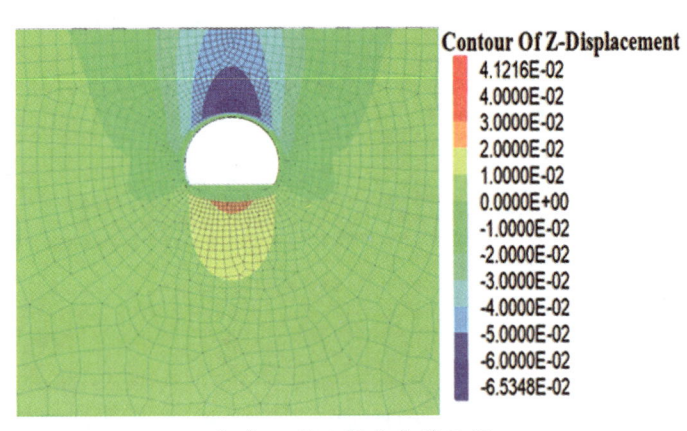

（d）工况 4 竖向位移云图

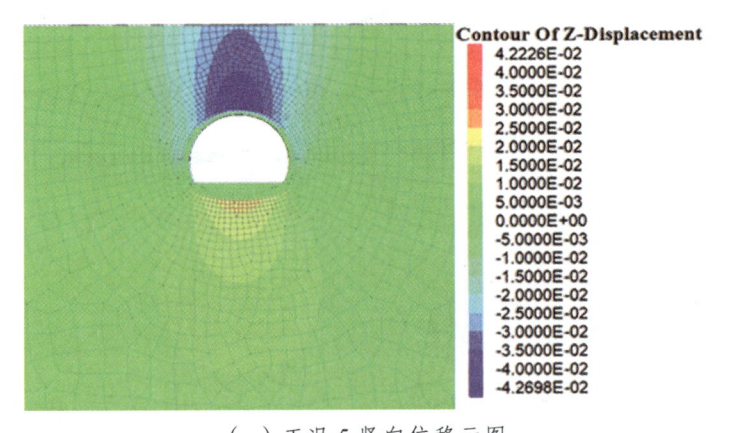

（e）工况 5 竖向位移云图

图 3.2-6　不同超前支护措施竖向位移云图（单位：m）

　　从图中可以看出：工况 1（未进行超前支护）拱顶沉降位移远远大于其他采取超前支护措施的工况，说明隧道穿越软弱土层施工时进行超前支护能够有效降低隧道沉降，工况 1 的最大沉降为 311 mm 左右，与监测数据较一致，工况 2、工况 3、工况 4、工况 5 的最大沉降分别为 54 mm、95 mm、65 mm、43 mm 左右，从拱顶沉降的角度来看，超前支护措施 5 的抑制效果最好。

　　为了更加清楚施工过程中不同关键点（拱顶沉降、拱底隆起、拱脚位移、边墙位移）在施工过程中的位移变化情况，选取最大沉降断面为研究断面，对关键点的竖向位移进行监测，以开挖步为横坐标、竖向位移为纵坐标建立竖向位移随开挖步的相关曲线，如图 3.2-7 所示。

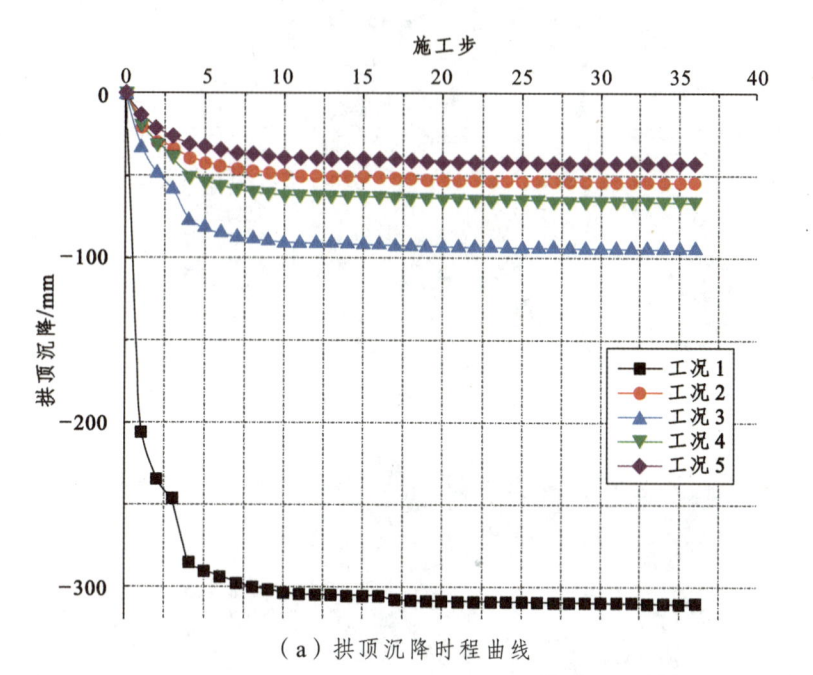

（a）拱顶沉降时程曲线

（b）拱脚竖向位移时程曲线

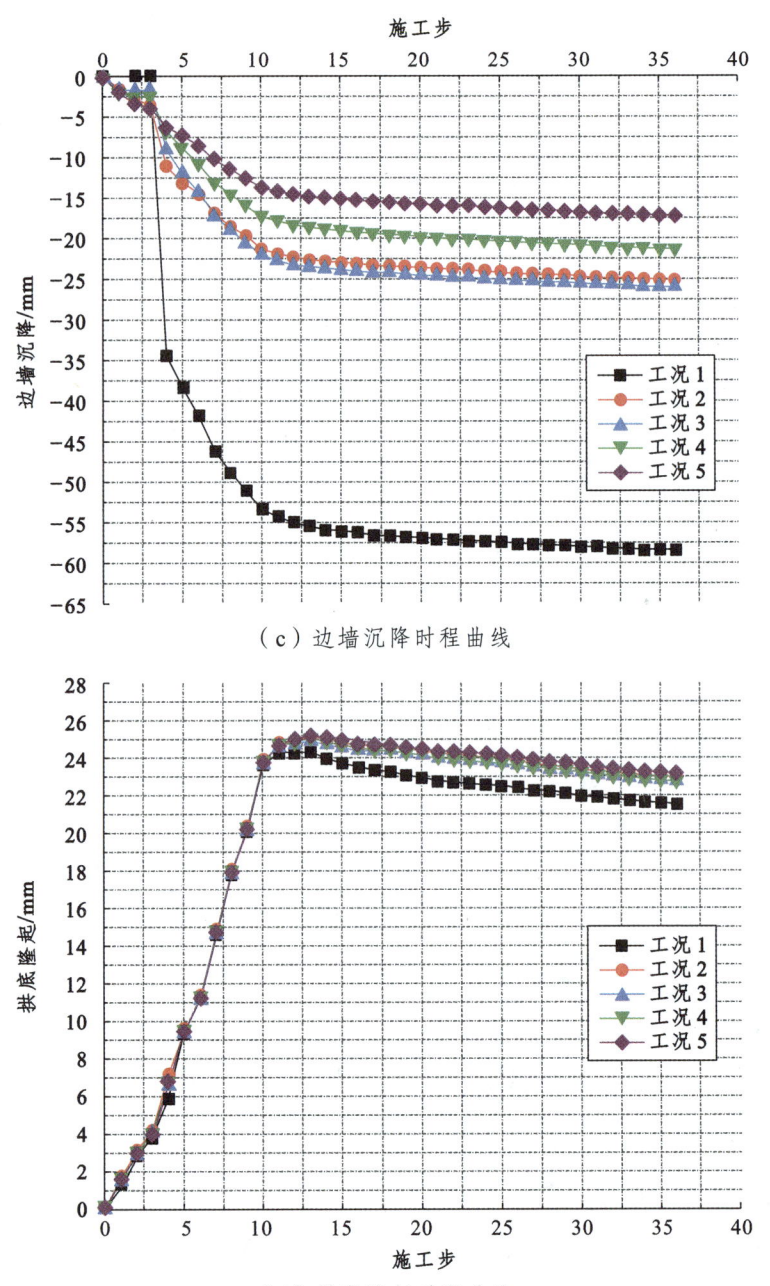

（c）边墙沉降时程曲线

（d）拱底隆起时程曲线

图 3.2-7　监测点时程位移曲线（单位：mm）

从图中可以看到，隧道开挖施工过程中，从竖向位移来看，拱顶受到的影响最大，其次是边墙、拱底、拱脚关键位置；对比不同的支护方案，采用超前支护措施时对拱顶和边墙的沉降影响最大，其次是拱脚和拱底；不同的超前支护措施下各关键点的竖向位移变化趋势一致，基本表现为开挖施工时位移急剧变化，而后在第 10 个施工步时逐渐趋于稳定，纵向影响范围在上台阶开挖 20 m 左右。

（2）水平位移。

隧道开挖支护完成以后的水平位移云图如图 3.2-8 所示。

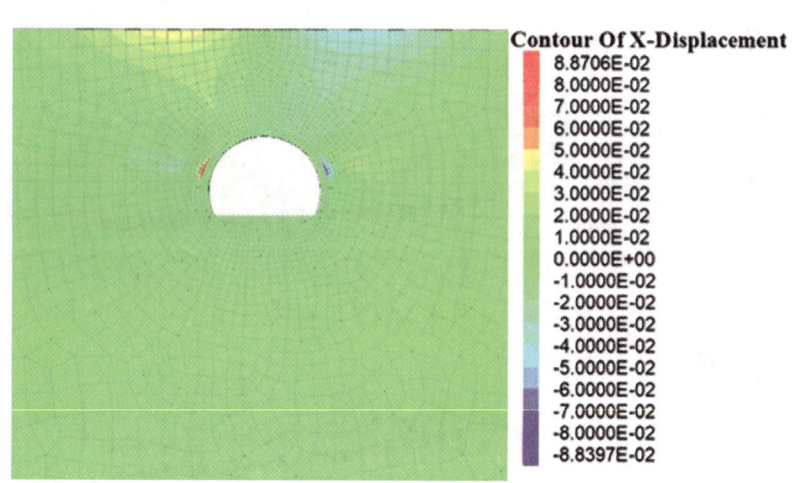

（a）工况 1 水平位移云图

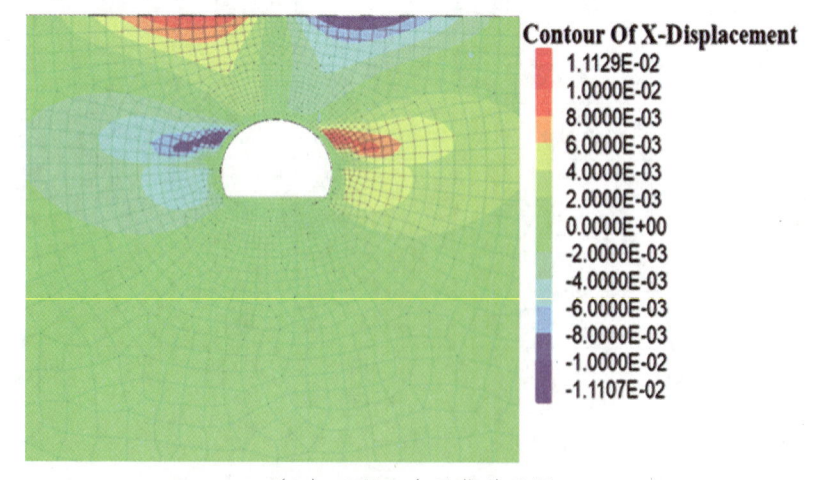

（b）工况 2 水平位移云图

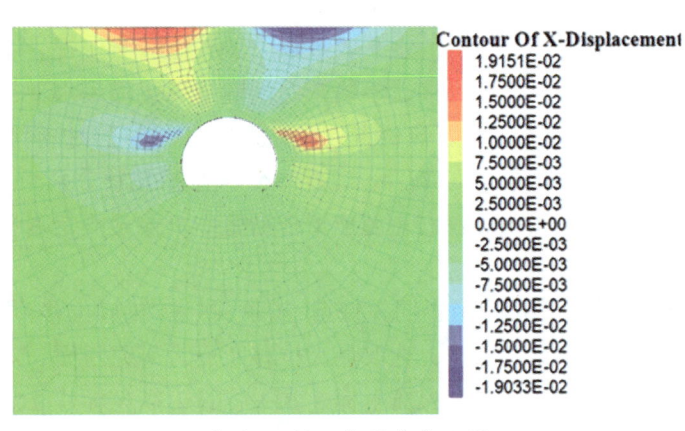

（c）工况 3 水平位移云图

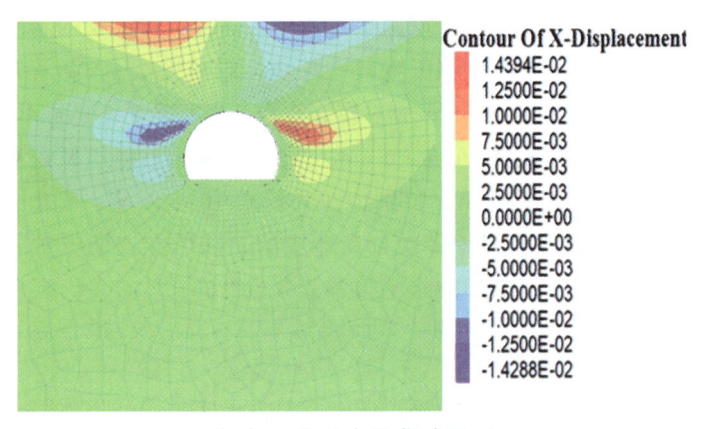

（d）工况 4 水平位移云图

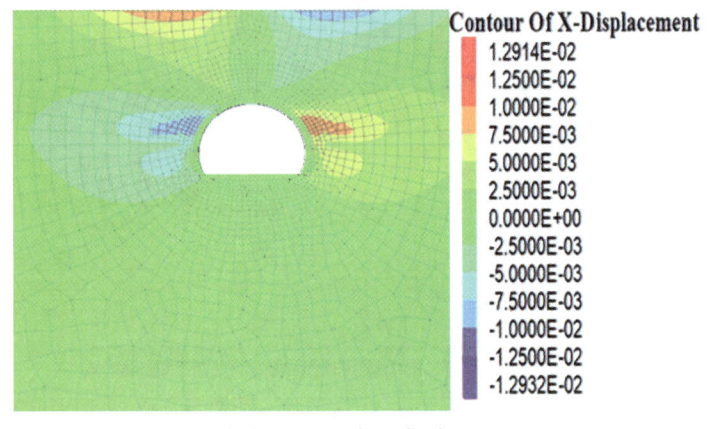

（e）工况 5 水平位移云图

图 3.2-8　不同超前支护措施水平位移云图（单位：m）

从图中可以看出：工况 1 的水平收敛取大于其他 4 种工况，不同的工况最大水平位移远远小于竖向位移，不同工况的隧道周边最大水平位移规律一致，均出现在拱肩范围内，由于该位置处于黏土层内，隧道开挖会产生较大的水平变形，工况 2、工况 3、工况 4、工况 5 最大水平位移分别为 11.1 mm、19 mm、14.3 mm、12.9 mm 左右，超前支护措施 2 对隧道开挖水平收敛的抑制效果较好。

为了更加清楚施工过程中不同关键点（拱顶、拱底、拱脚位移、边墙位移）在施工过程中的位移变化情况，选取最大位移断面为研究断面，对关键点的水平位移进行监测，以开挖步为横坐标、水平位移为纵坐标建立竖向位移随开挖步的相关曲线，如图 3.2-9 所示。

从图中可以看出：在隧道开挖施工过程中，对边墙和拱脚的水平位移影响较大，对拱顶和拱底的水平位移影响较小甚至无影响，工况 1 随着开挖卸荷，边墙处的最大收敛位移达到 55 mm 左右，工况 2、工况 3、工况 4、工况 5 的最大收敛位移为 5.3 mm、4.8 mm、5 mm、7.3 mm 左右；隧道开挖对边墙的影响最大，表现在其曲线无规律，特别地在开挖步 10 步以前，变化急剧，可能原因是同一断面不同台阶开挖多次扰动造成的，随后在初期支护施作达到强度以后，变化趋于稳定；拱脚的水平位移表现在 10 步之前变化明显，10 步后趋于稳定。

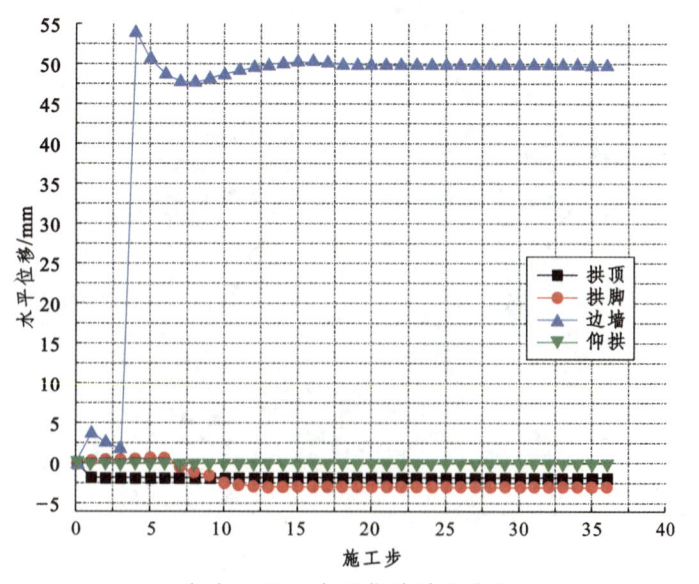

（a）工况 1 水平位移时程曲线

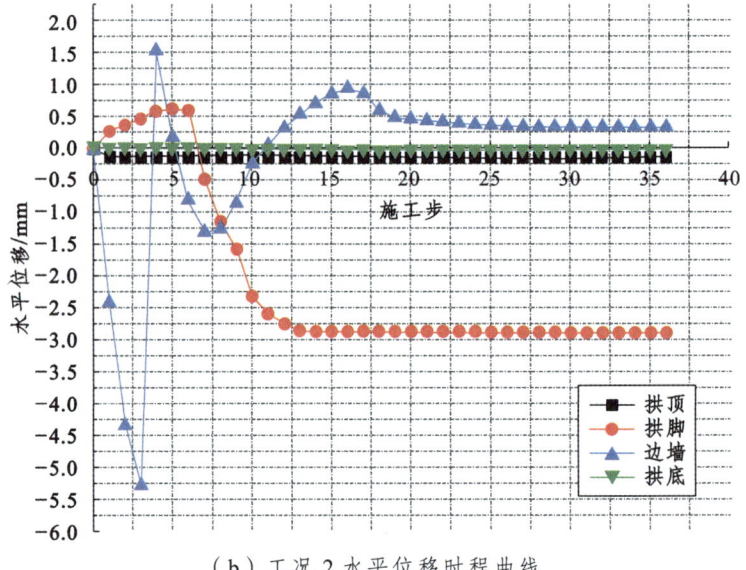

（b）工况 2 水平位移时程曲线

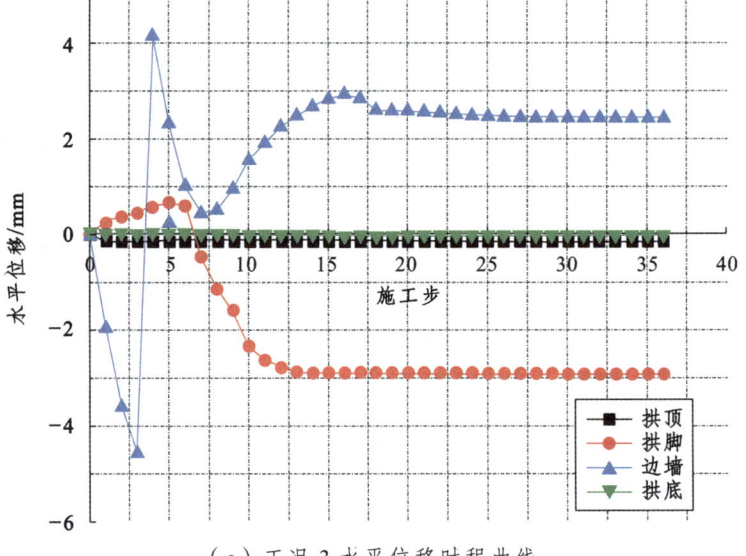

（c）工况 3 水平位移时程曲线

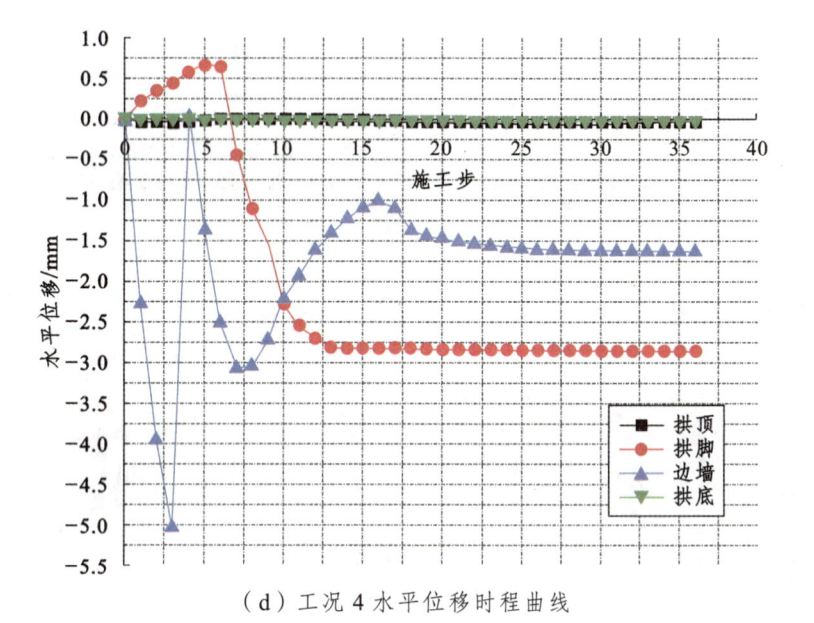

（d）工况 4 水平位移时程曲线

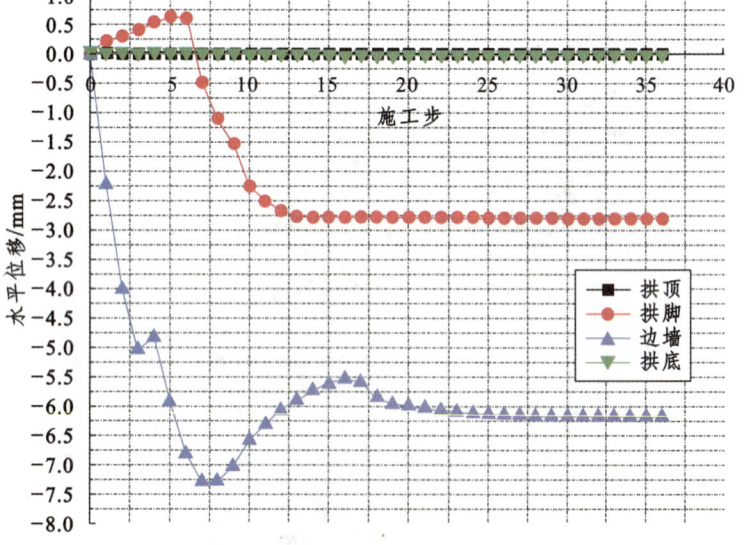

（e）工况 5 水平位移时程曲线

图 3.2-9　监测点时程位移曲线（单位：mm）

（3）地表沉降。

该段埋深较浅，隧道开挖对地表沉降影响较大，经过数值模拟计算，选取地表沉降最大的断面进行分析，以距洞轴线距离为横坐标，每 2 m 为间距取一个点，以沉降值为竖坐标，建立地表沉降曲线如图 3.2-10 所示。

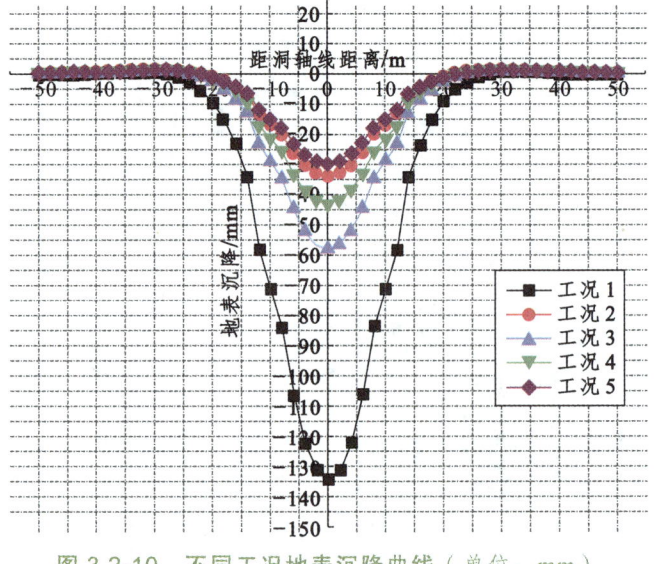

图 3.2-10　不同工况地表沉降曲线（单位：mm）

从图中可以看出：不同工况下沉降曲线的变化规律一致，即洞轴线上方的地表对应的沉降值最大，离洞轴线越远的区域，沉降值越小；未施作超前支护（工况 1）的情况下，下部隧道开挖对地表影响的区域大于施作超前支护的工况，且未施作超前支护的地表中心沉降值远远大于其他工况条件，工况 1 的最大沉降为 135 mm 左右，而工况 2、工况 3、工况 4、工况 5 的沉降为 35 mm、58 mm、43 mm、30 mm，仅为工况 1 的 26%、43%、32%、22%，因此隧道高液限黏土层施作超前支护加固能够有效降低地表沉降。由曲线可知，超前大管棚+小导管超前注浆加固措施对地表沉降的影响最小。

2. 应力分析

（1）开挖过程纵向应力。

三维模型计算过程中，为了解中间开挖过程纵向应力的变化情况，以选择开挖步第 15 步为例进行分析，得到的纵向应力云图如图 3.2-11 所示。

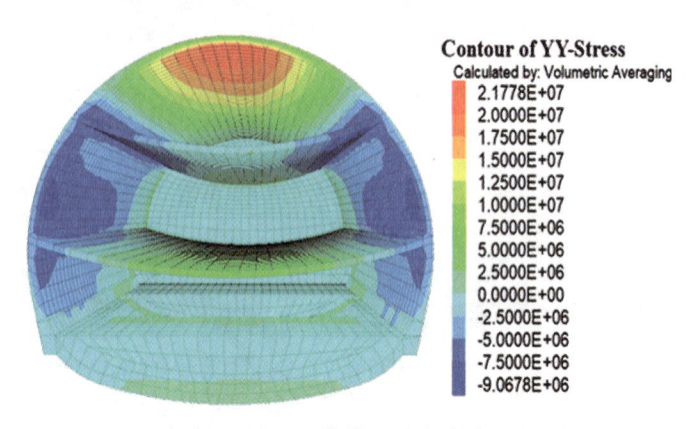

（a）工况 1 开挖过程纵向应力云图

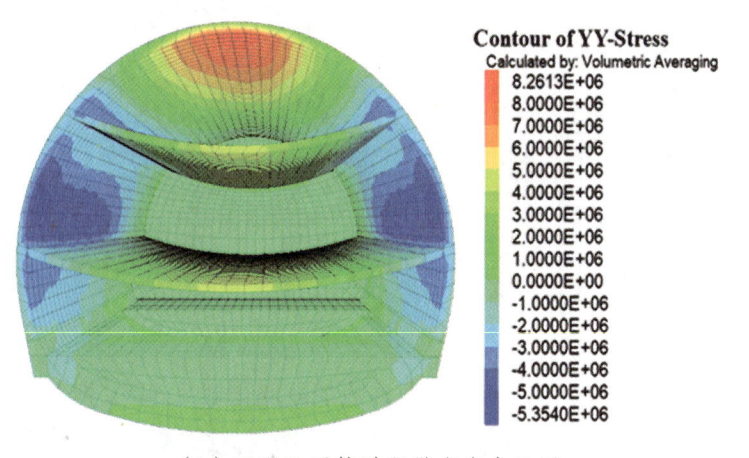

（b）工况 2 开挖过程纵向应力云图

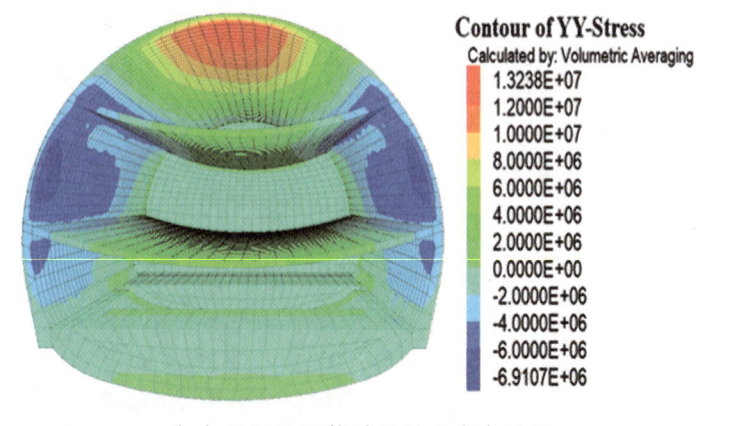

（c）工况 3 开挖过程纵向应力云图

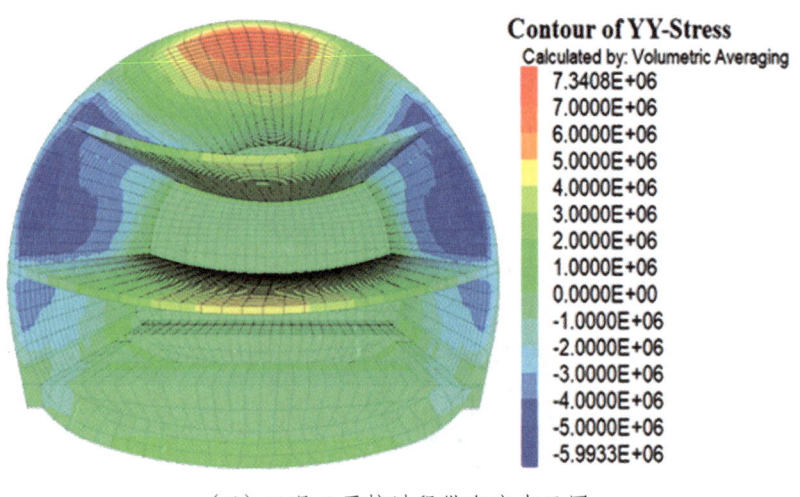

（d）工况 4 开挖过程纵向应力云图

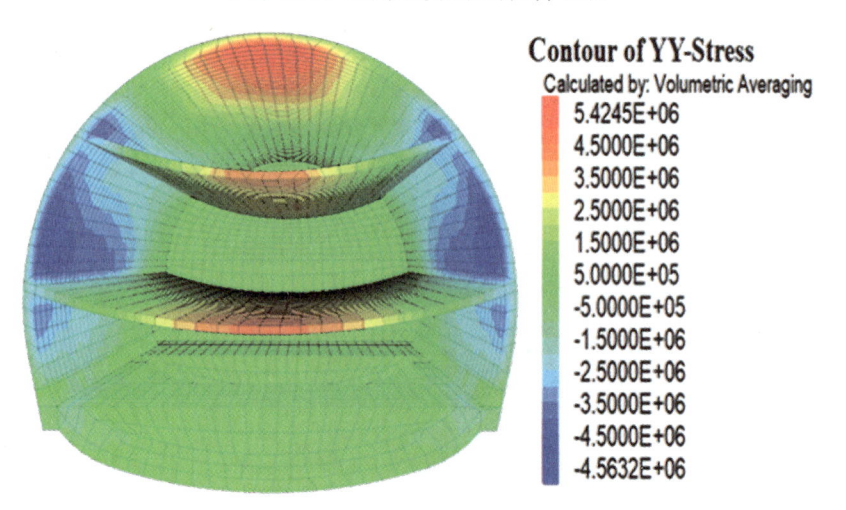

（e）工况 5 开挖过程纵向应力云图

图 3.2-11　不同超前支护措施开挖过程纵向应力（单位：Pa）

　　从图中可以看到：施工过程最大纵向拉应力出现在初支拱顶，最大压应力出现在边墙处。对比不同的工况发现：未施作超前支护措施时隧道施工对初支产生的纵向拉应力和压应力远远大于施作超前支护措施的工况，因此超前支护能够有效改善施工过程中初支纵向应力的大小，降低初支纵向受拉破坏的风险；工况 5 降低初支纵向应力大小的效果最为明显，其次是工况 4、工况 2、工况 3。

（2）初期支护受力。

初期支护是重要的隧道支护结构，为了解不同超前支护工况下，从竖向应力和水平应力两个角度进行分析，提取隧道开挖后初期支护的应力云图如图3.2-12所示。

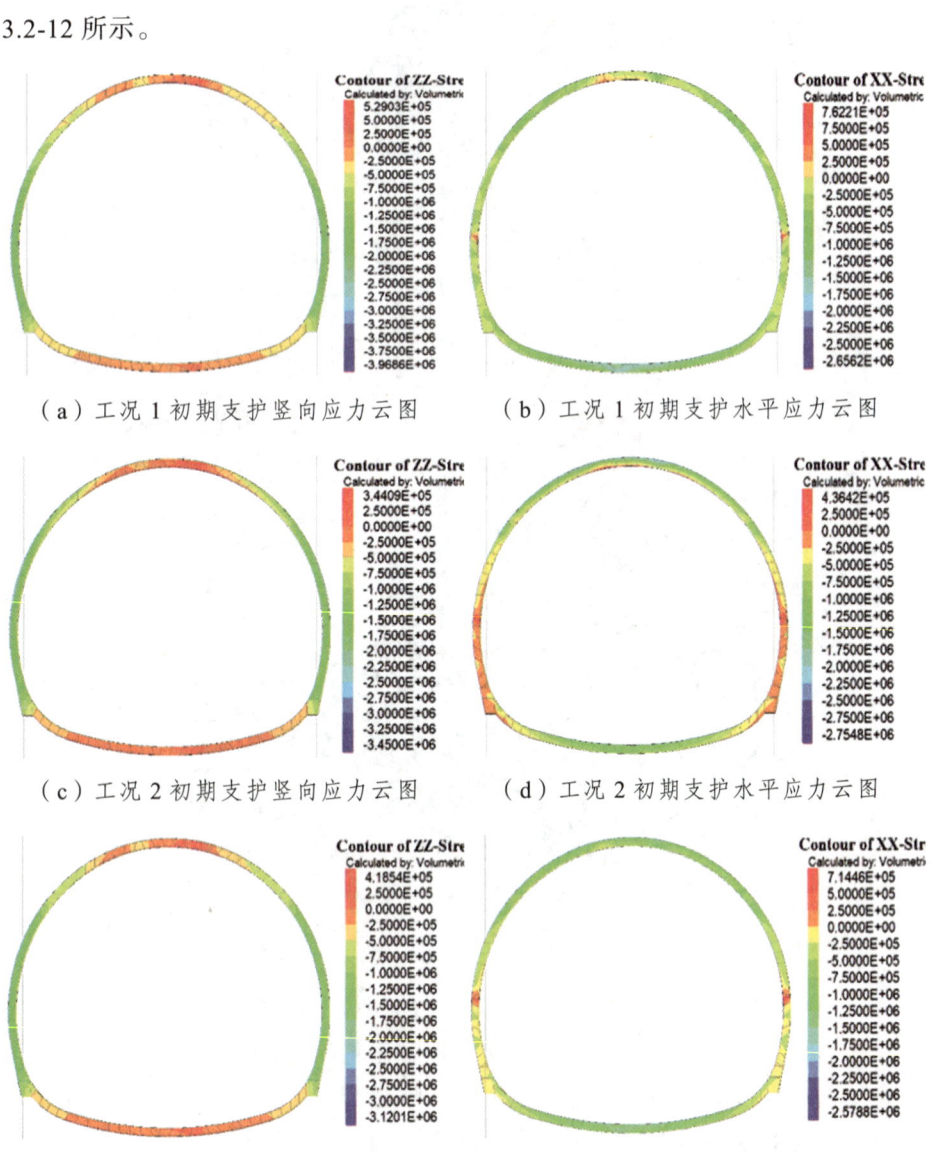

（a）工况1初期支护竖向应力云图　　（b）工况1初期支护水平应力云图

（c）工况2初期支护竖向应力云图　　（d）工况2初期支护水平应力云图

（e）工况3初期支护竖向应力云图　　（f）工况3初期支护水平应力云图

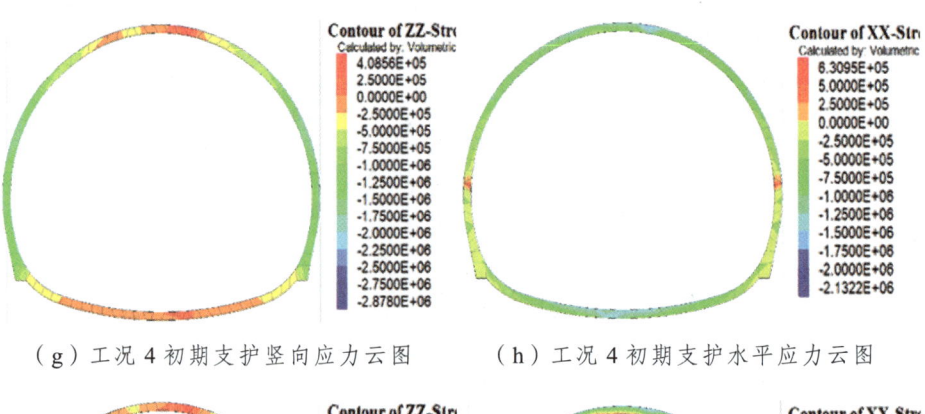

（g）工况 4 初期支护竖向应力云图　　　　（h）工况 4 初期支护水平应力云图

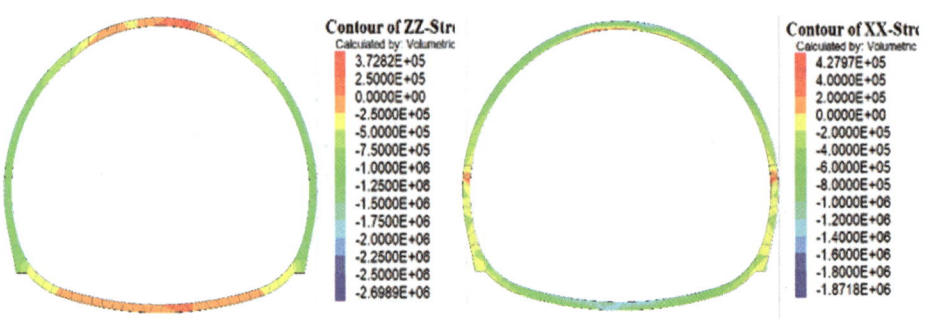

（i）工况 5 初期支护竖向应力云图　　　　（j）工况 5 初期支护水平应力云图

图 3.2-12　不同超前支护措施初期支护应力（单位：Pa）

　　从图中可以得到，竖向应力方面：不同工况下最大压应力出现在边墙和墙脚处，仰拱和拱顶小部分区域出现较小的拉应力，整个初期支护结构主要承受压应力，处于安全范围内；相比未施作超前支护措施，施作超前支护措施后的初期支护结构的竖向应力值得到降低，说明隧道在穿越软土土层施工时采取超前支护措施能够有效降低初期支护结构的受力，因为超前支护具有一定刚度，在其作用下能降低和阻隔隧道开挖引起的变形，转移部分荷载至拱脚，改善初期支护结构受力；从压应力数值来看，工况 5 改善效果最为明显，其次是工况 4、工况 3、工况 2。水平应力方面：边墙和拱顶、仰拱部分区域出现拉应力，但值比较小，压应力主要出现在拱顶大部分区域，边墙小部分区域出现拉应力可能原因是临时仰拱的支护作用；从压应力数值来看，工况 5 改善效果最为明显，其次是工况 4、工况 3、工况 2。

3. 塑性区分析

　　图 3.2-13 为不同超前支护工况下开挖完成以后的围岩塑性区分布。

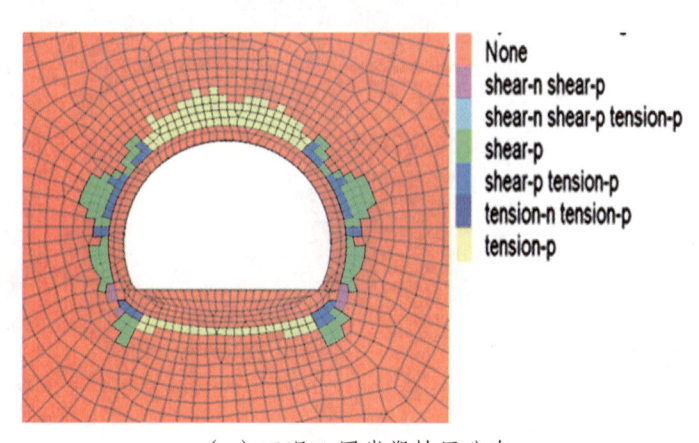

（a）工况 1 围岩塑性区分布

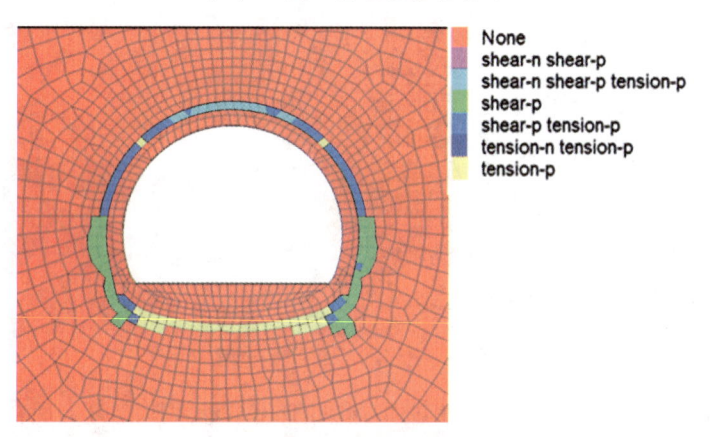

（b）工况 2 围岩塑性区分布

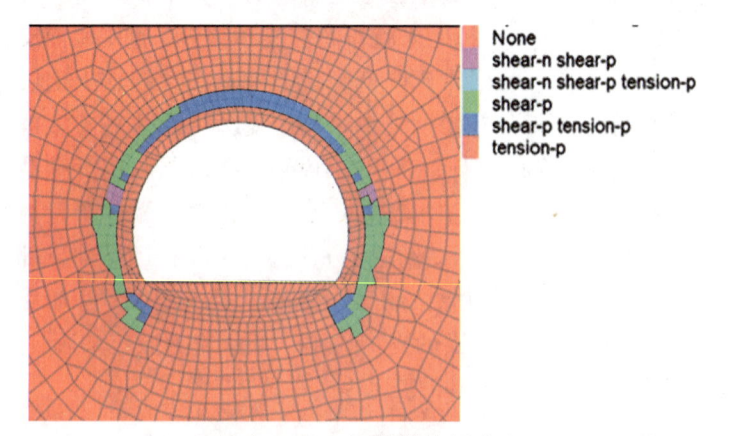

（c）工况 3 围岩塑性区分布

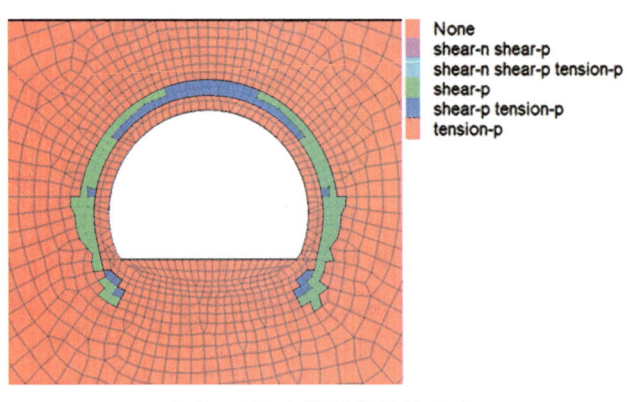

（d）工况 4 围岩塑性区分布

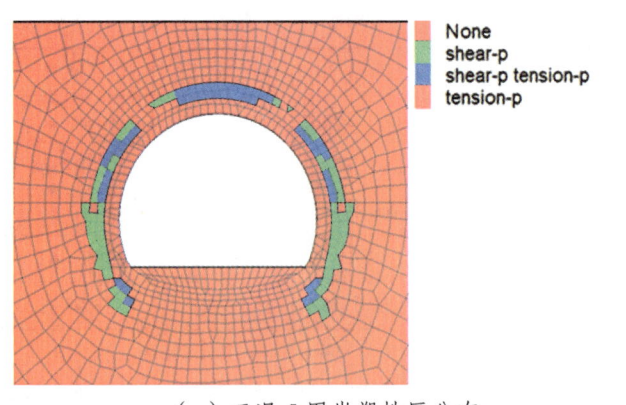

（e）工况 5 围岩塑性区分布

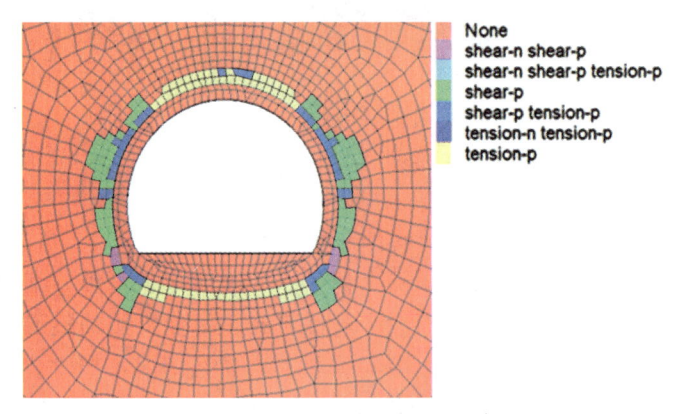

（f）工况 6 围岩塑性区分布

图 3.2-13　不同超前支护措施围岩塑性区分布

从图中可以看出：未采取超前支护措施的情况下，拱顶和拱肩位置出现大部分塑性区，拱顶产生受拉塑性区，拱肩主要产生剪切塑性区；不同超前支护工况下，塑性区的分布规律具有一致性，表现为拱顶的塑性区大大减小，塑性区大部分出现在土岩交界面和拱脚处，除了工况 5 以外，其他工况下隧道开挖拱顶产生的塑性区已经连通，工况 2 和工况 6 仰拱底部依然出现较大受拉塑性区域。为明确支护效果，利用 FLAC3D 提取不同工况下施工产生的塑性区体积，将塑性区进一步量化（表 3.2-5），发现采取超前支护后，塑性区的体积减小一半左右甚至更多，特别是工况 2 的塑性区减小最多，其次是工况 5、工况 4、工况 3。综上分析，从塑性区的分布和体积来看，超前支护措施 2、4、5 都能有效抑制隧道开挖时塑性区的发展。

表 3.2-5　不同工况塑性区体积

超前支护工况	工况 1	工况 2	工况 3	工况 4	工况 5
shear_now	711.016	687.298	711.942	676.469	572.04
tension_now	43.9135	34.7999	5.5212	0.240574	0
shear_past	1577.55	1044.17	1694.79	1710.45	1437.81
tension_past	4228.11	833.775	999.607	997.661	1207.85
总体积	6560.59	2600.04	3411.86	3384.82	3217.69

3.3　隧道穿越块石土层与高液限黏土交界地层施工力学及工法优化研究

3.3.1　不同开挖工法数值模拟分析

1. 数值模拟工况

上一节采用三维数值模拟对超前支护措施进行了研究，结合研究结果得到隧道穿越富水块石土与高液限黏土交界段的超前支护措施，本节在上一节基础上，对上软下硬地层的施工工法进行研究。目前常用的隧道开挖方法有 CRD 法、三台阶七步法、三台阶临时仰拱、台阶法等。本节主要考虑常见隧道开挖方法，分析隧道穿越块石土层与高液限交界面地段在不同开挖方法下的隧道拱顶位移、边墙位移、拱底位移、初支受力、围岩塑性区等关键点的受力与变形情况，对不同开挖支护方法进行研究。开挖工况见表 3.3-1。

表 3.3-1　不同开挖方法工况

工况	1	2	3	4	5	6
开挖方法	全断面法	三台阶临时仰拱法	三台阶临时仰拱法（加临时竖撑）	台阶法	三台阶七步法	CRD法

2. 数值模拟方案

（1）数值计算模型。

考虑到隧道开挖边界效应的影响，模型尺寸：隧道埋深为 11 m，隧底至底部边界为 50 m，长度为 1 m，左右宽度为 100 m。通过设置应力释放系数模拟施工。计算边界条件：模型顶部为自由面，其他 5 个面均约束法向位移。围岩、长管棚注浆加固区采用弹塑性实体单元模拟，采用摩尔-库仑屈服准则；隧道初期支护、临时内撑及二次衬砌采用弹性实体单元模拟；锚杆、锁脚锚杆采用 Cable（锚索）单元模拟。模拟隧道穿越上土石分界区间的支护形式：锚杆采用 $\Phi 2$ 锚杆，环向间距为 1.2 m，长度为 3.5 m；锁脚锚杆采用直径为 $\Phi 42$、长度为 6 m 和 4 m 锚杆。不同工况下的开挖模型如图 3.3-1 所示。

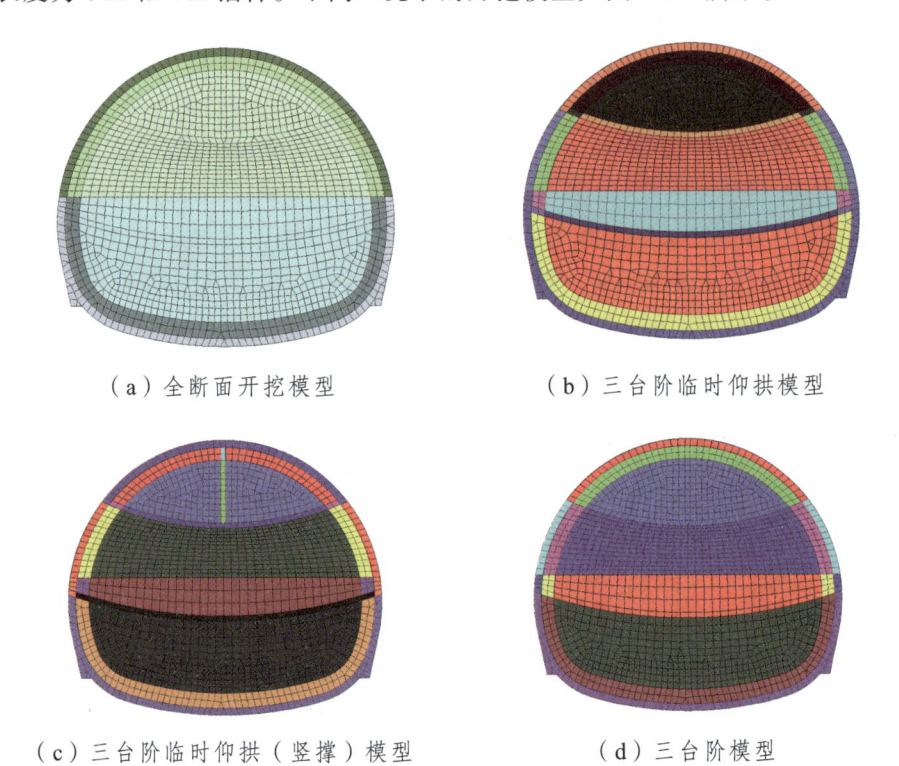

（a）全断面开挖模型　　　　　　　（b）三台阶临时仰拱模型

（c）三台阶临时仰拱（竖撑）模型　　　（d）三台阶模型

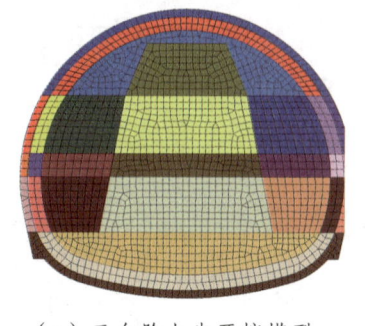 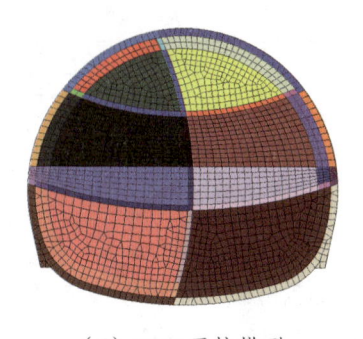

（e）三台阶七步开挖模型　　　　　　　　（f）CRD开挖模型

图 3.3-1　数值计算模型

（2）确定计算参数。

围岩力学参数、初期支护参数、二次衬砌力学参数和临时支护参数与上一节采用的计算参数相同,超前支护参数采用大管棚+小导管超前注浆加固力学参数。

（3）模拟方案。

采用应力释放系数对不同开挖方法进行模拟，不同工况模拟过程如下：

① 全断面法：一次性全部挖掉隧道范围内土体，施作初支。

② 三台阶临时仰拱法：开挖过程如上一节所述。

③ 台阶法：如图 3.3-2 所示，分上、中、下三个台阶进行开挖，开挖过程及时支护。

④ 三台阶七步法：如图 3.3-3 所示，开挖①、施作①初期支护→错开开挖②和③、施作②和③初期支护→开挖⑥→开挖⑦、施作⑦初期支护。

⑤ CRD法：如图 3.3-4 所示，按照图中顺序进行开挖支护。

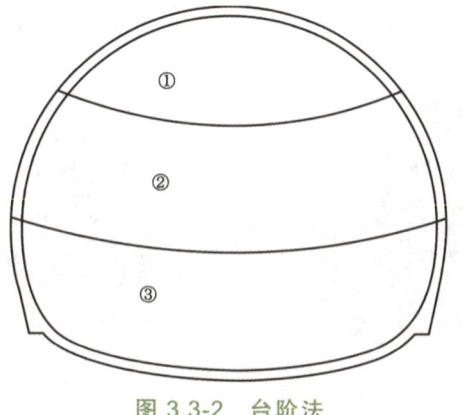

图 3.3-2　台阶法

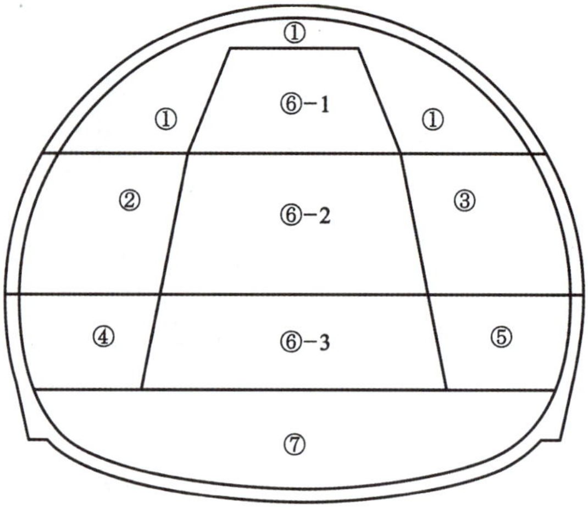

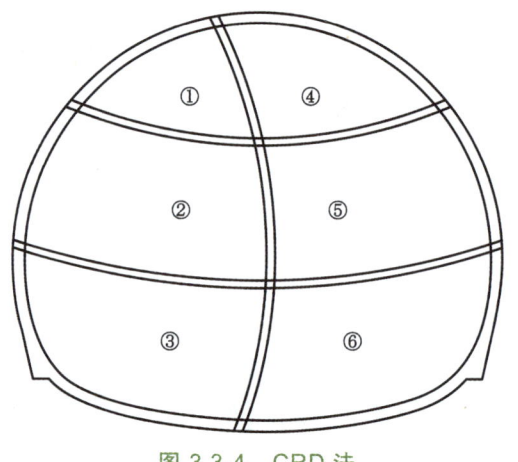

图 3.3-3　三台阶七步法

图 3.3-4　CRD 法

3. 不同开挖工法施工力学特性对比

（1）位移分析。

① 竖向位移分析。

通过数值计算得到不同工况下的竖向位移结果，图 3.3-5 为工况 1、工况 2、工况 4、工况 5、工况 6 的竖向位移云图。

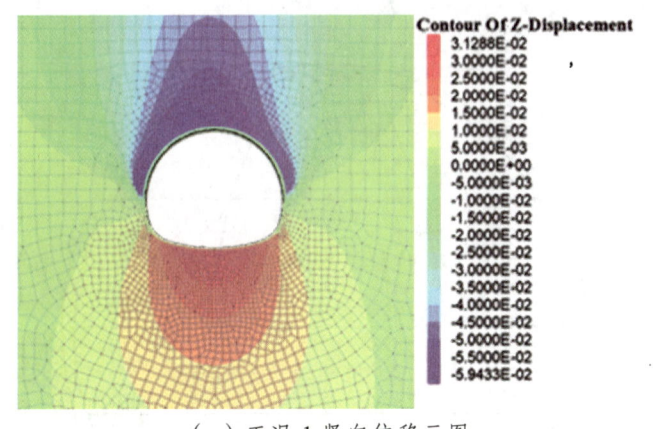

（a）工况 1 竖向位移云图

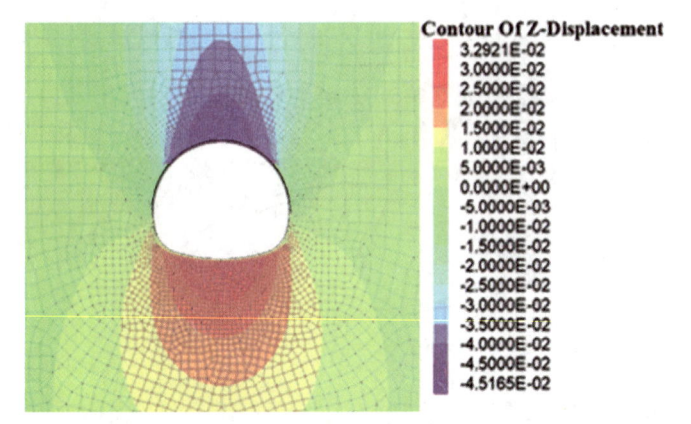

（b）工况 2 竖向位移云图

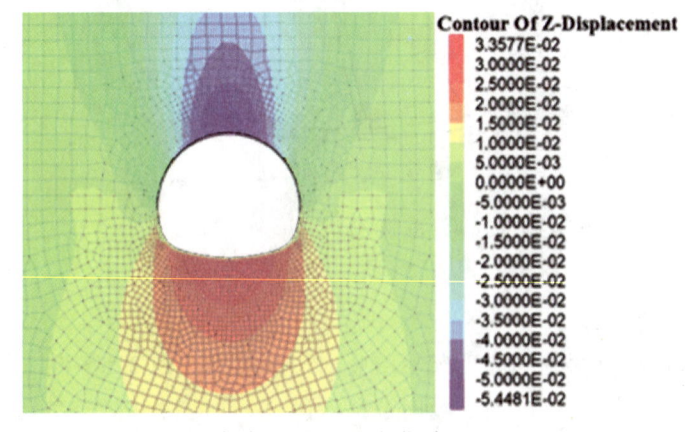

（c）工况 4 竖向位移云图

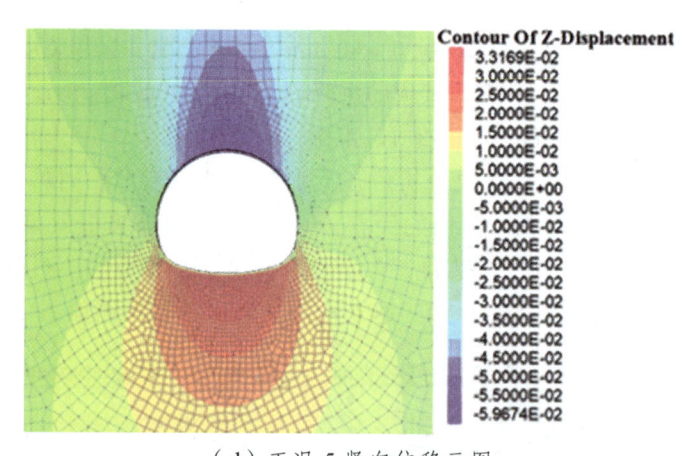

（d）工况 5 竖向位移云图

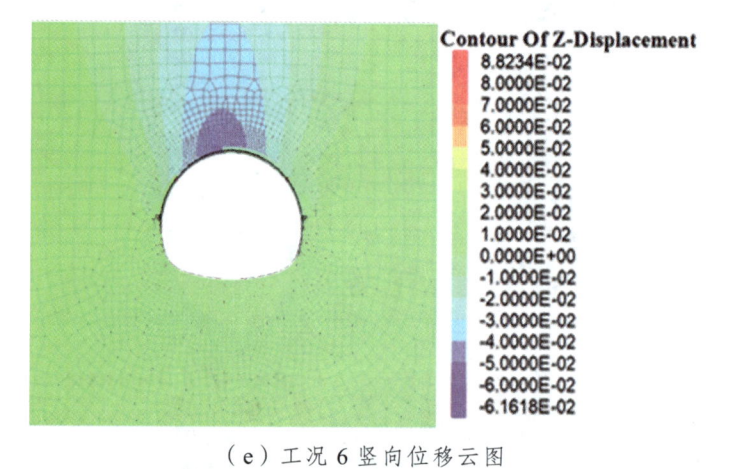

（e）工况 6 竖向位移云图

图 3.3-5　不同施工工法竖向位移云图（单位：m）

　　从图中可以看出：最大沉降出现在拱顶区域、最大隆起出现在拱底区域，不同工况下拱底隆起相差不大，隆起值为 30 mm 左右；工况 2 产生的拱顶沉降最小（45.2 mm 左右），然后依次是工况 4、工况 1、工况 5、工况 6，分别为 54.5 mm、59.4 mm、59.7 mm、61.6 mm 左右；对比工况 1 和工况 5，工况 5 的最大沉降区域小于工况 1，工况 1 一次开挖量最大，因此最大沉降大于其他三台阶开挖法，但工况 5 由于开挖断面未设置临时支护，在多次开挖的扰动下其最大沉降值略大于工况 1；对比工况 2 和工况 4，工况 4 未设置临时仰拱，而工况 2 设置临时仰拱，说明临时仰拱的支护作用能够降低拱顶的沉降；对比工况 6 和其他工况，工况 6 产生的拱顶最大沉降面积最小，且仅出现一小部分区域，大部分区域沉降在 30 ~ 40 mm，由于工况 6 采用 CRD 法，中隔壁起到减跨作用，可有效降低拱顶的沉降，因此该法对抑制拱顶沉降最为有利，其次是工况 2、工况 3、工况 1、工况 5。

从上面不同工况计算结果分析可知：工况 2 即三台阶临时仰拱法具有沉降量相对较小、施工过程较简便的优点，在复合地层具有良好效果。为此进一步对三台阶、三台阶临时仰拱和三台阶临时仰拱加竖撑在施工过程中的效果进行分析，3 种工况在第一台阶开挖支护后的竖向位移云图如图 3.3-6 所示。

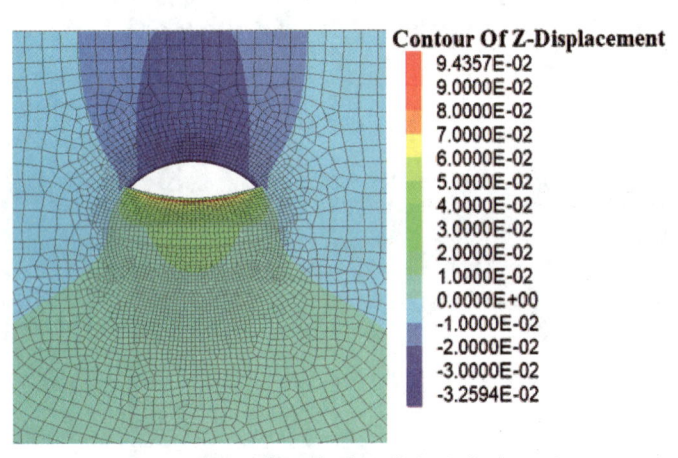

（a）工况 2 第一台阶开挖竖向位移云图

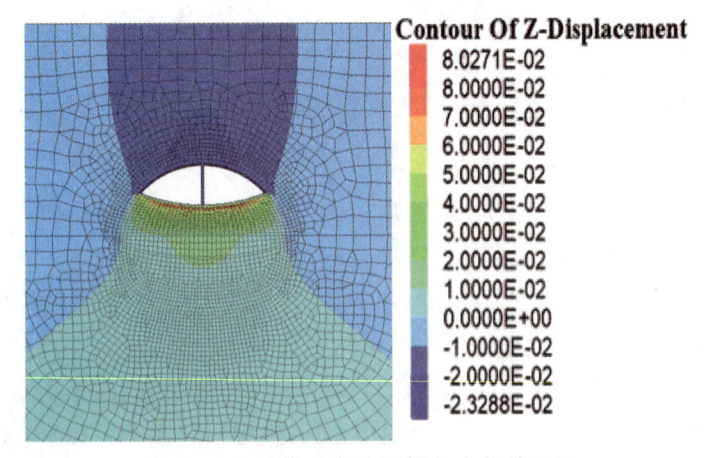

（b）工况 3 第一台阶开挖竖向位移云图

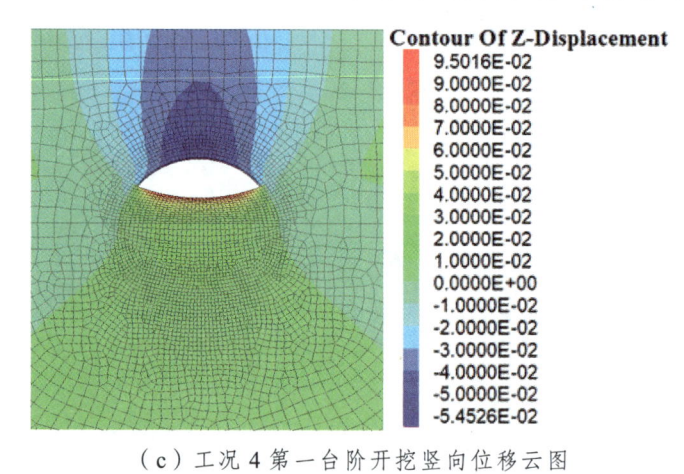

（c）工况 4 第一台阶开挖竖向位移云图

图 3.3-6　第一台阶竖向位移云图（单位：m）

从图中可以看出：在上台阶开挖支护后，工况 4 产生的沉降最大，达到
54.5 mm，其次是工况 2，工况 3 沉降最小，其值为 23.3 mm 左右；与工况 2
对比发现，在第一台阶开挖后临时仰拱施作加临时竖撑，沉降值能够降低
28.5%，工况 2 比工况 4 降低 40.2%，工况 3 比工况 4 降低 57.2%。因此，在
隧道采用三台阶临时仰拱法穿越黏土与块石土交界段施工过程中，当开挖引
起拱顶沉降较大时，应施作临时竖撑，再进一步地可以切换为 CRD 法进行
施工。

② 水平位移分析。

图 3.3-7 为不同施工方法水平位移云图。

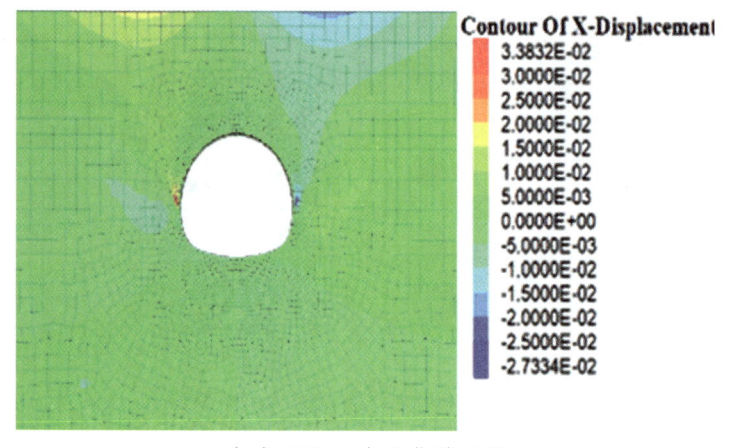

（a）工况 1 水平位移云图

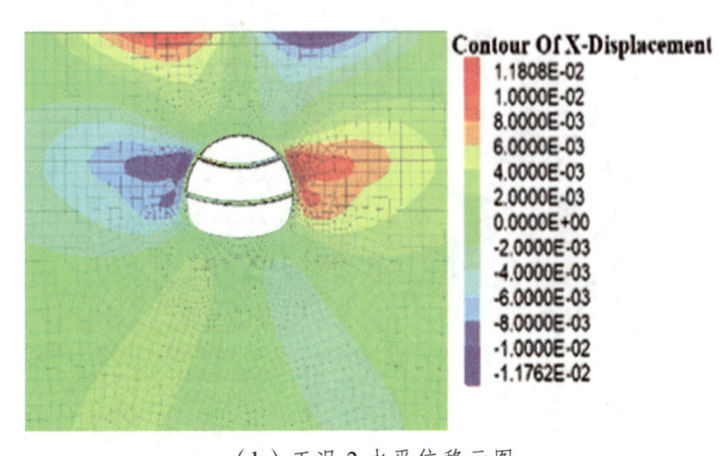

（b）工况 2 水平位移云图

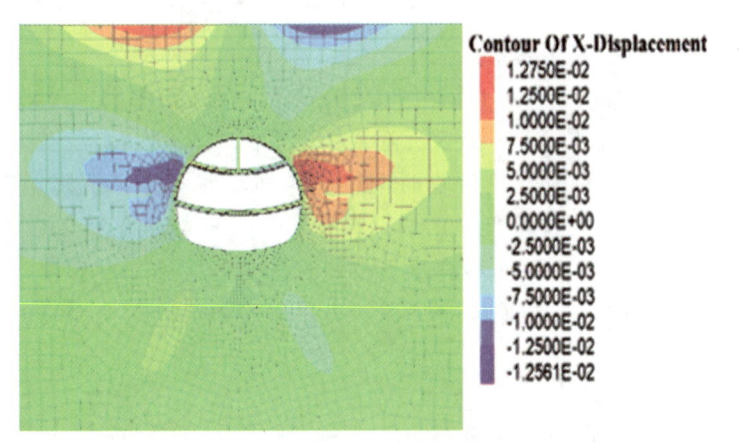

（c）工况 3 水平位移云图

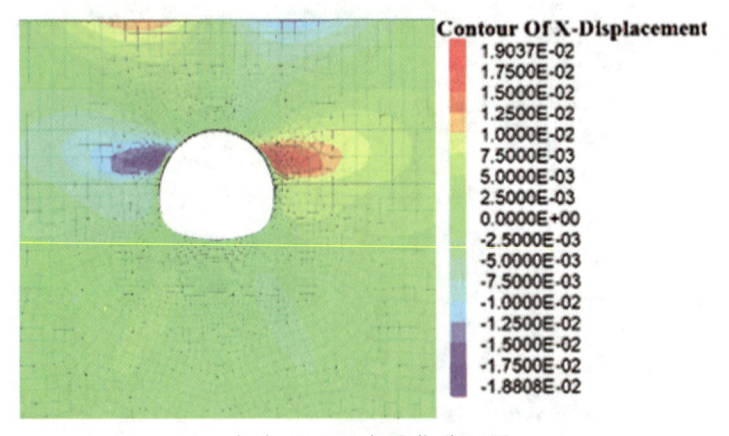

（d）工况 4 水平位移云图

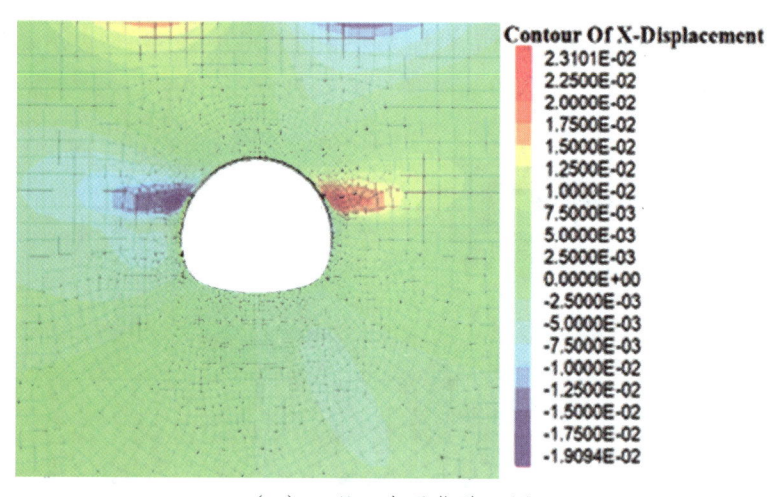

（e）工况 5 水平位移云图

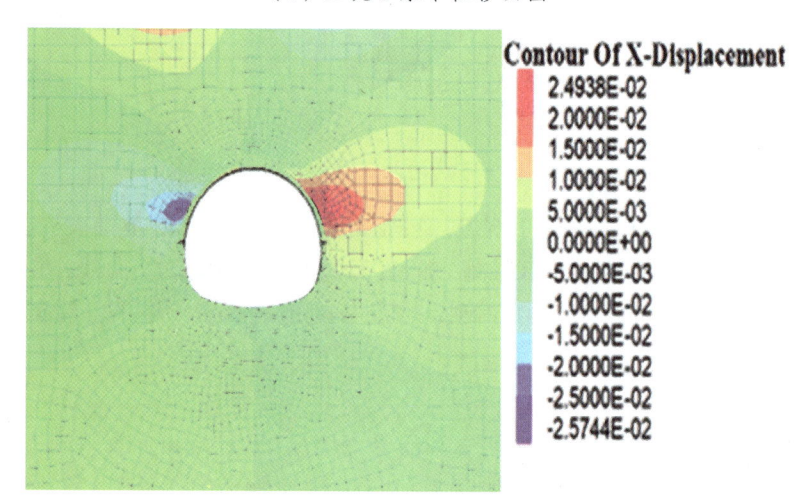

（f）工况 6 水平位移云图

图 3.3-7　不同施工方法水平位移云图（单位：m）

　　从图中可以看出：不同工况下，隧道周围最大水平收敛出现在拱腰区域，应当加强拱腰区域的支护，进一步抑制水平位移；工况 1 和工况 3 能够减小水平收敛的最大值，工况 6 能够改善最大水平位移区域分布。因此，工况 2、工况 3、工况 6 对减小水平位移效果较好。

　　③地表沉降分析。

　　对于埋深浅的区间，隧道开挖对地表沉降影响较大，进一步对不同开挖工法下的地表沉降进行分析，提取开挖后地表的沉降值数据，以距洞轴线距离为横坐标、沉降值为竖坐标建立坐标系，得到不同开挖方法地表沉降曲线如图 3.3-8 所示。

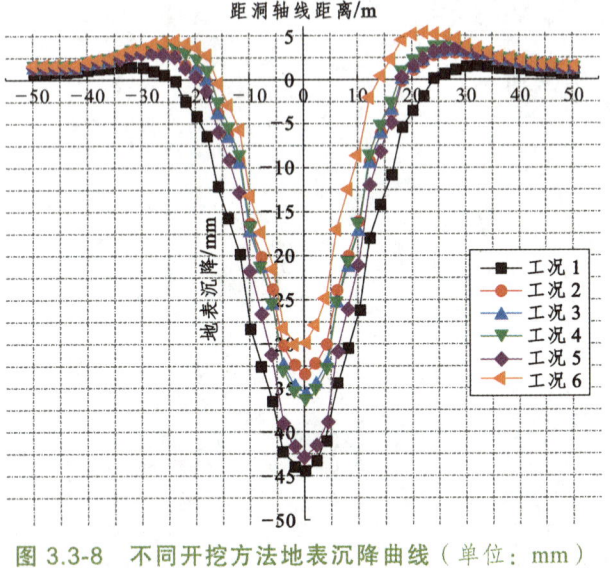

图 3.3-8　不同开挖方法地表沉降曲线（单位：mm）

从图中可以看出：不同工况下，隧道开挖对地表的影响范围大概在 30 m 区域内，应当加强对这部分区域地表的沉降监测；对不同工况曲线，工况 1 和工况 5 开挖对地表的影响最为不利，工况 6 对地表的影响最小，其次是工况 2、工况 3、工况 4。

（2）初期支护受力分析。

为分析不同开挖工法下初期支护的受力情况，通过模拟计算得到工况 1～工况 6 的初期支护应力云图，如图 3.3-9 和图 3.3-10 所示。

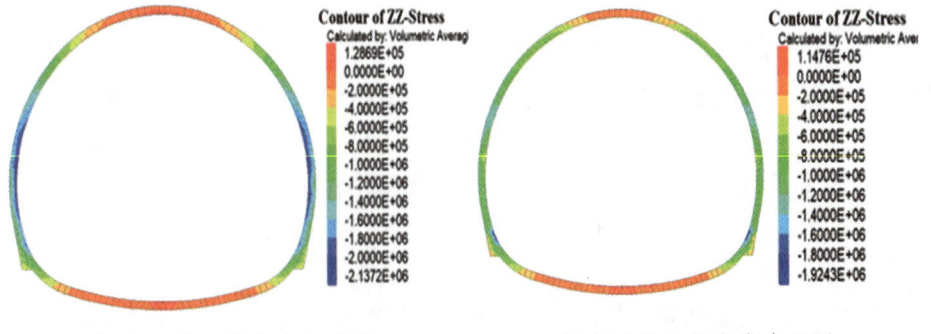

（a）工况 1 竖向应力云图　　　　　（b）工况 2 竖向应力云图

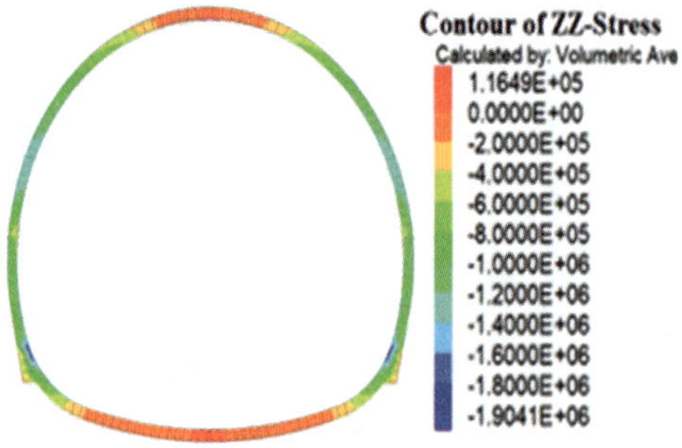

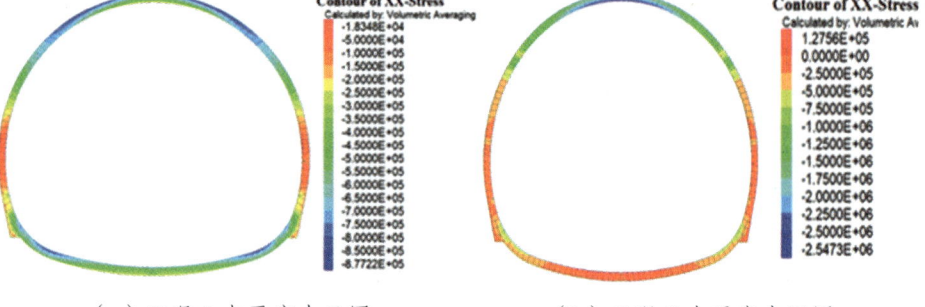

（c）工况 3 竖向应力云图 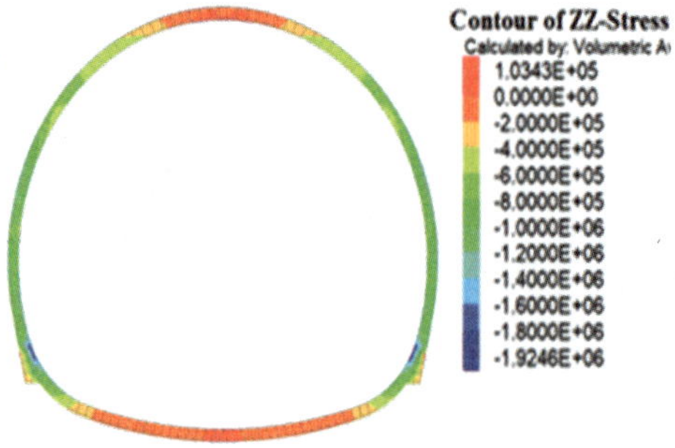　　　（d）工况 4 竖向应力云图

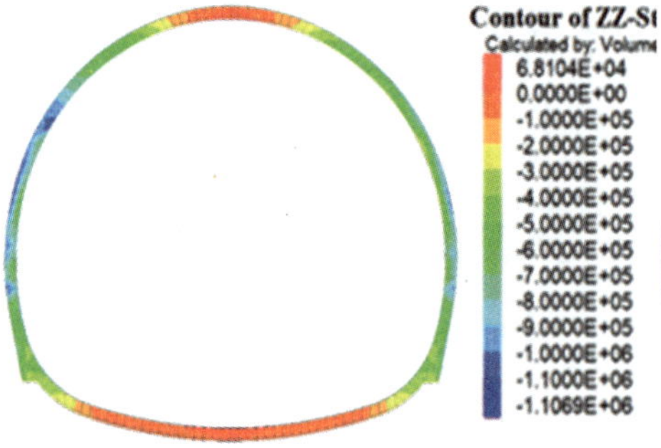

（e）工况 5 竖向应力云图 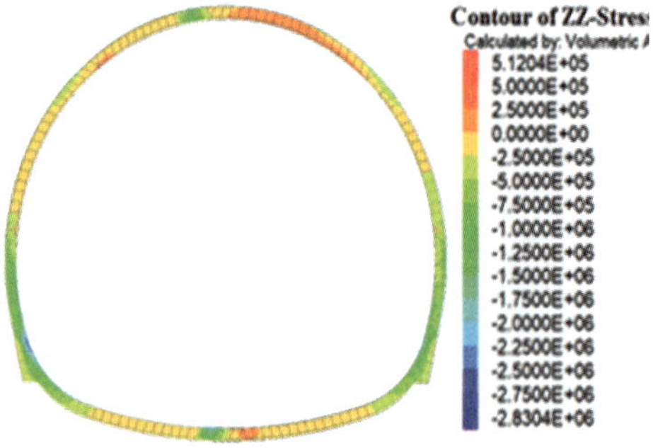　　　（f）工况 6 竖向应力云图

图 3.3-9　不同开挖方法初期支护竖向应力云图（单位：Pa）

（a）工况 1 水平应力云图　　　（b）工况 2 水平应力云图

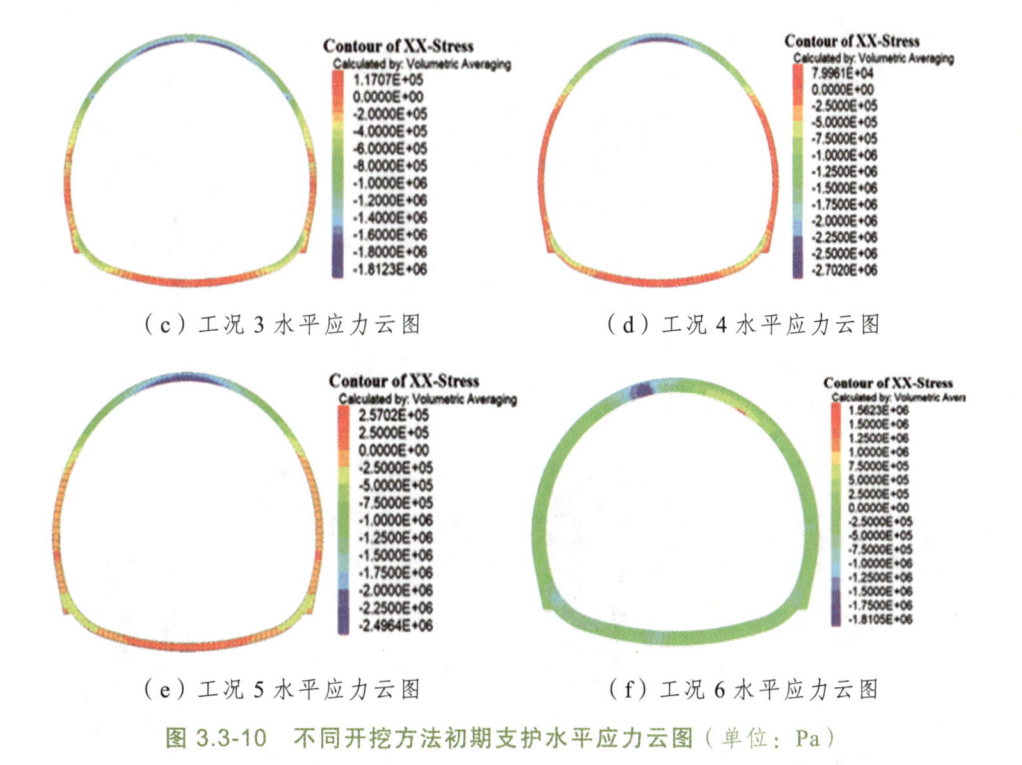

（c）工况 3 水平应力云图　　　　　　（d）工况 4 水平应力云图

（e）工况 5 水平应力云图　　　　　　（f）工况 6 水平应力云图

图 3.3-10　不同开挖方法初期支护水平应力云图（单位：Pa）

从不同开挖方法初期支护应力云图可以看出：对于竖直应力场，工况 1 的最大压应力出现在边墙内侧，工况 2、工况 3、工况 4 最大压应力出现在墙脚内侧，由于非对称开挖，工况 5 和工况 6 最大压应力分别出现在左拱腰内侧和左墙脚内侧，说明先开挖部分产生的压应力较大；不同工况下拱顶和拱底出现拉应力区，但各值均较小；对比压应力值，除了工况 6 以外，工况 1 的最大压应力大于其他工况的最大压应力，但工况 6 的压应力区更小，工况 2 ~工况 4 最大压应力相差不大；对于水平应力场，工况 2 ~工况 5 在拱底部分产生拉应力、拱顶内侧产生最大压应力。

3.3.2　不同型钢间距支护效果分析

1. 数值模拟方案

结合不同超前支护措施加固研究及不同开挖工法研究，进一步明确复合地层不同型钢间距的支护效果，本节对不同型钢间距支护效果进行模拟分析，具体工况见表 3.3-2。

表 3.3-2　不同型钢间距工况

工况	1	2	3	4
型钢间距	0.6	1	1.5	2

（1）数值计算模型。

采用三台阶临时仰拱开挖模型，隧道埋深 11 m，隧底至底部边界为 50 m，纵向长度取 6 m，左右宽度为 100 m。采用应力释放模拟动态施工过程，数值模拟中围岩、长管棚注浆加固区采用弹塑性实体单元模拟，采用摩尔-库仑屈服准则；隧道初期支护、临时内撑采用弹性实体单元模拟；锚杆、锁脚锚杆采用 Cable（锚索）单元模拟，长管棚和型钢钢架采用 beam 单元。不同型钢间距工况的模型如图 3.3-11 所示。

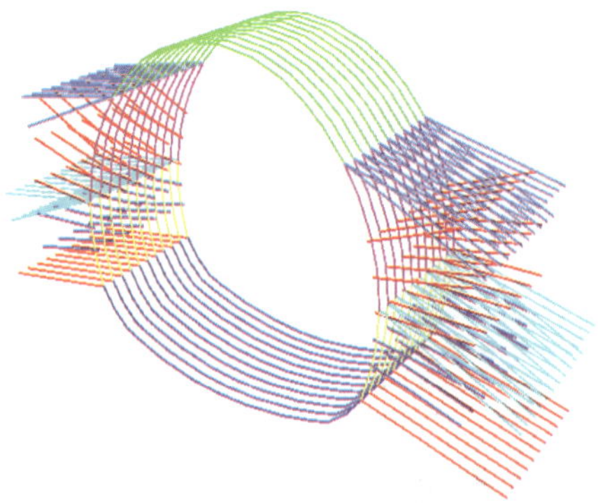

（a）工况 1 模型 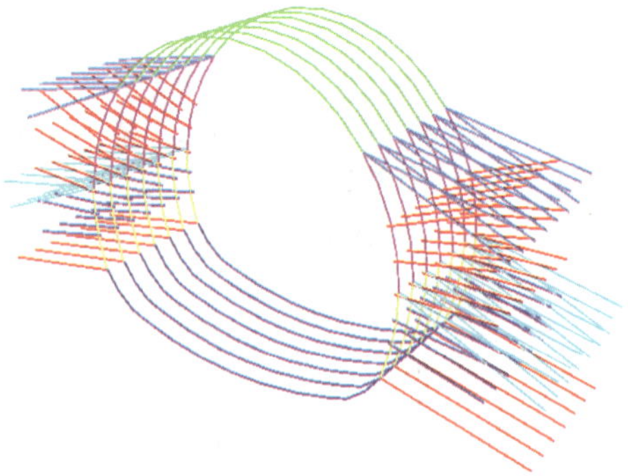　　　　　　　　（b）工况 2 模型

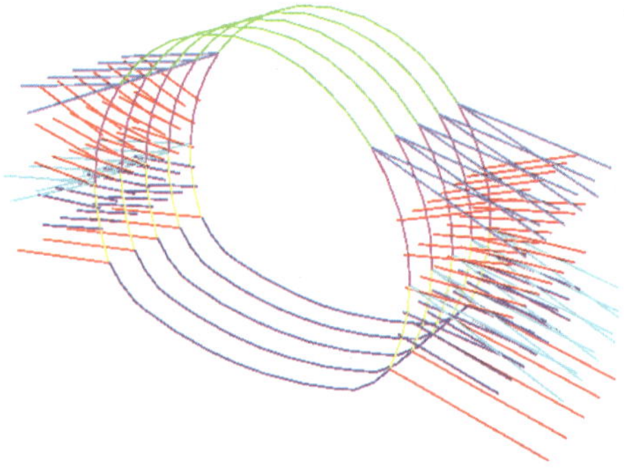

（c）工况 3 模型 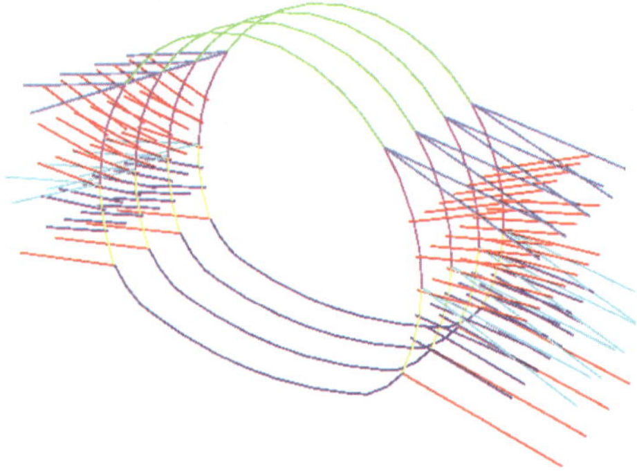　　　　　　　　（d）工况 4 模型

图 3.3-11　数值计算模型

（2）确定计算参数。

围岩力学参数、初期支护参数、临时支护参数与前面计算参数一致，超前支护参数采用大管棚+小导管超前注浆加固力学参数。

采用 I25b 型钢，型钢模拟参数：弹性模量为 21000 0 MPa、泊松比为 0.3、重度为 78.5 kN/m³。

（3）计算内容。

采用三台阶临时仰拱开挖方法，全环布置，计算不同间距下支护效果。

2. 不同支护效果对比

（1）位移分析。

① 竖向位移分析。

通过数值计算得到不同工况下的竖向位移结果，图 3.3-12 为工况 1～工况 4 的竖向位移云图。

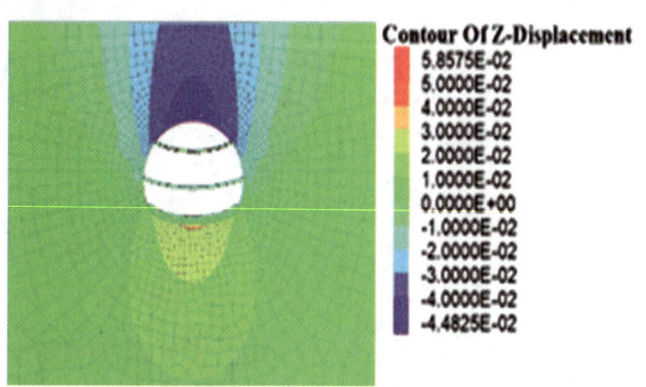

（a）工况 1 竖向位移云图

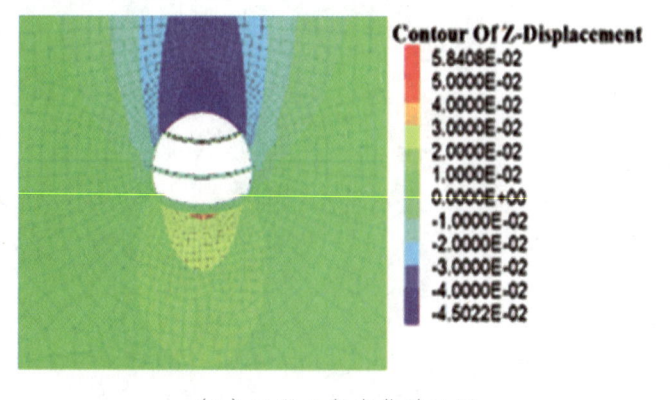

（b）工况 2 竖向位移云图

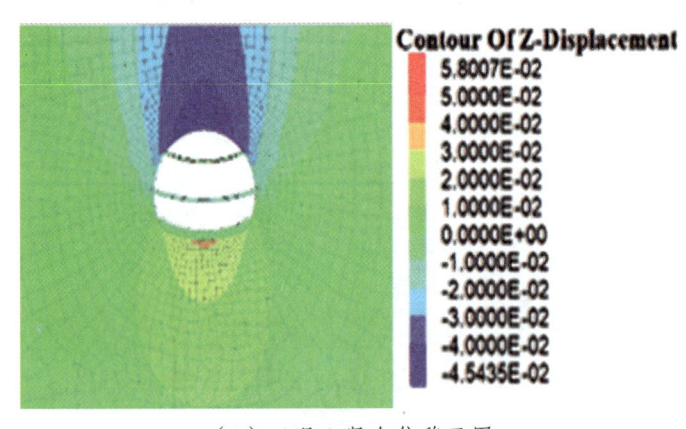

（c）工况 3 竖向位移云图

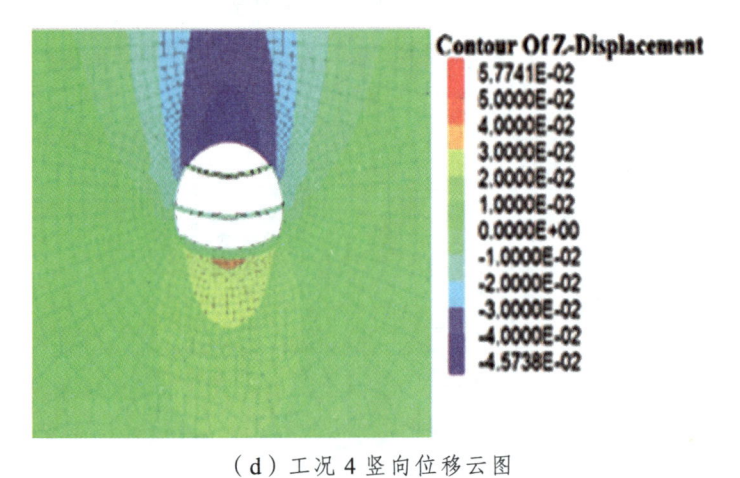

（d）工况 4 竖向位移云图

图 3.3-12　不同支护方式竖向位移云图（单位：m）

从图中可以看到，4 个图的竖向位移分布规律较一致，拱顶沉降量大、拱底小部分区域隆起量大，直通地表，工况 1 ~ 工况 4 最大拱顶沉降位移分别为 44.8 mm、45 mm、45.4 mm、45.7 mm 左右，说明随着型钢间距的增大，拱顶最大沉降值逐渐增大，但增大趋势不明显，在 0.6 ~ 2 m 的间距范围内，型钢的间距越小，对拱顶沉降的抑制越有利。

②　水平位移分析。

图 3.3-13 为不同支护工况水平位移云图。从图中可以看到，各图分布规律一致，最大水平收敛位移出现在边墙和拱腰部分，随着型钢支护间距的增大，最大水平收敛值逐渐增大，但增大趋势不明显。

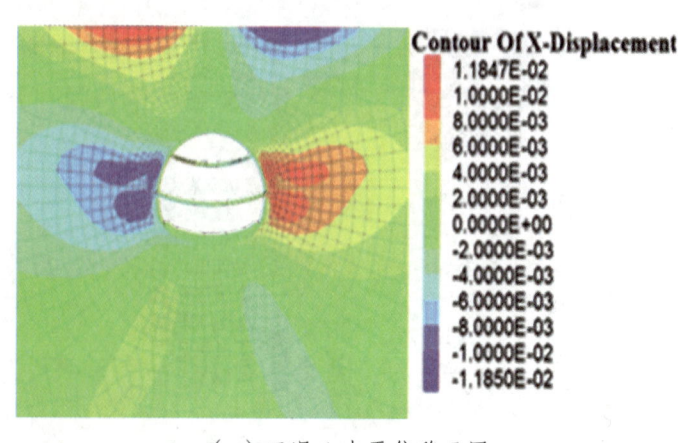

（a）工况 1 水平位移云图

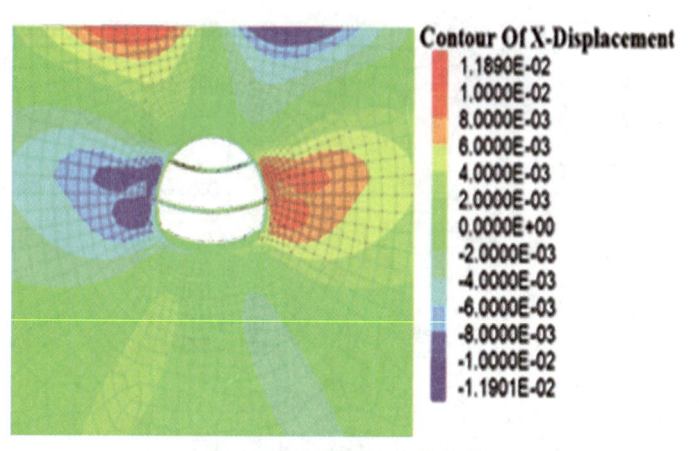

（b）工况 2 水平位移云图

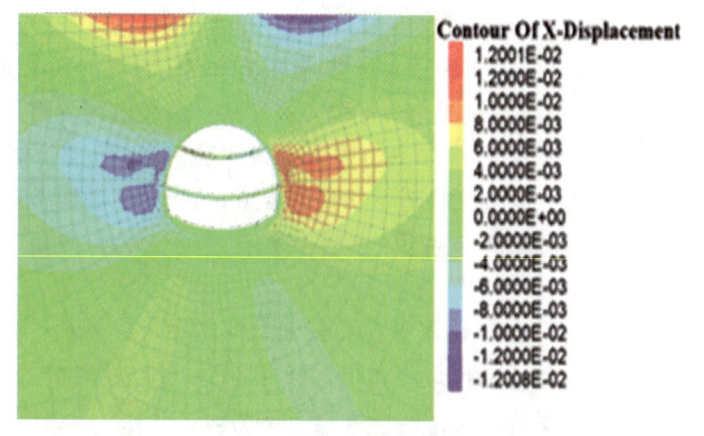

（c）工况 3 水平位移云图

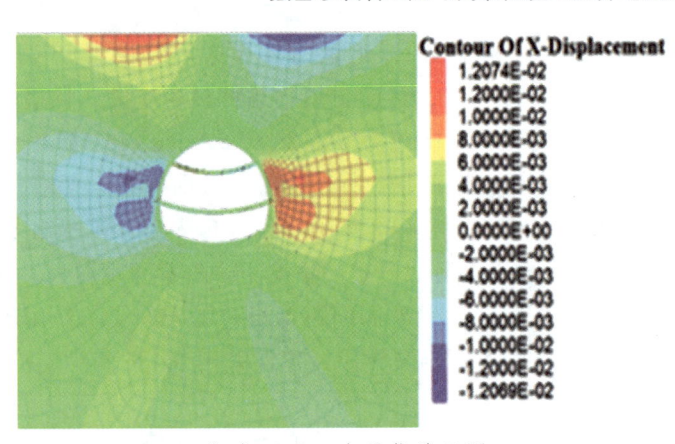

（d）工况 4 水平位移云图

图 3.3-13　不同支护工况水平位移云图（单位：m）

（2）应力分析。

①型钢钢架应力。

进一步分析不同工况下型钢的受力情况，图 3.3-14 为不同工况下型钢的轴向应力云图。

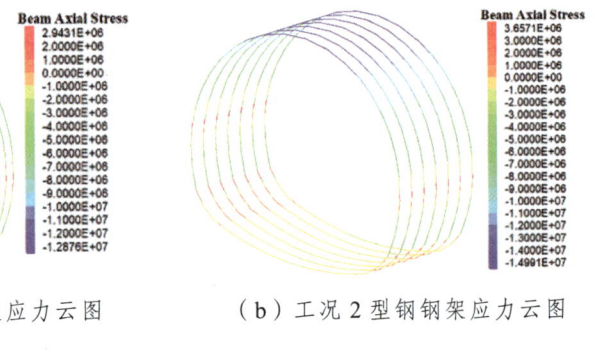

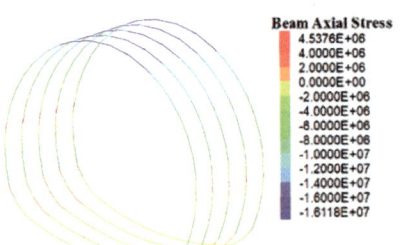

（a）工况 1 型钢钢架应力云图　　　　（b）工况 2 型钢钢架应力云图

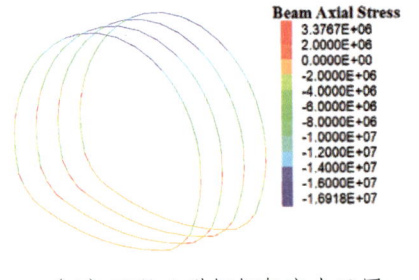

（c）工况 3 型钢钢架应力云图　　　　（d）工况 4 型钢钢架应力云图

图 3.3-14　不同工况下型钢的轴向应力（单位：Pa）

从图中可以看到，不同工况下，型钢钢架主要承受轴向压应力，在边墙和墙角处小部分区域承受拉应力，可能与锁脚锚杆设置有关。从最大应力值来看，工况 1~工况 4 的最大轴向应力分别为 12.9 MPa、15 MPa、16.1 MPa、16.9 MPa 左右，随着型钢间距的增大，型钢最大轴向应力逐渐增大，在 0.6~1 m 间距时，增大 2.1 MPa，增幅约为 16.3%，工况 3 和工况 4 分别增加了 24.8% 和 31%。这是由于施工荷载一定的情况下，随着间距增大，每根钢架承受的围岩压力也越大。因此，钢架的间距越小对围岩的支护作用越好、越安全，针对隧道穿越黏土和块石土交界段，建议采用 0.6 m 间距支护。

② 锚杆应力。

型钢的支护效果与锁脚锚杆有关，对锁脚锚杆的受力进行分析，图 3.3-15 为不同工况下锁脚锚杆的应力云图。

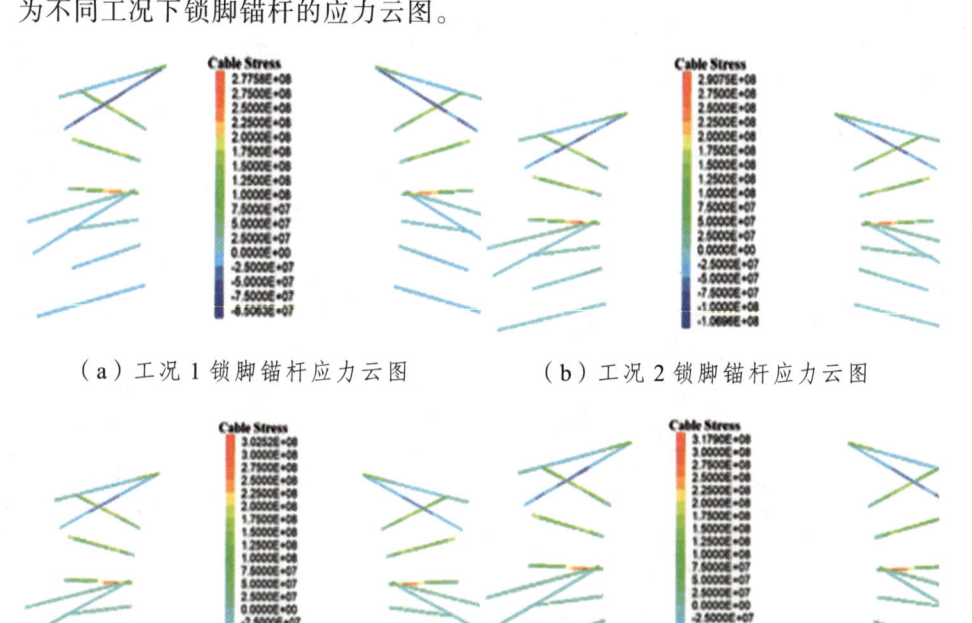

（a）工况 1 锁脚锚杆应力云图　　　（b）工况 2 锁脚锚杆应力云图

（c）工况 3 锁脚锚杆应力云图　　　（d）工况 4 锁脚锚杆应力云图

图 3.3-15　不同工况下锁脚锚杆的应力（单位：Pa）

从图中可以看出：在第一台阶开挖完成后，角度越大的锁脚锚杆，主要承受压应力，角度越大，承受的压应力越大，靠近初期支护端受拉应力；最大拉应力出现在边墙锚杆；随着型钢间距的增大，锚杆的应力值逐渐增大。

③初期支护应力。

对初期支护应力进行分析，图 3.3-16 为不同工况下初期支护应力云图。

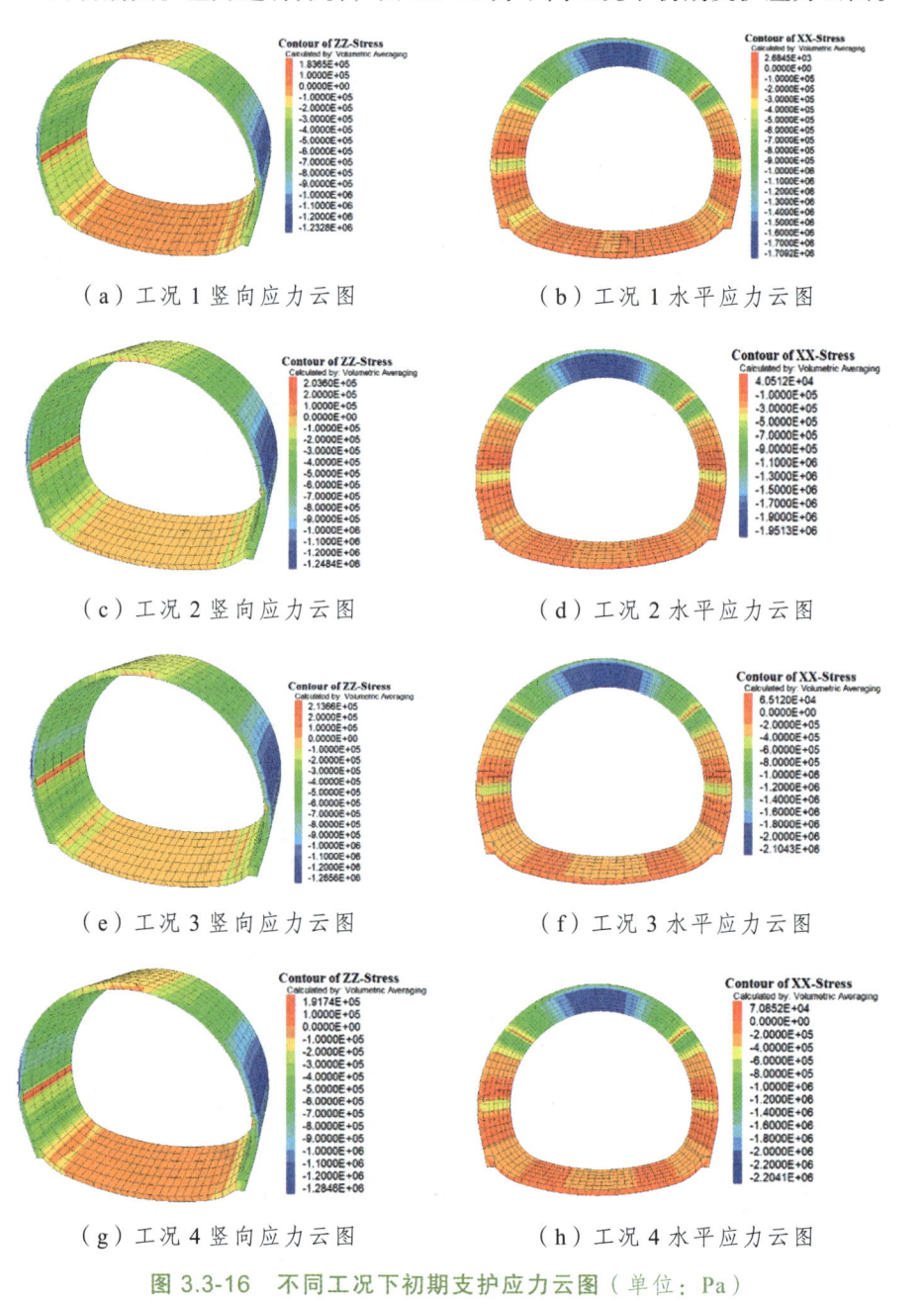

（a）工况 1 竖向应力云图　　　　　（b）工况 1 水平应力云图

（c）工况 2 竖向应力云图　　　　　（d）工况 2 水平应力云图

（e）工况 3 竖向应力云图　　　　　（f）工况 3 水平应力云图

（g）工况 4 竖向应力云图　　　　　（h）工况 4 水平应力云图

图 3.3-16　不同工况下初期支护应力云图（单位：Pa）

从图中可以看出：随着型钢间距的增大，初期支护的竖向拉应力、竖向压应力、水平拉应力、水平压应力均逐渐增大；工况 1 ~ 工况 4，竖向最大拉应力分别为 184 kPa、204 kPa、214 kPa、192 kPa，竖向最大压应力分别为 1.23 MPa、1.25 MPa、1.27 MPa、1.28 MPa；水平最大拉应力为 2.68 kPa、4.05 kPa、6.51 kPa、7.09 kPa，最大压应力为 1.71 MPa、1.95 MPa、2.1 MPa、2.2 MPa；0.6 ~ 1 m间距对应力的变化最为明显。

综上所述，随着型钢间距的增大，隧道开挖引起的位移、锚杆应力、型钢应力、初期支护应力均增大，1 m 间距范围内效果比较明显，说明型钢间距越小对围岩支护效果越好，对初期支护受力越有利。因此，建议隧道穿越黏土与块石土层交界段施工时采用小间距型钢支护，确保施工安全。

3.4　隧道穿越块石土层与高液限黏土交界地层施工关键技术

3.4.1　长管棚预加固技术

1. 导向墙施工工艺

（1）导向墙模板。

设计正洞导向墙截面尺寸为 1.0 m×1.0 m，设计斜井导向墙截面尺寸为 1.0 m×1.0 m。导向墙底模支撑采用 I18 工字钢作主支撑，连接钢板通过螺栓连接。导向墙底模采用木板拼装（2 cm 厚），单块尺寸宽为 10 cm。导向墙侧模根据导向墙结构制作为弧形模板，采用 2 m×1.5 m 红木板（2 cm 厚）制作拼装。为保证模板稳固，侧模采用 5 cm 方木做背衬加固，再用 Φ42 钢管整体加固，采用 Φ12 mm 钢筋制作拉杆，穿孔后焊接在导向墙结构钢架上。为保证混凝土浇筑平整，底模面层铺宝丽板。侧模拼装时在模板间粘贴双面胶以保证无缝不漏浆。

导向墙顶模采用木板（2 cm×10 cm）拼装，长度根据现场情况进行制作。顶模板采用 Φ18 定型钢筋架立支撑，同时用 Φ12 mm 拉杆与结构钢架拉焊在一起，保证模板稳固。为防止导向墙侵占净空尺寸，导向墙内弧半径加大 15 cm，预留足够沉降变形量。

（2）工字钢及导向管安装。

正洞导向墙内设 3 榀 I18 工字钢，间距 25 cm；斜井导向墙内设 3 榀 I18

工字钢，间距 25 cm。根据测量放样控制点安装型钢，并确定导向管的精确位置，按照导向管布置图将 Φ159 导向管与型钢焊为整体。正洞导向管中心距下底边 50 cm，距上底边 50 cm，导向管环向间距 40 cm；斜井导向管中心距下底边 50 cm，距上底边 50 cm，导向管环向间距 40 cm；安装导向管外插角 1°～3°，中线及高程偏差控制在 ±1 cm 以内。

（3）导向墙混凝土施工。

混凝土为 DK78 拌和站生产的 C20 混凝土，由混凝土罐车运输至现场，通过混凝土泵泵送入仓，人工振捣密实，完成混凝土浇筑后及时进行覆盖养护。

2. 大管棚施工

（1）制作。

正洞超长大管棚（钢花管）为直径 108 mm、壁厚 6 mm 的无缝钢管。管棚管壁上钻孔，孔径 10～16 mm，孔间距 15～20 cm，呈梅花形布置，前端加工成锥形，尾部为 1.5 m 的不钻孔的止浆段，管棚节间用丝扣连接，管棚单双序孔的连接丝扣错开半个节长。大管棚加工示意图如图 3.4-1、图 3.4-2 所示。

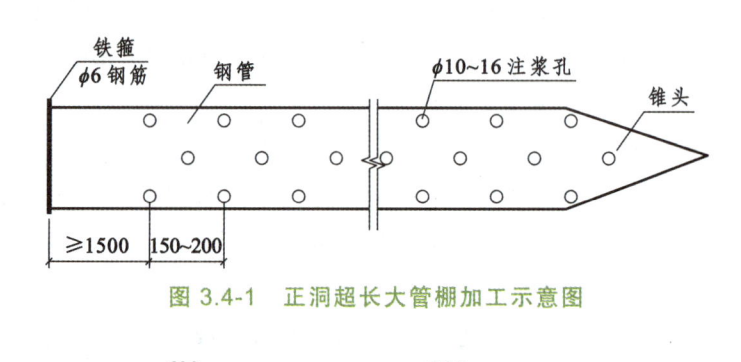

图 3.4-1　正洞超长大管棚加工示意图

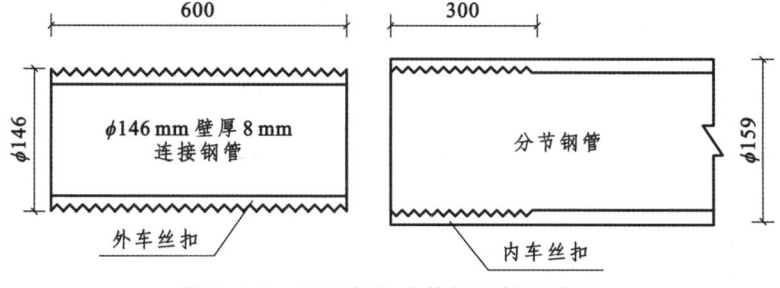

图 3.4-2　正洞超长大管棚连接示意图

（2）钻孔。

待测量放样出孔位的准确位置后再进行钻孔。钻孔采用管棚钻机进行，钻机平台的高度根据钻机的可调控范围以及钻孔顺序确定。钻孔时先钻两侧孔位，后钻拱顶孔位。

钻孔时，应认真做好钻孔记录，除记录钻孔深度、外插角外，还应根据钻孔时排出的岩屑情况，判断前方的围岩状况，达到超前探测围岩的目的。

钻孔完毕之后用钻机反复扫孔，确保孔径、孔深达到设计要求，并用高压风从孔底向孔口吹孔，以清除孔内的钻渣及杂物，防止安装钢管时堵孔。

（3）管棚安装。

钻孔完毕后应立即安装钢管，以免因长时间放置造成坍孔、缩孔而导致钢管无法顺利安装。管棚安装主要采用钻机顶进，并辅以人工安装。

管棚在安装前用高压风对孔内进行扫孔、清孔，清除孔内浮渣，确保孔径（孔径不得小于 108 cm）、孔深符合要求，防止堵孔。管棚可采用顶进安装，逐节接长，用于接长的管节接头可采用直径 114 mm、壁厚 6 mm 的热轧无缝钢管通过外车丝扣及内车丝扣进行连接。正洞管棚外车丝扣长度为 30 cm，内车丝扣长度为 60 cm。斜井管棚外车丝扣长度为 30 cm，内车丝扣长度为 60 cm。管棚安装完成后向管棚内安装钢筋笼，钢筋笼主筋为 4 根 $\Phi22$ 钢筋，焊接在 $\Phi42$ 的固定环上，固定环长度为 5 cm。

（4）管棚注浆。

管棚及钢筋笼安装完成后进行注浆，浆液采用水泥浆，水泥浆水灰比为 1∶1。注浆时先对钢花管进行单液注浆，注浆压力取 0.5～1.5 MPa，根据岩层性质、地下水情况和注浆材料的不同而定。

注浆时先注单号孔（钢花管），待单号孔注浆完成后再钻双号孔并安设钢管，以检查钢花管的注浆质量。

注浆的顺序原则上由低向高依次进行，有水时从无水孔向有水孔进行，一般采用逐孔注浆。

以单孔设计注浆量和注浆压力作为注浆结束标准，其中应以单孔注浆量控制为主，注浆压力控制为辅；注浆时要注意对地表以及四周进行观察，如压力一直不上升，应采取间隙注浆方法，以控制注浆范围。

注浆时，应对注浆管进行编号（注浆编号应和埋设导向管的编号一致），对每个注浆孔的注浆量、注浆时间、注浆压力作出记录，以保证注浆质量。注浆记录包括：注浆孔号、注浆机型号、注浆日期、注浆起止时间、压力、水泥品种和标号、浆液容重和注浆量。

注浆的质量直接影响管棚的支护刚度，因此必须做到压浆饱满、密实。注浆孔封堵方式：采用钢板在钢管口焊接封堵，预留注浆管及排气管，注浆管必须安装阀门，堵头必须封闭严实。

3.4.2　水平高压旋喷桩预加固技术

1. 水平高压旋喷桩预支护技术特点

水平旋喷桩预支护技术，是在隧道开挖面的前方，沿隧道开挖轮廓利用液压钻机在地层中水平定向钻进成孔，或小角度的仰、俯和外插钻进，按一定的间距、长度钻孔。当钻至设计长度后，利用高压泵输送高压浆液，同时钻头一边旋转一边后退，使浆液从钻头的喷嘴中高速射出，射流切割下的砂体与喷出的浆液在射流的搅拌作用下混合，最后凝固成一定强度、一定直径的旋喷桩体。相邻柱体之环向咬合，以同心圆的形式在隧道拱顶及周边形成封闭的水平旋喷帷幕体，即在隧道拱部形成一定厚度加固圈。如此形成的加固体强度比原状围岩有极大提高，不仅具有良好的梁拱效应，还具有改变周围土体力学性能的作用，可为隧道开挖提供拱形保护、减弱岩土渗透性、提高岩土强度、稳定掌子面、减小隧道变形。

传统注浆效果会受到地层吸收性能的限制，而旋喷浆液主要基于水力劈裂，借助于喷射浆液的力学作用搅拌、压实、固结地层，提高地层的力学特性。

2. 设计方案及工艺流程

（1）水平高压旋喷桩设计方案。

该段隧道工程地质条件复杂且差，埋深浅，工程难点是控制地表沉降。因此，隧道工程的拱顶采用高压水平旋喷桩施工，底部开挖轮廓线，且帷幕注浆，用于支护防水等。为保证洞内断面注浆时不发生地面冒浆，达到掌子面时开挖不发生涌水涌泥，需在拱顶 180°开挖轮廓线外打设一圈高压水平旋喷桩作为超前支护。接着在隧道上半部掌子面，打设 9 根旋喷桩加固。高压水平旋喷桩超期支护完成后，在隧道下半断面洞内及开挖轮廓线外 4 m 进行帷幕注浆。在隧道开挖轮廓线外 4 m 采用高压水平旋喷桩（600 mm，桩间距为 450 mm 咬合布置）作为超前支护，形成完整帷幕体系，可有效保护开挖时对周边围岩土体的扰动。在上半部掌子面设置玻璃纤维锚杆旋喷桩，排间距 1.0 m×1.5 m，梅花形布置，可充分稳定掌子面正前方土体。具体布置如图 3.4-3 所示。

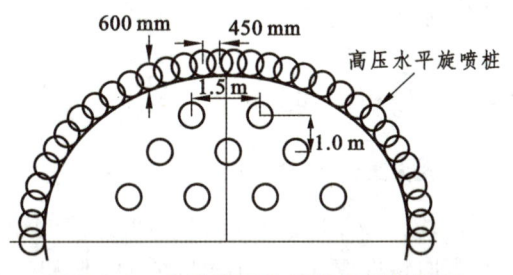

图 3.4-3　水平高压旋喷桩平面布置图

（2）设备选型及参数。

综合考虑各种因素，包括钻机性能、造价、适应条件等，选择 PST-60 单臂隧道钻机及其配套的 7T-505 型高压大流量泵站。该钻机重达 66 t，最大功率为 155 kW，作业半径为 3.7～6.5 m。高压水平旋喷桩施工的主要机械设备及材料见表 3.4-1。

表 3.4-1　施工过程主要机械设备及材料

名称	规格型号	数量
高压水平旋喷机	PST-60	2
高压泵	7T-505	2
空压机	内燃 9 m³/min	2
储浆桶	20 t	2
污水泵	1.5 kW	6
搅拌桶	35 t	2
轨道	槽钢	200 m
轨枕	槽钢	120 m

（3）施工工艺流程。

水平高压旋喷桩的工艺流程为：施工准备→钻机就位→钻孔→回退旋喷。

需配置水泥浆液，废弃泥浆收集。具体工艺流程如图 3.4-4 所示。

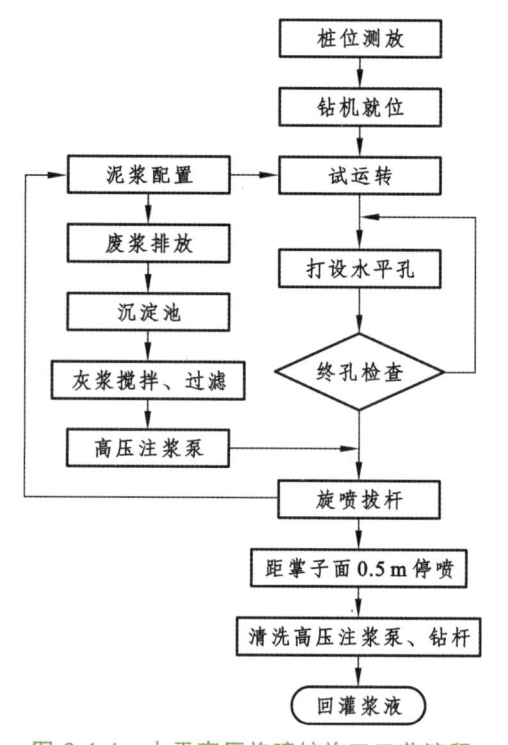

图 3.4-4　水平高压旋喷桩施工工艺流程

3. 关键施工技术

（1）测控定位。

桩孔定位在脚手架的顶面上，钻杆在掌子面处进行桩孔定位时，人员进行观测、纠正等。在欲开挖的掌子面外轮廓处，使用全站仪定位，标记红色圆圈，在内部打入钢筋精确定位。连接所有钢筋桩位就可精确定出开挖范围和线型，开挖前破除已封堵的掌子面混凝土层，同时作为旋喷桩钻杆的支撑托架，保证钻孔精度。钻机行驶至高度合理的土平台，如沉陷或尺寸小须重新碾压或夯实，可浇筑薄层混凝土稳定，防止高压反作用力使钻机偏移。钻杆伸出后对正已定位的桩位，电力驱动调整钻头初始的横向斜角、左右偏移角、上下倾斜角等。机具就绪，设备、人员协作，活动部件加固，地面打入锁脚，上部圆形转动轴灵活运转。

（2）搅拌水泥浆。

按实验室配合比，在圆桶内拌制合格水泥浆。根据钻杆压力和打入情况，结合内部土体和围岩，查看排出的废液黏稠度，合理调整拌制时间长短，随用随拌，宁少勿多，防止凝结固化。

（3）桩孔调整。

按测量轮廓标记钻孔开孔位置，专人在桩孔定位处指挥钻机操作，钻头对准，慢慢顶住掌子面，对于无法对准的孔，应采用撬棍辅助定位。

（4）高压旋转压进。

开通电力和液压设备，空心合金钻杆以合理速度转动，压进松软土体内。沙土摩擦阻力大，适时加入清水、膨润土减少摩阻力，杜绝钻杆卡住、弯折、拧断，形成良好的成型孔径。每节钻杆连接牢固严密，相邻钻孔少扰动破坏，为下一个钻孔留好坚固的砂层，防止再次钻入后土体深部坍塌。

（5）压入水泥浆工序。

钻杆最前端进入的深度根据设计图纸和连接完成的钻杆长度准确记录。在土层最前部，原位旋转一定空间，压入水泥浆液，缓慢调整速度和压力，边压入边反旋转边拔出。由专业人员控制压力，时刻观察压力表，这是成桩的关键工序。当拔出一定长度后，由专人迅速拆除外漏的钻杆，及时连接高压泵管道，防止漏浆过多，并预防内部压力过大反冲人员受伤。如此循环，完成掌子面处的桩部后端孔，用合适的材料填充，为后续插入钢管做准备。

（6）安管与封孔。

为提高旋喷桩的抗剪强度，桩孔内安放 $\phi 89$ mm、壁厚 5 mm 的钢管，安放前钻杆不得拔出，确需拔出时应在拔出后立即用土工布封闭桩孔，避免水泥浆从孔口流出。待桩孔洞内的水泥浆泌水半小时后，用钻机重新在原孔位沿原旋喷桩中线钻孔，成孔后立即用钻机辅助人工压入钢管孔。对不插钢管的喷桩，应待桩孔洞内的水泥浆泌水半小时后，用土工布将钻孔孔洞封堵严实；对于要插入钢管的喷桩，应待插入后，立即用土工布封堵钢管与孔洞间的缝隙与钢管孔管。

（7）清理工作和废弃泥水运出。

每根桩完成后，用清水洗涤所有高压部位，存在水泥浆的管路，水源用高压泵压入，从末端出来，人员查看水液的清洁程度，判断清洗干净无残留。残余液体在废池内积存，注意防止人员坠入，在不影响施工时清理运出。

（8）钻机行走退出至下一作业面。

钻机设备必须清洁，尤其高压管路，水泥浆池工完料清场地净。专人负责维修保养清洗，设备和管路内杜绝留有废液，防止凝结后设备和管路报废影响整个工序连续性。下一桩打入严格控制时间间隔，保证前一个成桩的泥水浆液混合体达到强度后再打入邻近的下一个桩，这个时间由专业人员根据实际土体成型情况确定，且必须保证桩与桩在深层土体内连接凝固咬合成一个整体。

（9）成桩质量检测。

单桩可采用钻孔取芯+孔内成像+角度测量进行成桩质量检测。旋喷压力是影响旋喷桩固结体的主要因素。检测标准：孔位误差小于 50 mm，倾角与设计误差小于 1°，有效桩径大于 600 mm。单桩钻孔取芯时角度易发生偏斜，通过角度计算可判断桩径，孔内成像可检测桩体均匀性。组合试验桩可采用取芯方式进行强度和咬合搭接质量检测。

3.4.3　围岩灌浆加固技术

1. 灌浆法加固技术原理

在灌浆的过程中还需考虑加压的施工工艺，一般会选择气压加压或液压加压。适当的压力控制还可以确保浆液顺利地灌注到裂缝中，在确保基础稳定的前提下，避免脱浆的现象。总体说来，这一过程既利用了物理性能，又利用了化学变化，使之灌注的浆液在凝固之后可以起到加固基础的作用，使经过处理之后的隧道有了更为强大的承载力。

灌浆法最大的优势在于可以在施工的后期大大地增强工程的有效性，避免工程中二衬可能出现的不均匀沉降及变形现象，保证施工的总体质量，确保隧道工程中二衬达到稳定的效果。综上所述，灌浆法之所以可以发挥其优势，关键在于如何在灌浆的过程中施加恰当的压力，这样才可以确保浆液在空隙或者裂缝下顺利流动，促使浆脉的形成。

2. 灌浆法加固施工技术

（1）灌浆施工准备。

①　在灌浆施工尚未开始之前，材料运输到施工现场之后，施工人员还需仔细检查施工作业的各项设备、工具是否已经准备妥当，检查能否正常运行，出现异常设备及时检修。此外还要做好原材料的检测工作，可对施工原料采取抽样检查的方法验证其是否符合设计标准。为确保灌浆法的施展功效，需进行小规模的灌浆试验。

②　调配合适的浆液。一般情况下，在隧道施工中会选择用水泥砂浆、水

泥灰等材料调制浆液，其中应用最为普遍的浆液要数水泥灰浆，这种浆液投入的成本小，又有着较强的可塑性，因而在隧道施工中很受欢迎。一般情况下，硝酸盐水泥的应用较为普遍。注意在搅拌的过程中要保持匀速，控制好搅拌的力度。在规定的时间内将调制好的浆液用完，以免搁置时间较长，影响浆液的性能。

③ 根据隧道施工中沉降的情况和裂缝的程度选择合适的施工区域及相应的灌浆方式，其中包括施工工艺、浆液的用量、施工的最佳位置。而解决这一系列问题离不开专业的操作团队的指导。优秀的施工人员、纯熟的操作技能是保证质量的重要主观因素，高质量的设备辅助是确保施工工艺的客观条件，尤其要注意搅拌机开工前的质量检测、灌浆机的性能指标验证。

（2）施工标准。

将灌浆法应用于隧道工程，需要按照严格的施工标准施工，根据具体的实际施工情况灵活地使用，具体如下：

① 注意灌浆压力的设定。局部的灌浆试验是正式开始灌浆施工的必经阶段，因为施工人员需要在这一过程中选出灌浆压力的最佳值。实际施工中，可对灌浆压力值进行微调。

② 参照灌浆施工的工程量来计算出灌浆的用量，或多或少需要依据实际情况而定。将满足设计标准的浆液调配好之后，还要另外准备一些备用浆液，以免出现特殊情况，影响施工的质量。鉴于上述内容，在准备浆液时，可额外增加所需用量的 20%用作备用浆液储存下来。

③ 严格遵循灌浆施工的工艺流程。在钻孔工作检查结束以后，标注出灌浆施工的具体准备位置，紧接着将浆管放置在注浆孔内，将其孔口进行密封处置。对搅拌好的浆液进行过滤处理，再将其灌注到浆管内，完成所有工序后，堵好灌浆口。在对隧道工程进行灌浆施工操作时，要严格遵照施工标准进行施工。针对围岩加固没有制定统一的标准要求，随具体工程的实际情况而变，得出具有针对性的控制标准，具体如下：

• 灌浆压力。在正式灌浆前要开展局部灌浆试验，试验中要确定最佳压力标准。在操作过程中如有其他情况发生，则要根据实际情况调整压力。

• 灌浆用量。用量大小没有固定值，应该根据工程规模设定。在进行操作之前，首先要保证准备的灌浆量能够满足工程的需求，并预备出额外浆液以备不时之需。因此在实际灌浆准备工作中，建议准备所需用量的 1.2 倍，以防出现紧急情况时材料不足。

● 灌浆承载力。灌浆工作在完工之后必须要达到既定的目标，对于复合型围岩要求至少达到 135 kPa，软土围岩的最低要求是 90 kPa。

● 灌浆孔深度。灌浆孔的深度一般保持在 3.5～5.5 m。

● 灌浆孔吸收量。灌浆完工的验收标准是灌浆孔吸收量<0.6 L/min，达到标准即可完成灌浆。

（3）灌浆施工工艺。

灌浆施工工艺主要包括以下步骤：选择灌浆孔；安装灌浆管和对孔口进行封堵；长时间均匀搅拌浆液；将出现裂缝的位置进行灌浆操作；等待浆液自主凝固定性；封堵灌浆孔。其中需要注意的是，在钻孔时必须要选择直径为 80 mm 的钻头，在钻进过程中对粉性土进行处理时，要把软橡皮包在管壁上，防止土粒进入管道；搅拌砂浆时一定要注意用力均匀，然后加入水泥继续搅拌 3～5 min，最后进行灌浆。灌浆时的顺序是从上到下，直到浆液和孔口齐平，然后检查灌浆是否达到了预期的效果。封孔完成 1 d 后，要检查孔口的浆液是否有沉降的现象，如有沉降则要继续加入浆液。

整个隧道工程的承载力的硬性指标关键在于灌浆加固技术的施工工艺：当钻头刚一开始深入到黏性土壤中，需要借助导管来起到保护孔壁的作用，再借助捞砂筒的作用，达到钻砂成孔的效果。搅拌施工也是相当重要的，将适量的水加入到搅拌浆液的筒中，待其搅拌均匀之后，再加入适量的水泥，注意搅拌时间最少要达到 6 min。待所有的工序完成之后，可进行过滤，以确保浆液的质量。

灌浆量的控制是影响整个灌浆效果的关键因素，因而在施工中需要严格地把握这一环节：严格按照施工要求进行配置，清楚地掌握预留浆液的备用份数。注意灌浆方法的选用，纯压灌浆是首要考虑的方式，在裂缝部位插入灌管，将浆液自上而下灌注，这一过程需保持一个密闭的空间，使浆液可以填满整个空隙。此外还要注意封孔的处理技巧，最佳的封孔凝固时间为 24 h。最后要对其进行细致的验收检查，以免浆液在填充的过程中出现深不达标的情况，从而影响灌浆的质量。

3.5 小 结

（1）相比未采取超前支护措施，采取超前支护措施后围岩的变形、地表沉降、支护受力、围岩塑性区的发展能够得到有效改善。

（2）模拟采用水平旋喷桩超前加固、超前小导管注浆加固、中管棚+超前小导管注浆加固、超前长管棚+小导管注浆加固等措施进行施工超前支护，对围岩变形、地表沉降、施工中的纵向应力、初期支护受力、围岩塑性区等指标进行分析。结果表明：超前长管棚+小导管注浆加固的支护效果优于其他超前支护措施。

（3）针对不同施工方法进行模拟，模拟工况包括全断面开挖、三台阶临时仰拱法、三台阶临时仰拱+临时竖撑、台阶法、三台阶七步法、CRD 法。结果表明：在超前支护作用下，三台阶临时仰拱法、三台阶临时仰拱+临时竖撑、CRD 法对围岩的变形、支护受力的影响较小，且三台阶临时仰拱具有施工工序相对简单、施工速度快的优点。在穿越黏土与块石交界段，若变形较大，可增加临时竖撑抑制变形，或进一步地切换为 CRD 法进行施工。

（4）针对型钢间距支护效果进行模拟分析。结果表明：随着型钢间距的增大，隧道的开挖引起的位移、锚杆应力、型钢应力、初期支护应力均增大，1 m 间距范围内效果比较明显，说明型钢间距越小对围岩支护效果越好，对初期支护受力越有利。因此，建议隧道穿越黏土与块石土层交界段施工时采用小间距型钢支护，确保施工安全。

第 4 章

膨胀性泥岩地层隧道变形
机理及控制技术

膨胀岩具有遇水膨胀、软化、崩解和失水收缩、开裂的工程特性，属于易风化、软化的软岩范畴。在隧道施工中，由于围岩本身的强度较弱，遇水膨胀后会对支护结构施加膨胀力，导致结构变形过大而出现侵限或塌方等严重工程事故。雅万高铁 2 号隧道穿越地层主要为火山堆积层粉质黏土（洞口段）及第三系中新统 Jatiluhur 组泥岩（Mdm）（洞身段），特殊岩土有膨胀土和膨胀性泥岩，黏土具有弱膨胀性，泥岩具有中等膨胀性，自由膨胀率为 68% ~ 80%，风险评估全隧可能发生突水突泥、塌方和基底变形，在隧道穿越泥岩段预计可能发生大变形。

4.1 工程环境及施工风险分析

4.1.1 2 号隧道穿越膨胀性泥岩段工程环境

雅万高铁 2 号隧道位于普望加达西南侧，地处丘陵区，地势起伏大，植被覆盖率较高。隧道进口自然坡度为 8° ~ 11°，隧道出口自然坡度为 13° ~ 30°，隧道最大埋深 53.6 m。隧道附近有村落，地表多为农田和树林，地势总体西低东高。隧道调查区内山脊主要呈东西向展布，形成多处局部分水岭。

隧道洞身 DK74+135 ~ DK75+002 段穿越膨胀性泥岩，全长 867 m，围岩等级为 V 级。隧道区分布的地层从新至老有第四系更新统火山堆积层（Qos）黏土、粗圆砾土，第三系中新统 subang 组泥岩（Msc）、砂岩，第三系中新统 Jatiluhur 组泥岩（Mdm）。

（1）第四系更新统火山堆积层。

⑧₂₂ 黏土：黄褐色，软塑，含有约 10% 的砂粒，厚 6.0 ~ 9.0 m，分布于隧道上部表层。

⑧₂₃黏土：黄褐色、褐黄色、灰黄色，软塑，夹粉质黏土及碎石，含砾石及砂，厚 4.5 ~ 11.5 m，分布于隧道上部小里程段。

⑧₂₄黏土：黄褐色、棕红色，硬塑，偶见碎石，厚 3.5 ~ 8.5 m，分布于隧道进口处。

⑧₂₅黏土：褐黄色、棕红色、灰褐色、灰绿色，硬塑，含圆砾及砂，厚 6.0 ~ 15.0 m，分布于隧道进出口。

⑧₂₆黏土：灰褐色，坚硬，含少量铁锈，厚 1.0 ~ 2.0 m，分布于出口附近。

⑧₁₂₂粗圆砾土：灰褐色，稍密，饱和，砾石成分以安山岩为主，黏土充填，夹碎石，厚 0 ~ 5.3 m，隧道上部透镜体状分布。

（2）第三系中新统 subang 组。

⑯₁₁泥岩：褐灰色、黄褐色，全风化，原岩结构构造基本破坏，岩芯呈土柱状，局部碎块状，层厚 4.0 ~ 23.5 m。隧址区广泛分布，产状 33°∠20°。

⑯₁₂泥岩：深灰色、褐灰色、灰褐色，强风化，泥质结构，层状构造，岩芯呈碎块状及短柱状。该层在勘探深度范围内未揭穿，隧址区广泛分布，产状 33°∠20°。

⑯₃₂砂岩灰色，强风化，粒状结构，层状构造，岩芯呈柱状，层厚约 1.5 m，产状 33°∠20°。

（3）第三系中新统 Jatiluhur 组。

⑰₁₂泥岩：灰褐色、褐灰色、浅灰色，强风化，泥质结构，层状构造，岩心呈柱状，锤击声闷易碎。该层在勘探深度范围内未揭穿，隧道出口下部分布，产状 33°∠20°。

地下水主要为第四系孔隙潜水和基岩裂隙水，主要受大气降水补给，以蒸发、地下径流的方式排泄，钻探揭露埋深 2.35 ~ 5.25 m（高程 90.73 ~ 139.38 m），火山成因黏性土孔隙比大、含水率高，隧道洞身存在孔隙水及基岩裂隙水。

4.1.2　施工风险分析

软弱膨胀泥岩隧道围岩强度较低，属于典型的软岩隧道，同时具有明显的膨胀性和崩解性，在地下水的作用下，泥岩强度进一步被弱化，加之泥岩遇水膨胀后对隧道结构产生一定的膨胀力，使得围岩压力在短时间内急剧上升。在膨胀性泥岩地层隧道的施工中，主要出现以下施工风险：

（1）围岩大变形。由于膨胀性泥岩地层隧道本身围岩稳定性差，又在水的作用下进一步劣化，同时对隧道支护结构产生膨胀力，围岩压力急剧增大，导致支护结构强度不足而发生大变形。

（2）掌子面坍塌及涌出。在软弱围岩隧道的施工中，掌子面的稳定性是关系整个施工安全的关键因素。在软弱膨胀性泥岩地层隧道的施工中，也应尤为关注掌子面的稳定性，采取有效的预支护措施，保证掌子面的稳定性。

（3）隧道基底隆起。在隧道支护结构施作完成后，由于膨胀性泥岩遇水软化，并产生膨胀力作用在支护结构上，导致隧道基底出现隆起、拉裂破坏及墙脚应力集中而开裂的风险，因此针对隧道基底变形提出有效的控制技术具有一定的学术意义和工程应用价值。

基于以上背景，本章对雅万高铁 2 号隧道穿越膨胀性泥岩地层段隧道变形机理、预留变形量、支护体系及参数优化、基底变形控制技术进行研究，以指导该隧道的实际施工。

4.2　膨胀性泥岩隧道变形机理分析

4.2.1　不同膨胀力下泥岩隧道力学响应研究

1. 数值模拟方案

（1）膨胀力确定。

王清洲等采用自制的设备对河北承德地区的膨胀性泥岩重塑土膨胀力进行了测试研究，该泥岩干密度为 2.42 g/cm³，天然含水率为 3.83%，塑限为 22.4%，自由膨胀率为 41.50%，最终测得的最大膨胀力为 432.5 kPa。雅万高铁 2 号隧道膨胀性泥岩自由膨胀率为 68% ~ 80%，因此可以将该数据作为参考。同时，庞山等基于《铁路隧道设计规范》提出，采用围岩降级的方法计算围岩松动压力，即膨胀性围岩膨胀压力等于无膨胀性围岩原松动压力。2 号隧道围岩等级为 V 级，膨胀压力计算过程如下：

$$B = 15.10 \text{ m}$$

$$\omega = 1 + i(B - 5) = 1 + 0.1 \times (15.10 - 5) = 2.01$$

$$q = 0.45 \times 2^{s-1} \times \gamma \times \omega = 0.45 \times 2^4 \times 21.4 \times 2.01 = 309.7 \text{ kPa}$$

式中：B——隧道宽度；

ω——宽度影响系数；

i——隧道宽度每增减 1 m 时的围岩压力增减率，按规范取值；

γ——围岩重度；

s——围岩级别。

由上式计算所得到的膨胀压力小于 432.5 kPa，结合雅万高铁 2 号隧道的实际地质情况，确定隧道围岩径向膨胀压力最大为 300 kPa，在计算中施加在初期支护上，作用示意图如图 4.2-1 所示。

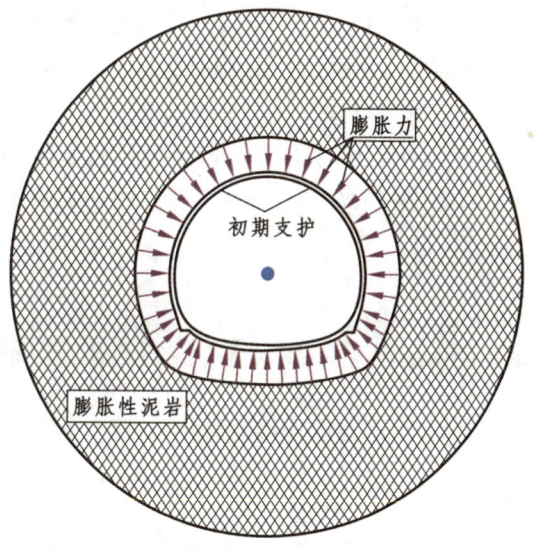

图 4.2-1 围岩径向膨胀压力作用示意图

（2）计算工况。

为了探究膨胀压力对隧道初期支护变形及内力的影响，对初期支护施加最大膨胀压力为 350 kPa，并以 50 kPa 为梯度进行工况设置，设置 0 kPa、50 kPa、100 kPa、150 kPa、200 kPa、250 kPa、300 kPa 共计 7 个工况。

（3）数值计算模型。

在进行数值计算的模型建立时，模型尺寸是不得不慎重考虑的一个因素。在理论上，隧道的开挖问题是一个半无限体中孔洞的开挖问题，但在进行隧道开挖的数值模拟时，不可能建立一个半无限体模型。这时，一般选取一定范围内的岩体作为隧道开挖所影响的范围。在本次计算中，左右边界选取 4 倍洞跨，下边界选取 4 倍洞高，并根据 DK74+320 断面建立数值计算模型，隧道埋深 40 m。本次所模拟的隧道洞跨 15.10 m，洞高 12.76 m，根据上述工程数据，本节建立的模型尺寸宽 130 m、高 110 m、纵深 1 m，如图 4.2-2 所示。

　　网格划分是进行模型建立的一个重要组成部分，其质量的好坏直接影响到计算的精度及时间，好的网格质量不仅能提高计算精度，还能提高计算效率，大大缩短计算时间。网格数量太多，可以在一定程度上得到更精确的结果，但缺点是计算时间延长，在一定程度上降低了计算效率；网格数量太少，可以缩短计算时间，但在计算精度上有一定的劣势。因此要权衡两者的关系，在进行网格划分时，远离所要研究的范围可以适当减少网格数量，对于我们要研究及重点关注的范围，可以适当进行网格加密，以期得到更精确的结果。在本次建模过程中，节点（node）的数量为 5448，单元（element）的数量为 2639。

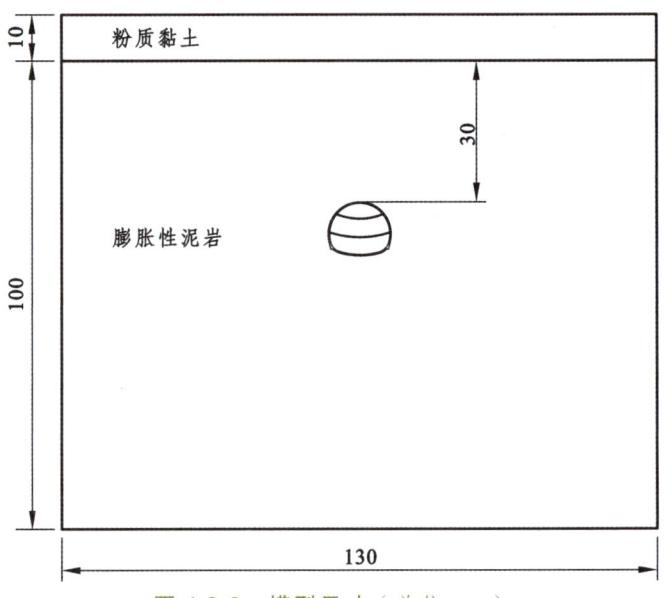

图 4.2-2　模型尺寸（单位：m）

　　数值模拟计算采用有限差分软件，计算边界条件：模型顶部为自由面，左右边界约束水平位移，下边界约束竖向位移。数值模拟中围岩采用弹塑性实体单元模拟，采用摩尔-库仑屈服准则，隧道初期支护采用弹性实体单元模拟，二次衬砌作为安全储备在本次计算中不考虑。隧道采用三台阶临时仰拱法进行开挖，并在仰拱初期支护完成后施加膨胀压力，本次数值模拟中不考虑地下水渗流以及爆破振动的影响。数值计算模型如图 4.2-3 所示。

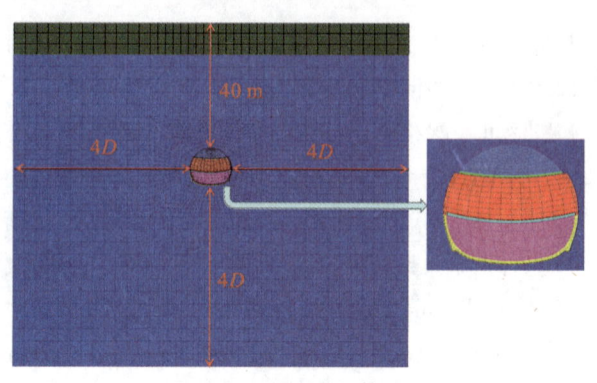

图 4.2-3　数值计算模型

（4）围岩及支护结构物理力学参数。

根据雅万高铁 2 号隧道穿越泥岩段工程设计资料，该段隧道的初期支护由以下几个部分组成：①C25 喷射混凝土，厚度为 35 cm；②ϕ8 钢筋网；③I25 工字钢构成的钢架支撑，纵向间距为 0.6 m。在进行初期支护的参数选取时，将钢支撑的作用采用等效刚度原则折算到喷射混凝土中，其换算公式如下：

$$E = E_0 + \frac{E_g A_g}{A_s}$$

式中：E——最终的混凝土弹性模量；

E_0——喷射混凝土弹性模量；

E_g——钢支撑弹性模量；

A_g——钢支撑横截面面积；

A_s——混凝土横截面面积。

根据本工程的土工试验资料，并结合相关文献及规范，本节数值计算的围岩及支护结构物理力学参数选取如表 4.2-1 所示。

表 4.2-1　围岩及支护结构物理力学参数

材料	参数				
	容重 /（kN/m³）	弹性模量 /GPa	泊松比	内摩擦角 /（°）	黏聚力 /kPa
泥岩	17.8	0.21	0.32	30.5	130
粉质黏土	19.4	0.12	0.35	28	68
初期支护	25	27.85	0.2	—	—
临时仰拱	25	25.98	0.2	—	—

2. 数值计算结果分析

为了研究泥岩膨胀压力对初期支护结构的影响,提取初期支护拱顶、左右拱腰、左右拱脚、左右边墙、左右墙角及仰拱共计 10 个关键点的位移及内力,对不同膨胀力下的初期支护位移、内力分布规律及数值大小进行对比分析。关键点布置如图 4.2-4 所示。

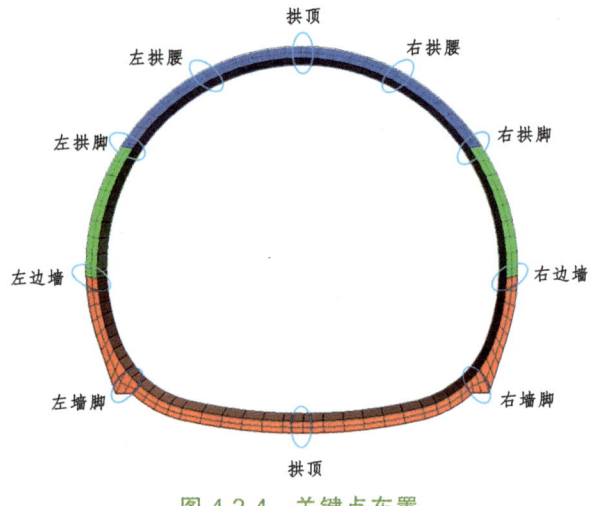

图 4.2-4　关键点布置

(1)初期支护位移分析。

各工况下初期支护竖向位移和水平位移云图分别如图 4.2-5、图 4.2-6所示。

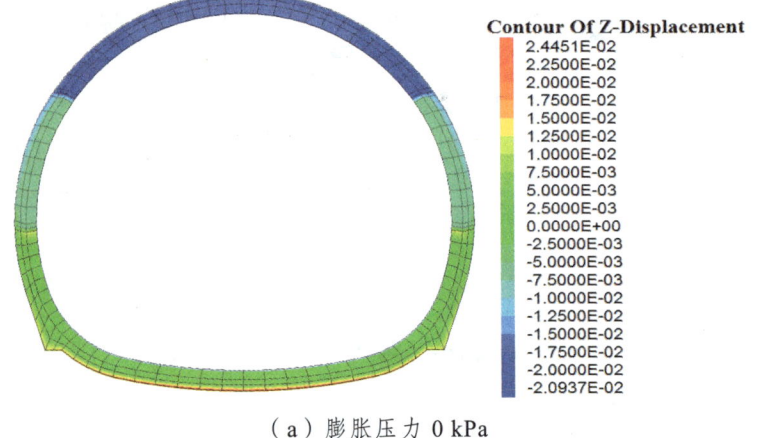

(a)膨胀压力 0 kPa

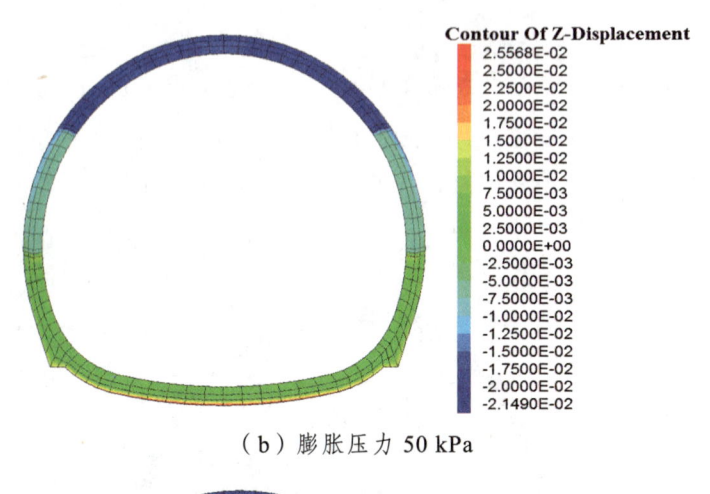

（b）膨胀压力 50 kPa

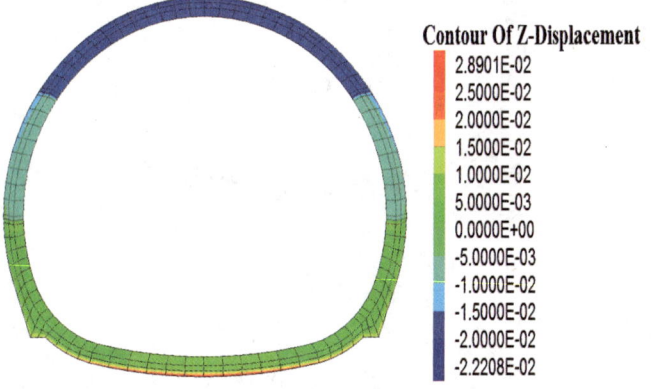

（c）膨胀压力 100 kPa

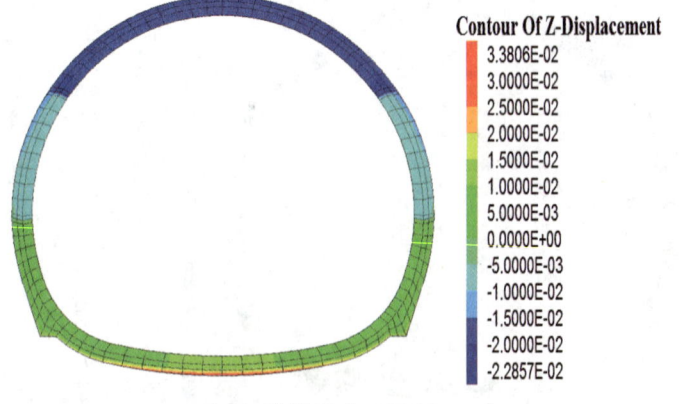

（d）膨胀压力 150 kPa

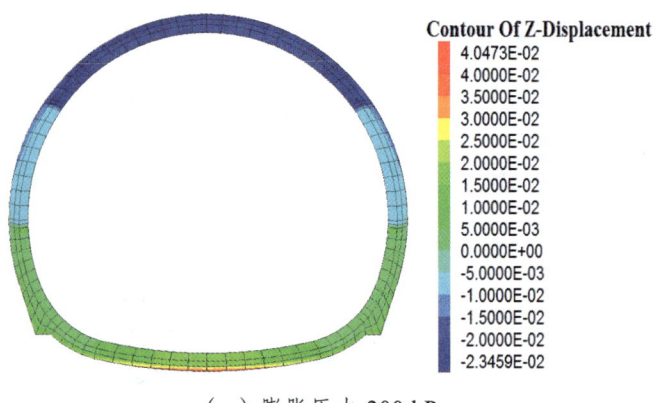

（e）膨胀压力 200 kPa

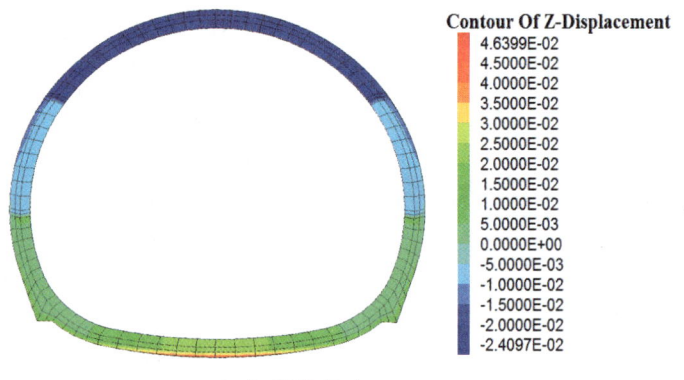

（f）膨胀压力 250 kPa

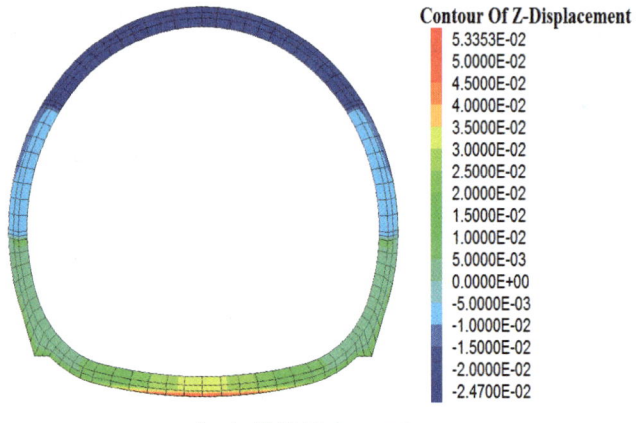

（g）膨胀压力 300 kPa

图 4.2-5　不同膨胀压力下初期支护竖向位移（单位：m）

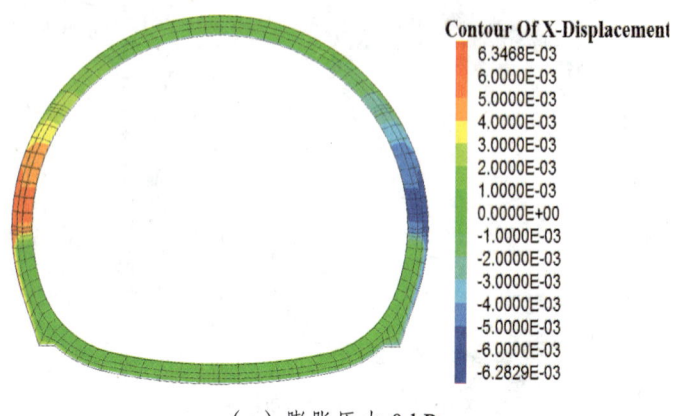

（a）膨胀压力 0 kPa

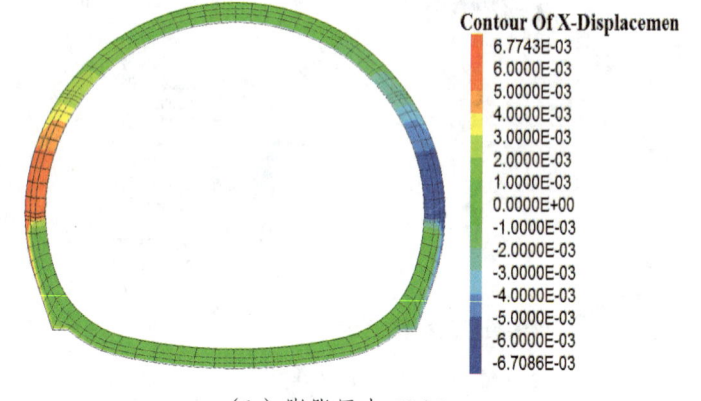

（b）膨胀压力 50 kPa

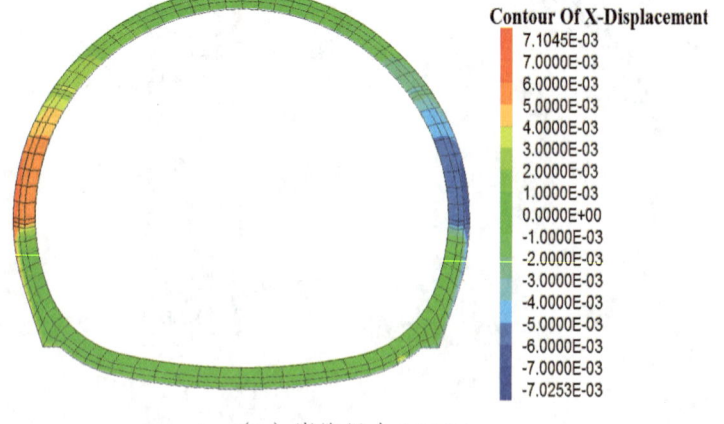

（c）膨胀压力 100 kPa

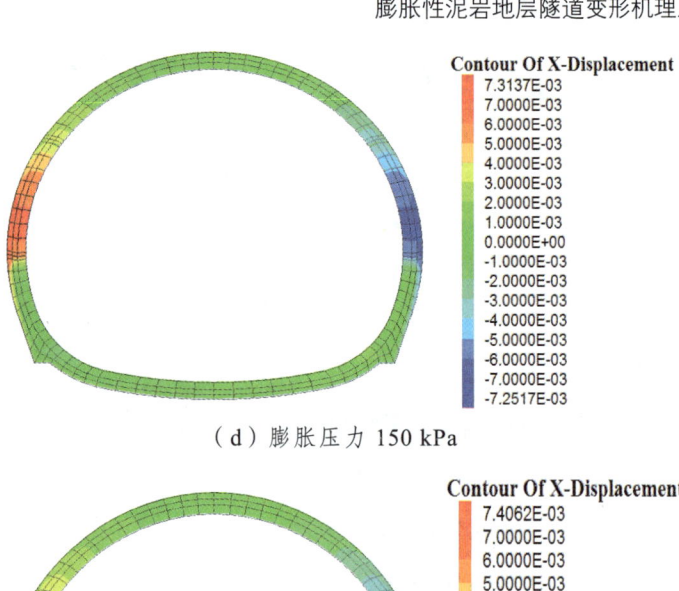

（d）膨胀压力 150 kPa

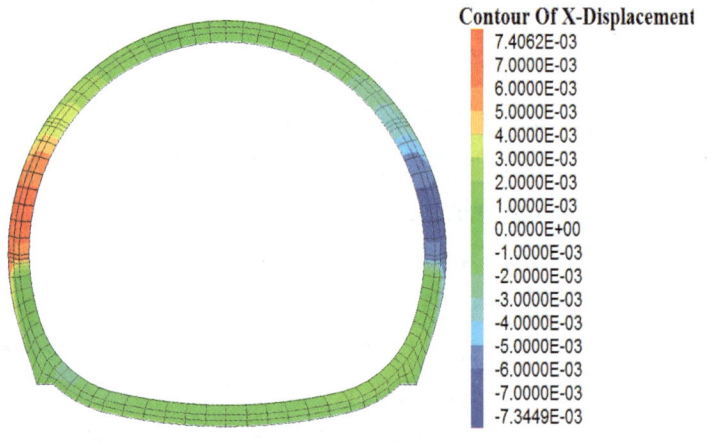

（e）膨胀压力 200 kPa

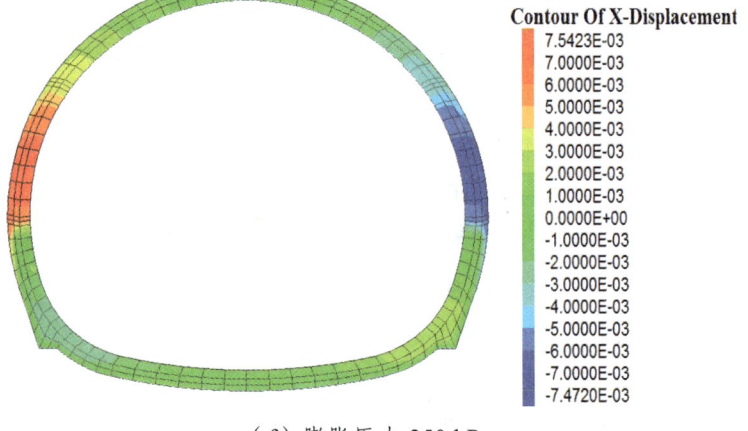

（f）膨胀压力 250 kPa

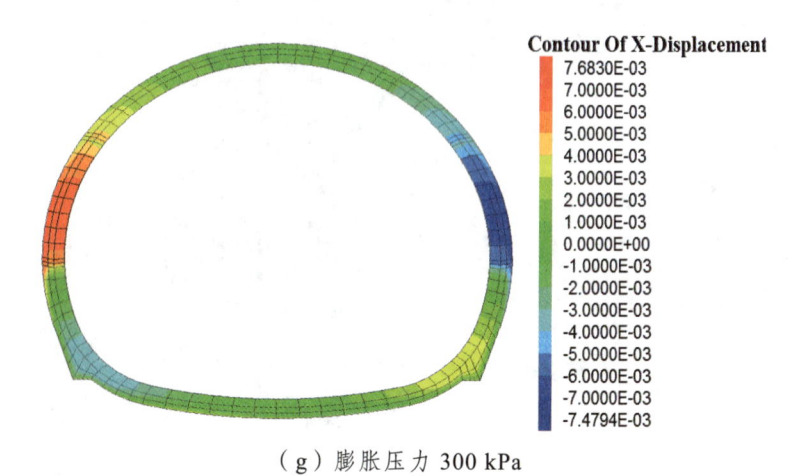

（g）膨胀压力 300 kPa

图 4.2-6　不同膨胀压力下初期支护水平位移（单位：m）

绘制不同膨胀压力条件下各关键点的竖向沉降及水平收敛值曲线，如图 4.2-7、图 4.2-8 所示。当膨胀压力为 0 kPa 时，初期支护各关键点竖向位移相对大小表现为：拱脚沉降＞拱顶沉降＞仰拱隆起，拱脚沉降略大于拱顶沉降是由于泥岩地层强度较弱，隧道上台阶开挖支护后由于地基承载力不足而无法有效地控制围岩变形，拱脚首先发生沉降位移，继而出现初期支护的整体下沉；各关键点水平位移相对大小表现为：边墙＞拱脚＞拱腰＞墙角，并且除墙角外，其余位置均产生向洞内方向的收敛；边墙和拱脚处的水平收敛较大，而这两个点正是位于台阶面的脚点，因此在隧道施工中应加强初期支护在位置处的连接强度，并在该区域内采取相应的变形控制措施，如锁脚锚杆、小导管注浆加固等。

由于膨胀压力的增加，对初期支护的位移产生了极大的影响作用。具体表现为：在竖向位移方面，拱顶沉降和拱脚沉降随着膨胀压力的增大而线性增长，且整体增幅不大，当膨胀压力为 300 kPa 时，拱顶沉降和拱脚沉降量分别为 20.70 mm 和 21.71 mm，相较于无膨胀压力时的增幅分别为 22.56%、17.07%；但仰拱隆起值随着膨胀压力的增大而表现出明显的指数型增长，增幅相较于拱顶和拱脚更大，当膨胀压力为 300 kPa 时，仰拱隆起值为 31.68 mm，是无膨胀压力时仰拱隆起值的 11.52 倍。在水平收敛方面，随着膨胀压力的增大，拱脚和拱腰水平收敛表现出线性增长趋势，边墙则表现为先增大后减小的变化规律，当膨胀压力为 300 kPa 时，拱脚、拱腰和边墙处水平收敛增幅分别为

70.97%、183.02%和 12.02%；随着膨胀压力的增大，墙脚水平收敛表现为非线性指数型增长，且增长速率及幅度极大，无膨胀压力时，墙角水平收敛为 −0.12 mm，当膨胀压力为 300 kPa 时，其数值达到−7.68 mm。

膨胀压力的增大使得初期支护位移均产生了一定量的增长，但对仰拱的影响作用最大，其增幅及增速极大，极易出现仰拱中心部位的受拉开裂破坏，因此在实际施工中应重点关注仰拱处动态力学变化，加大对其监测量测力度，并采取一定的控制措施，防止其变形过大而破坏。

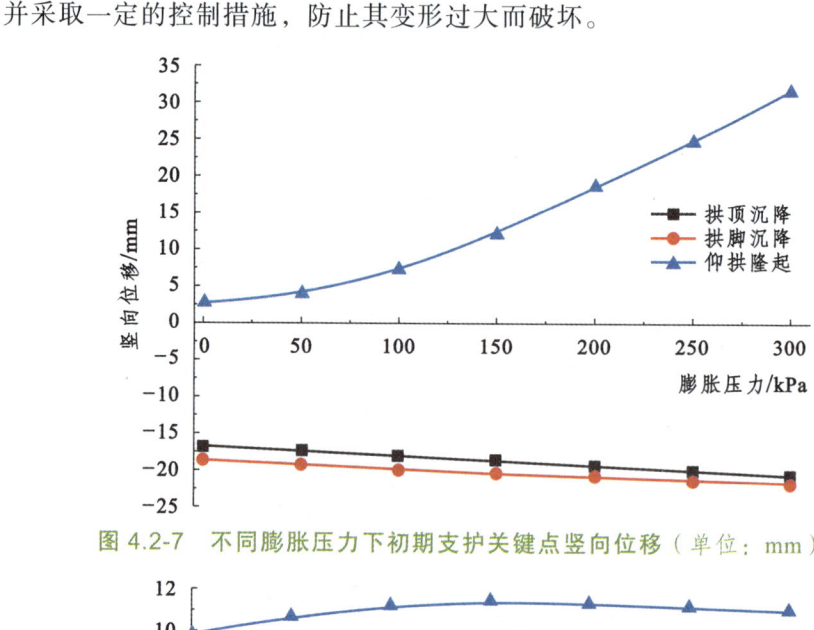

图 4.2-7　不同膨胀压力下初期支护关键点竖向位移（单位：mm）

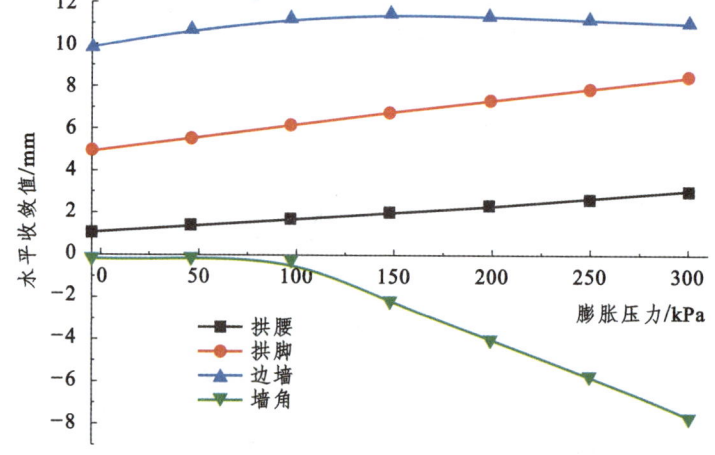

图 4.2-8　不同膨胀压力下初期支护关键点水平收敛（单位：mm）

（2）初期支护内力分析。

各工况下初期支护最大主应力和最小主应力云图分别如图 4.2-9、图 4.2-10 所示。

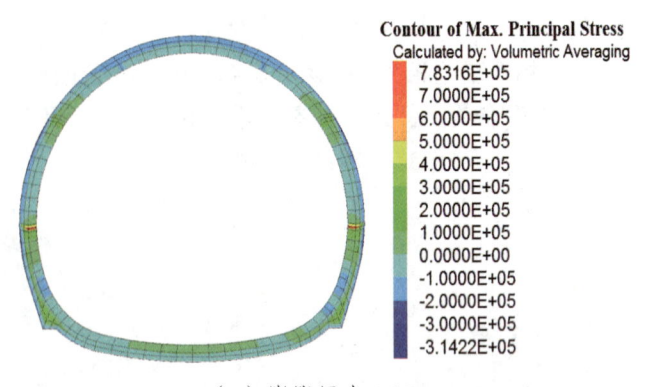

（a）膨胀压力 0 kPa

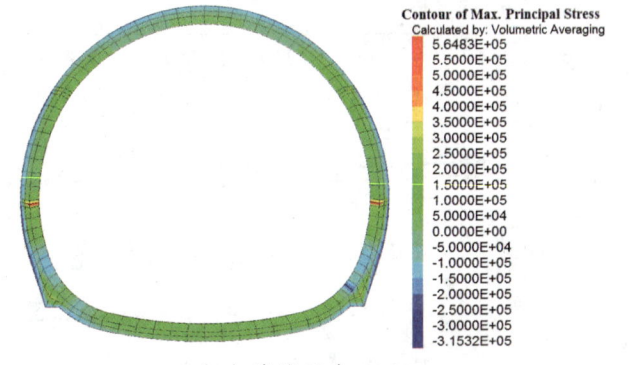

（b）膨胀压力 50 kPa

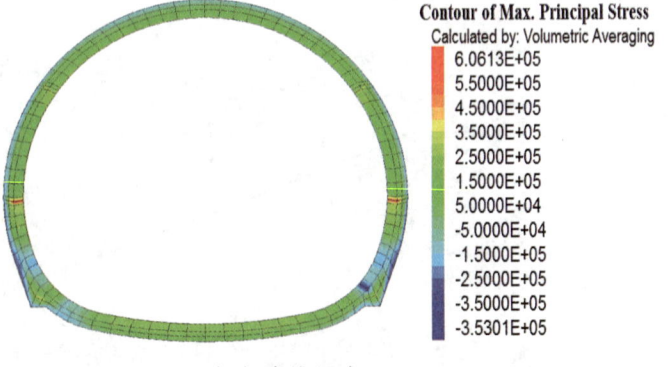

（c）膨胀压力 100 kPa

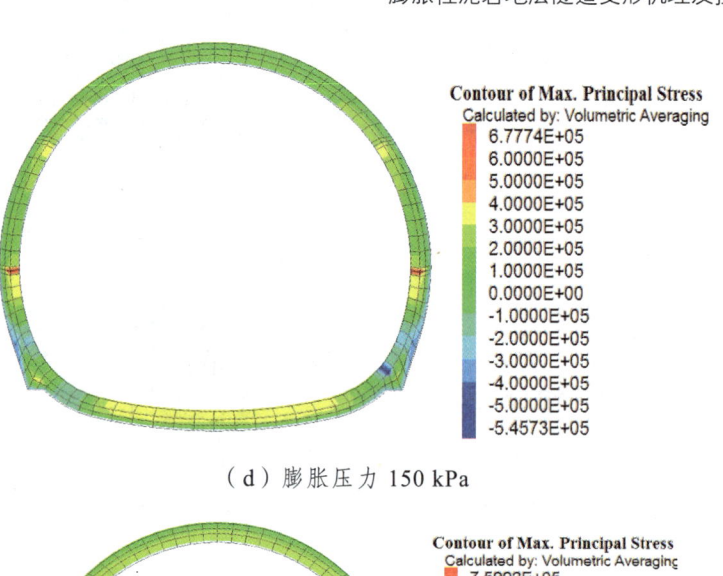

（d）膨胀压力 150 kPa

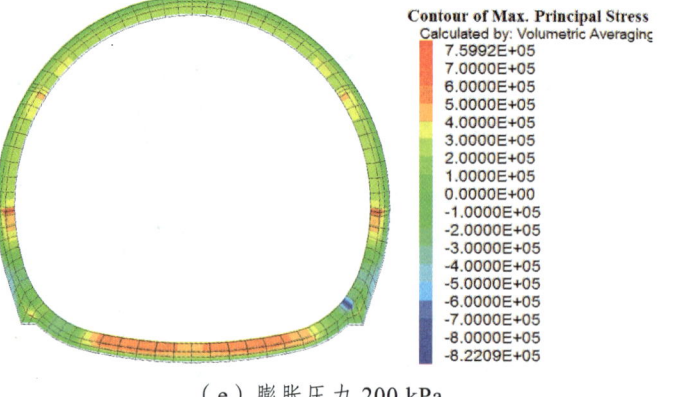

（e）膨胀压力 200 kPa

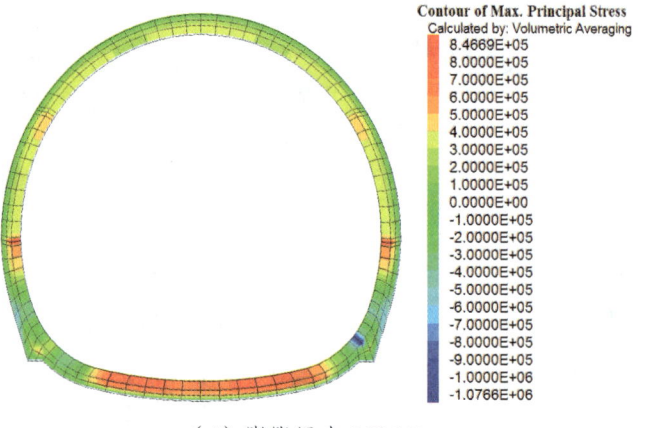

（f）膨胀压力 250 kPa

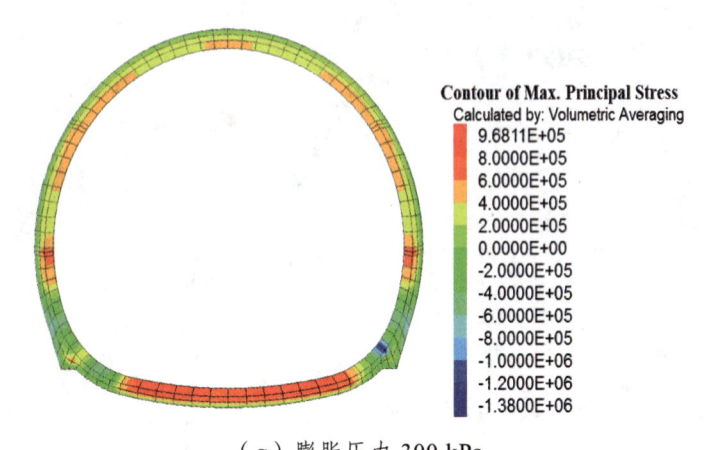

（g）膨胀压力 300 kPa

图 4.2-9　不同膨胀压力下初期支护最大主应力云图（单位：Pa）

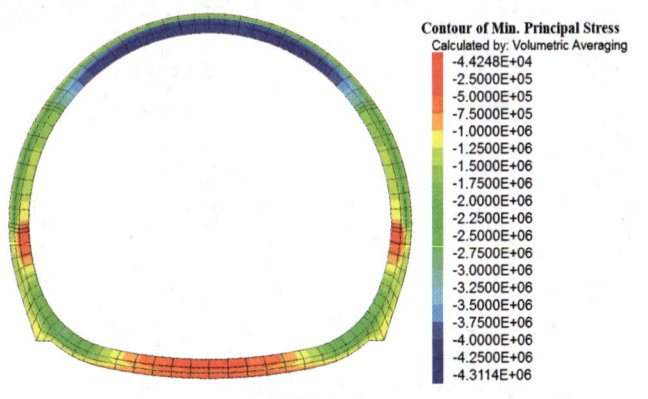

（a）膨胀压力 0 kPa

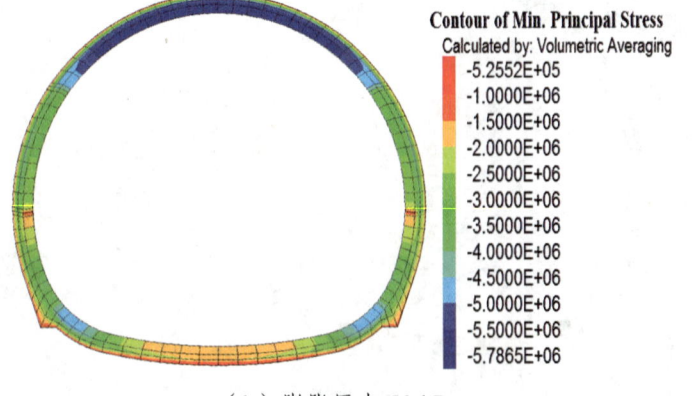

（b）膨胀压力 50 kPa

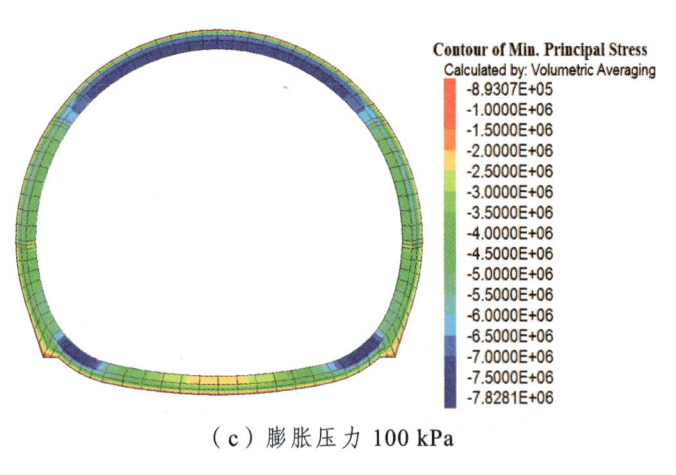

（c）膨胀压力 100 kPa

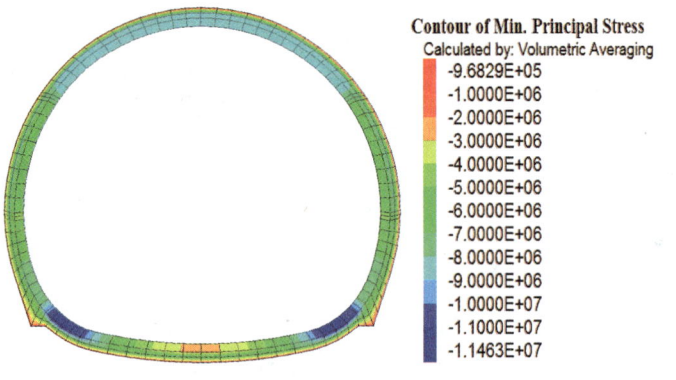

（d）膨胀压力 150 kPa

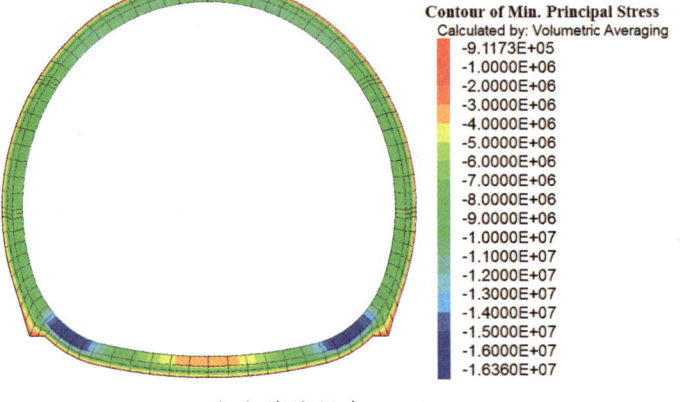

（e）膨胀压力 200 kPa

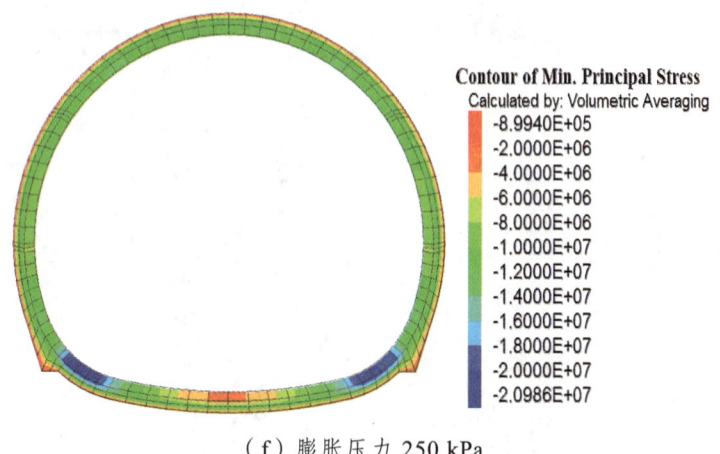

（f）膨胀压力 250 kPa

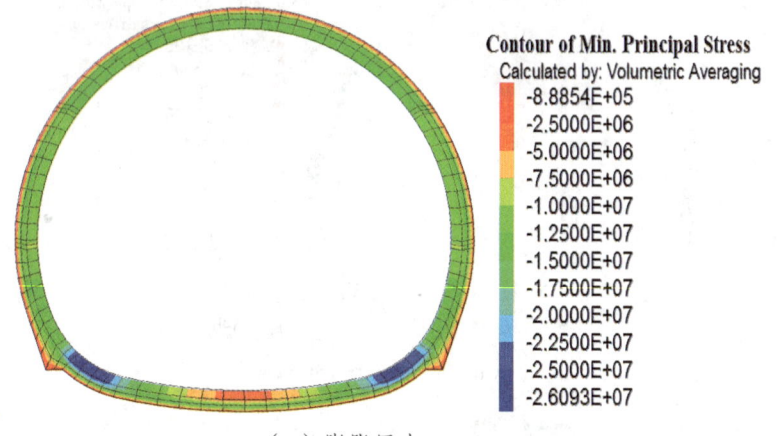

（g）膨胀压力 300 kPa

图 4.2-10　不同膨胀压力下初期支护最小主应力云图（单位：Pa）

　　绘制不同膨胀压力条件下初期支护最大主应力和最小主应力如图 4.2-11 所示。由图 4.2-9～图 4.2-11 可以分析得到：初期支护最大主应力除墙角附近位置外，均为正应力，即受拉应力；最小主应力均为负应力，即受压应力。随着膨胀压力的增大，初期支护最大主应力最大值出现位置由边墙移动到仰拱中心位置附近，最小主应力最大值出现位置由拱顶移动到墙角位置处。

　　随着膨胀压力的增大，初期支护最大主应力最大值呈现出先减小后增大的变化规律，但整体变化幅度不大，在一个较小的范围内波动，当膨胀压力为 300 kPa 时，最大主应力最大值为 0.97 MPa，相较于无膨胀压力时的增幅为 24.39%；但最小主应力最大值随着膨胀压力的增加表现出明显的非线性指数型增长，当膨胀压力为 300 kPa 时，最小主应力最大值为–26.09 MPa，是无膨胀压力时的 6.05 倍，出现位置为墙角，在该位置处容易出现受压破坏，这与初期支护位移变化规律是相吻合的。

综上所述，不同膨胀力条件下初期支护力学响应规律为：①膨胀压力的作用对初期支护产生了一定的影响，使其位移和内力均产生较大幅度的增长，降低了安全性。②膨胀压力的作用对隧道初期支护仰拱的影响最大，仰拱处的位移和内力增幅及增速极大，当膨胀压力为 300 kPa 时，其仰拱隆起值和墙脚最小主应力分别为无膨胀压力时的 11.52 倍和 6.05 倍，在施工及运营中极易出现隧底中心部位受拉开裂及墙脚受压破坏等工程问题，应对其采取相应的控制措施。

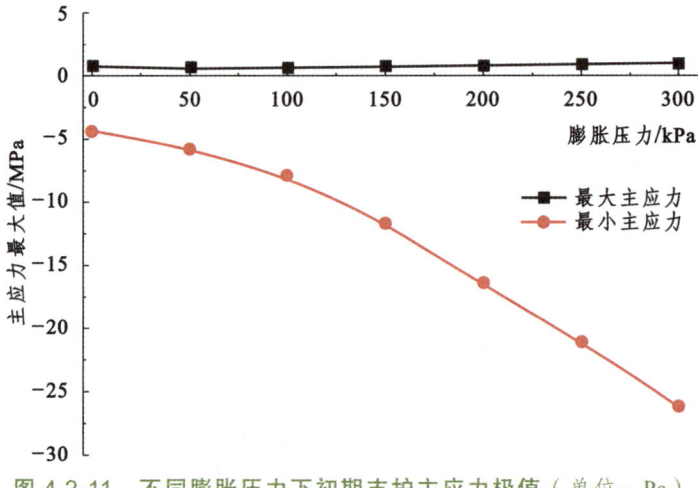

图 4.2-11　不同膨胀压力下初期支护主应力极值（单位：Pa）

4.2.2　软弱膨胀性泥岩隧道变形机理分析

软弱膨胀泥岩隧道围岩强度较低，属于典型的软岩隧道，同时具有明显的膨胀性和崩解性，在地下水的作用下，泥岩强度进一步被弱化，加之泥岩遇水膨胀后对隧道结构产生一定的膨胀力，使得围岩压力在短时间内急剧上升，导致隧道出现大变形、初支开裂，甚至塌方等严重工程事故。本节结合软弱膨胀泥岩的工程特性、隧道设计及施工因素，对软弱膨胀泥岩隧道变形机理进行分析。

1. 围岩强度低

岩体是由各种形状的岩块和结构面组成的地质体，因此其强度必然受到岩块和结构面强度及其组合方式的控制。如果岩体结构面不发育，则岩体强度大致与岩块强度接近，岩体强度良好，受到地应力作用时，不易发生破坏；随着岩体内结构面组数的增加，岩体的强度被大大地削弱了。

断层、节理等软弱结构面削弱了岩体的抗拉强度、抗压强度和弹性模量，围岩抵抗外界的破坏能力和自承力迅速降低。隧道开挖后，原始地应力释放掉一部分，围岩发生卸荷和应力重分布。围岩切向应力增加，塑性圈半径扩大，变形破坏由隧道浅部向深部扩展，再加上底部积水，使底部围岩产生不可逆的物理、化学变化，使岩体软化加剧：一方面使水在岩体中渗透更加方便；另一方面使围岩裂隙增大和扩张，变形量加大，产生一定量的底鼓。

2. 地下水作用

泥质类软岩（泥岩、粉砂质泥岩和页岩等）遇水后会出现泥化（图 4.2-12）、膨胀、崩解和破碎等现象。隧道岩体强度会随着地下水的侵蚀进一步降低，岩体在水平应力作用下将进一步破坏，此时水更容易渗透至隧道更深部的岩层，加剧深部岩层的水理作用，使得更大范围内的岩体强度降低，破坏范围进一步扩大。同时，膨胀性泥岩遇水膨胀后对支护结构产生一个膨胀压力，改变支护结构的受力形态，从而对其位移及内力产生一定的不利影响，严重威胁到隧道在施工及运营过程中的安全性。

图 4.2-12　岩体泥化现象

3. 设计及施工因素

设计及施工因素对隧底围岩稳定性有很大的影响，对于围岩较破碎及稳定性较差的隧道工程，施工因素对隧道稳定性起很大作用。设计因素主要包括断面形状尺寸、支护形式及施工方法等，施工因素包括材料质量、混凝土强度及厚度、开挖深度、基底稳定性、施工质量等。设计因素中隧底隆起与隧道断面尺寸、仰拱厚度、仰拱开挖深度、仰拱曲率、支护形式有着密切的关系，一般情况下，隧道设计断面越大，开挖跨度越大，其隧道围岩变形量就越大。支护结构的厚度和强度决定了其抵抗隧道变形的能力，是影响隧道稳定性的关键因素，对于膨胀岩隧道，隧道支护刚度越低，支护的时机不准确，导致隧道围岩及支护的变形则越大。对于软弱围岩隧道，由于地应力或其他因素的原因，合理的支护形式能保证隧底围岩的稳定。

施工因素主要是指隧道开挖支护的施工工艺、施工质量及所用材料质量等。施工工艺和施工质量是影响隧道稳定的一个重要因素，不合理、不科学的施工技术和施工方法将对围岩的稳定造成严重影响，随之给隧道结构带来不利影响。施工期间的施工方法与后期运营期间隧底结构稳定性有很大关系，因此根据隧道所处的地质条件，采用合理的施工方法工艺，才能尽量减小对围岩的扰动，以减小围岩及隧道支护结构的变形。

通过上述理论分析，软弱膨胀泥岩隧道变形机理为：由于围岩强度较低，在开挖卸荷及施工扰动后自承能力较弱，加之在水的作用下泥岩出现崩解、泥化及膨胀等现象，使得围岩压力急剧增大，但支护结构强度不足而出现的隧道大变形。

4.3 膨胀性泥岩隧道预留变形量研究

新奥法是目前国内外隧道工程中普遍采用的施工方法，预留变形量则是新奥法中的一个重要理念。预留变形量是设置在初期支护结构与二次衬砌结构之间，供隧道围岩与初期支护变形而预留的空间尺寸。合理确定预留变形量可避免围岩侵限情况的发生，且能保证围岩充分变形，减小围岩压力。但为了避免侵限情况的发生，预留变形量的取值往往比较保守，易造成隧道超挖、出渣量增加、二次衬砌厚度增大等问题，进而增加了施工成本。因此，合理确定预留变形量对于保证隧道施工质量和节约工程投资具有重要的意义。本节采用三维数值计算和现场监测相结合的方法，对初期支护位移进行监测，并基于监测结果对软弱膨胀泥岩隧道预留变形的合理取值进行研究分析。

4.3.1 软弱膨胀泥岩隧道初期支护变形三维数值模拟分析

1. 数值计算模型

本次三维数值计算采用有限差分软件,计算模型以隧道轴线方向为 Y 轴,水平方向为 X 轴,竖直方向为 Z 轴。根据圣维南原理,为了减小边界效应对隧道施工的影响,隧道与模型边界间的距离为开挖洞径的 4 倍。根据雅万高铁 2 号隧道 DK74+320 的断面及埋深情况,本次三维数值计算模型的尺寸为: $0\ \mathrm{m} \leqslant X \leqslant 130\ \mathrm{m}$, $0\ \mathrm{m} \leqslant Y \leqslant 60\ \mathrm{m}$, $0\ \mathrm{m} \leqslant Z \leqslant 110\ \mathrm{m}$, 隧道埋深 40 m；模型共计单元数(element)175314,节点数(node)167640,单元为八节点六面体单元；边界条件为位移约束,模型左右两侧施加 X 方向约束,前后边界施加 Y 方向约束,底面施加 Z 方向约束,上边界为自由边界,初始应力场仅考虑自重应力,计算模型如图 4.3-1 所示。隧道的开挖方法为三台阶临时仰拱法,具体施工参数为: 开挖进尺 1 m,台阶长度 6 m,开挖细观图如图 4.3-2 所示。在隧道仰拱初期支护施作完成后,对整个初期支护结构施加 300 kPa 的膨胀压力来模拟膨胀性泥岩遇水膨胀的作用。此次数值计算中不考虑爆破施工及地下水渗流的影响,以模型中间位置 Y=30 m 断面为计算目标考察断面,对初期支护拱顶、拱脚、边墙及仰拱的位移进行动态监测。

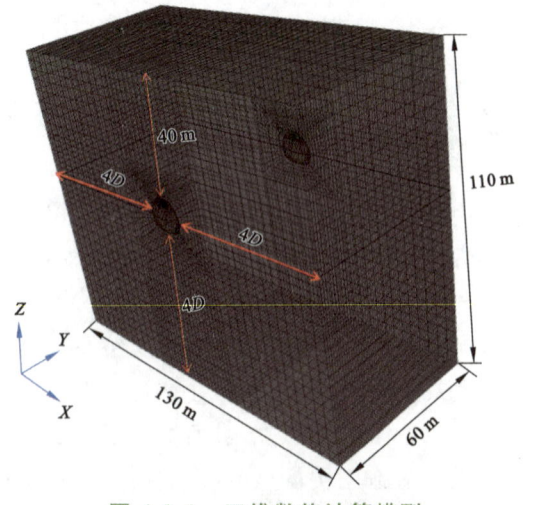

图 4.3-1　三维数值计算模型

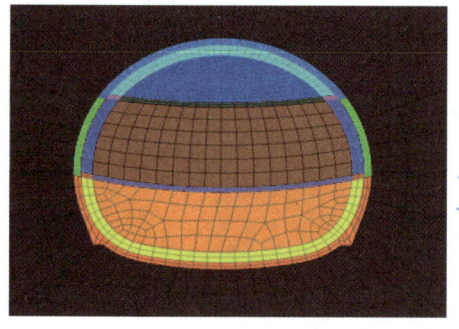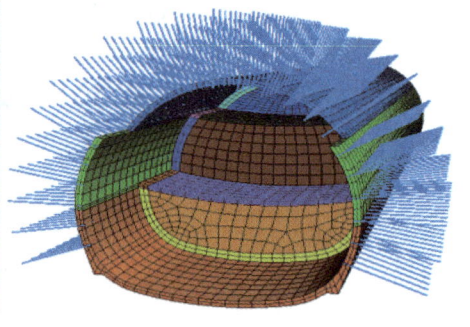

图 4.3-2 隧道开挖细观示意图

数值模拟中围岩采用弹塑性实体单元模拟，采用摩尔-库仑屈服准则，隧道初期支护和二次衬砌采用弹性实体单元模拟，锚杆采用 Cable（锚索）单元模拟。围岩及支护结构物理力学参数如表 4.3-1 所示。

表 4.3-1 围岩及支护结构物理力学参数

材料	参数				
	容重 / (kN/m³)	弹性模量/GPa	泊松比	内摩擦角 / (°)	黏聚力/kPa
粉质黏土	21.4	0.12	0.35	28	68
泥岩	21.4	0.21	0.32	30.5	130
初期支护	25	27.85	0.2	—	—
临时仰拱	25	25.98	0.2	—	—
二次衬砌	25	31.50	0.2	—	—
锚杆	78	200	0.3		

2. 计算结果分析

初期支护竖向位移时程曲线如图 4.3-3 所示。

由图 4.3-3 可以分析得到：从演变规律来看，初期支护竖向位移主要发生在下台阶开挖支护之前，当上台阶开挖后，拱顶和拱脚处的竖向位移急剧增加，由于上台阶的开挖所造成的拱顶和拱脚沉降分别为 4.76 cm、2.17 cm，占到总沉降量的 53.01% 和 37.61%，说明上台阶的开挖是整个施工的关键；当初期支护封闭成环后，形成了一个良好的整体受力结构，有效地限制了围岩变形，各测点变形速率大幅减小，直至二次衬砌施作后收敛稳定。从最终的位移量来看，大小关系为：仰拱隆起＞拱顶沉降＞拱脚沉降，其数值分别为

16.98 cm、8.98 cm、5.77 cm。此外，值得注意的是，当掌子面距离监测断面 1.0B（B 为隧道跨度）时，围岩拱部就已经发生变形，且变形量较大，说明在隧道施工过程中发生了较大的掌子面挤出变形，这是由于膨胀性泥岩强度低、结构松散所造成的，建议在实际施工中进行掌子面的预加固，防止掌子面发生涌出或坍塌等工程事故。

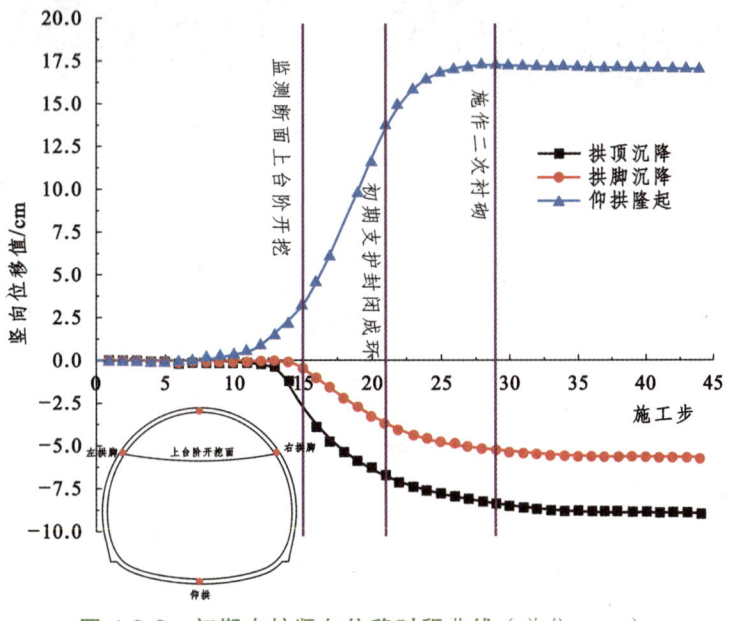

图 4.3-3　初期支护竖向位移时程曲线（单位：cm）

初期支护水平收敛时程曲线如图 4.3-4 所示，图中水平收敛值是左右两个测点的相对位移，即 $\Delta x = x_{左} - x_{右}$。

根据图 4.3-4 可以知道：初期支护边墙的水平收敛值要大于拱脚，其数值分别为 –2.69 cm、–1.03 cm，产生向洞外方向的收敛。从隧道初期支护水平收敛演变规律来看，与其竖向位移不同的是，中台阶的开挖对水平收敛值产生很大的影响，在临时仰拱拆除后，拱脚和边墙水平收敛迅速增大，在实际施工中应该采取锁脚措施，以减小临时仰拱的拆除带来的变形大幅增大，在下台阶开挖支护完成即初期支护封闭成环后，水平收敛逐渐缓慢增长，直至二次衬砌施作完成后稳定不变。

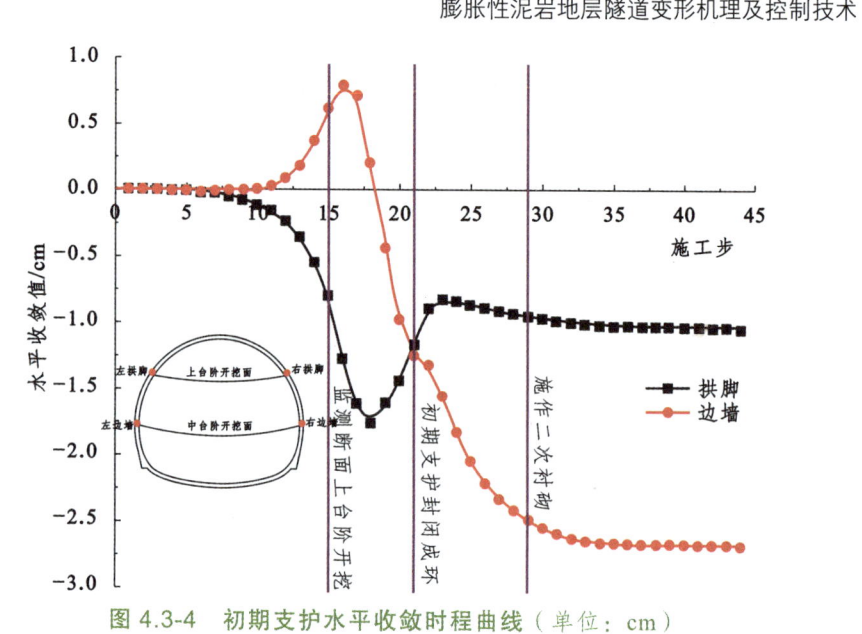

图 4.3-4　初期支护水平收敛时程曲线（单位：cm）

4.3.2　软弱膨胀泥岩隧道合理预留变形量选取

1. 预留变形量影响因素分析

在隧道进行初步预设计时，一个主要的设计内容就是隧道开挖外轮廓面，在已知隧道设计内轮廓面的基础上为了确定开挖外轮廓面，就要对围岩的变形即容许变形量进行全面考虑，随之即可确定隧道开挖轮廓断面尺寸，在开挖时通过设置预留变形量来满足围岩变形的需求。在这里需要指出的是，容许变形量值不一定等于预留变形量值，但都是一个范围值，预留变形量与最终变形量直接相关，其影响因素也是相同的。在确定容许变形量时需要考虑到对其产生影响的各种因素：

（1）岩石物理力学性质的影响。特别是蠕变变形特性的影响，围岩具有蠕变特性，如本研究隧道围岩以膨胀性泥岩为主，在开挖过程中，围岩在膨胀压力的作用下随时间发生持续变形，最终变形量比较大。

（2）原始地应力的影响。如果隧道穿越位置某处存在构造（如断层带之类），那么在该位置容易产生大变形。

（3）施工方法的影响。采用不同的施工方法所造成的围岩变形是不同的，如台阶法最终变形量要大于采用全断面一次开挖最终变形量。因此在选取施工方法时，要结合围岩的情况进行合理选择。

（4）施工过程中开挖速度的影响。施工速度越快，最终变形量越小，施工速度越慢，最终变形量越大。

（5）支护施作的影响。支护施作越早，变形量相对会减小，支护施作越晚，最终变形会越大，但是这里也存在一个支护时机选择的问题，即在软弱围岩隧道开挖时，可以让围岩产生一定的变形量后再进行衬砌的施作，减小对支护的压力。

（6）支护类型的影响。在实际施工过程中，进行超前支护比不采取超前支护最终变形量小约4倍，同时也可使围岩达到收敛的时间缩短。

（7）隧道埋深的影响。通常来说，相同围岩条件下，隧道埋置深度越深，最终位移量越大，反之则小。

（8）隧道断面的影响。隧道断面尺寸越大，最终变形量越大。

2. 预留变形量确定方法

（1）我国设计规范采用的允许相对位移值和预留变形量。

《铁路隧道设计规范》（TB 10003—2016）和《公路隧道设计细则》（JTG/T D70—2010）中对预留变形规定如下：设计隧道开挖轮廓断面时，不仅要考虑隧道净空和结构尺寸，还要满足初期支护以及预留变形量的要求。预留变形量大小可根据围岩级别、断面大小、埋置深度、施工方法和支护情况采用工程类比法预测。当无相似工程参考时可参考表4.3-2选用，并应根据现场监控量测结果进行调整。

表 4.3-2　预留变形量建议取值

规范标准	围岩级别							
	公路双车道（铁路单线）/mm				公路三车道（铁路双线）/mm			
	Ⅲ	Ⅳ	Ⅴ	Ⅵ	Ⅲ	Ⅳ	Ⅴ	Ⅵ
TB 10003—2016	10～30	30～50	50～80	设计确定	30～50	50～80	80～120	设计确定
JTG/T D70—2010	20～50	50～80	80～120	量测确定	50～80	80～120	120～150	量测确定

在《锚杆喷射混凝土支护技术规范》（GB 50086）中有关于隧道开挖支护后隧道径向变形的允许相对位移值（表4.3-3），并且规定隧道开挖支护后在隧

道断面任意一个位置进行监测，或用回归方程预测的最终变形量都应不大于表中所列数值的最大值。当出现经现场监测位移达到表中所列数值，而监测位置变形速率无收敛趋势的情形，或者出现支护发生开裂的情况，必须停止施工，并对此位置做加固处理，处理完毕后在接下来的施工过程中调整施工步骤、开挖方法、预留变形量大小和支护强度。

表 4.3-3　洞周允许相对位移　　　　　　　　单位：cm

围岩级别	覆盖层厚度		
	< 50	50 ~ 300	> 300
Ⅲ	0.10 ~ 0.30	0.20 ~ 0.50	0.40 ~ 1.20
Ⅳ	0.15 ~ 0.50	0.40 ~ 1.20	0.80 ~ 2.00
Ⅴ	0.20 ~ 0.80	0.60 ~ 1.60	1.00 ~ 3.00

（2）法国工业部针对地下工程预留变形量所做规定见表 4.3-4，以此作为隧道地下工程开挖过程中预留变形量取值的参考。

表 4.3-4　预留变形量建议值

覆盖层厚度/m	硬岩/cm	塑性地层/cm
10 ~ 50	1 ~ 2	2 ~ 5
50 ~ 100	2 ~ 6	10 ~ 20
> 500	6 ~ 12	20 ~ 40

（3）日本新宇佐美隧道对软弱膨胀性岩体容许变形量的规定如表 4.3-5 所示。

表 4.3-5　新宇佐美隧道容许变形量

地层条件	覆盖层厚度/m	容许变形量/cm
变质安山岩等	0 ~ 100	5
	100 ~ 200	5
	> 200	10
温泉余土	0 ~ 100	10
	100 ~ 200	15
	> 200	20

3. 雅万高铁 2 号隧道穿越泥岩段预留变形确定

雅万高铁 2 号隧道洞身 DK74+135 ~ DK75+002 段穿越膨胀性泥岩，全长 867 m，围岩等级为 V 级，设计为双线高速铁路隧道，开挖高度 12.76 m，跨度 15.10 m。按照上述预留变形量确定方法及前文针对依托工程进行的三维数值计算结果，得到各方法下预留变形量，如表 4.3-6 所示。

表 4.3-6　预留变形量取值

计算方法	预留变形量/cm
设计资料	15 ~ 20
《铁路隧道设计规范》	8 ~ 12
《锚杆喷射混凝土支护技术规范》	8
法国工业部	2 ~ 5
日本新宇佐美隧道	5
数值模拟	10

根据表 4.3-6 可以知道，基于各个方法所得到的雅万高铁 2 号隧道穿越泥岩段预留变形量相差较大，其中最大的是设计资料中所给出的预留变形量，为 15 ~ 20 cm，可以将其作为预留变形量选取的上限值；其次是依据《铁路隧道设计规范》和初期支护拱顶沉降位移数值计算结果确定的预留变形量，分别为 8 ~ 12 cm 和 10 cm。考虑到雅万高铁 2 号隧道处于热带雨林地区，隧道的施工及运营受到地下水的影响作用，使得膨胀性泥岩地层出现遇水膨胀及泥化现象，对隧道衬砌结构产生较大的不利影响，可以将预留变形量进行合理的加大，但需兼顾经济效益，不能一味地加大预留变形量。因此，根据上述方法，同时考虑经济效益，确定雅万高铁 2 号隧道穿越泥岩段预留变形量为 12 ~ 15 cm。

4.4　膨胀性泥岩隧道支护体系及参数优化研究

4.4.1　软弱膨胀泥岩隧道支护体系设计

基于上述软弱膨胀性泥岩隧道的变形机理，并结合膨胀性泥岩的工程特性，提出"超前大管棚+注浆小导管"的超前支护体系，采用三台阶临时仰拱的方法进行洞身开挖，并在施工中及时施作临时仰拱及锁脚锚杆。

1．超前支护

（1）超前大管棚。

雅万高铁 2 号隧道穿越膨胀性泥岩段采用超前长管棚加固，大管棚采用 $\Phi 108 \times 6$ mm 无缝钢管制成，环向按导向墙拱部 140° 范围布置，每环 47 根，大棚长 12 m，每 8 m 施作一环，环向间距 40 cm，超前长管棚外插角 1°～3°。

① 施工流程。

导向墙测量放线→开挖→导向墙支架及底模安装→导向墙模板测量复核→导向架及导向管安装、焊接→测量复核→导向墙侧模及顶模安装→导向墙混凝土浇筑→混凝土养护→大管棚钻孔→清孔→验孔→顶管→注浆→封孔。超前大管棚施工工艺流程如图 4.4-1 所示。

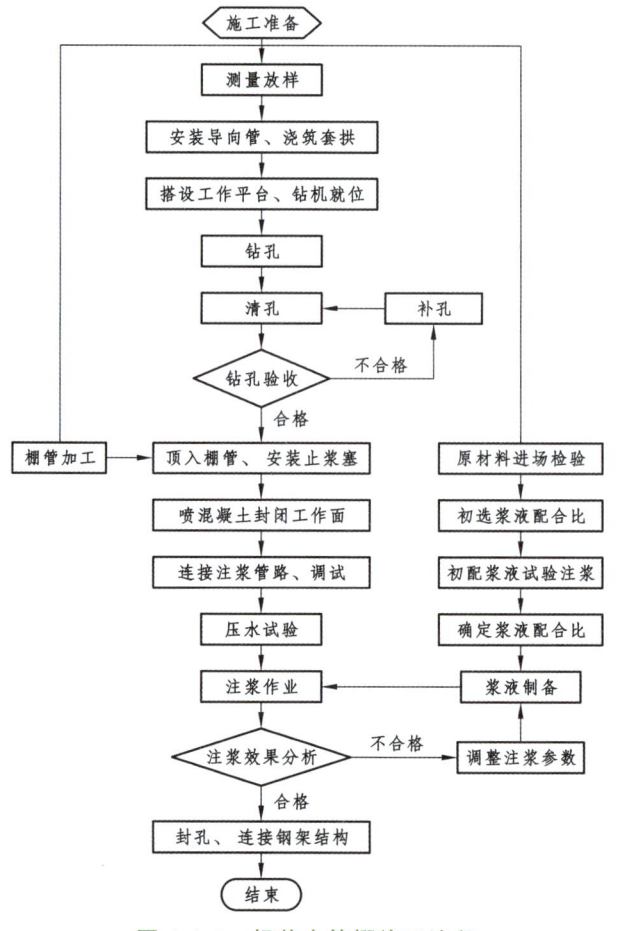

图 4.4-1　超前大管棚施工流程

② 大管棚制作加工。

正洞管棚（钢花管）采用直径 108 mm、壁厚 6 mm 的无缝钢管制成。管棚管壁上钻孔，孔径为 10 ~ 16 mm，孔间距 15 ~ 20 cm，呈梅花形布置，前端加工成锥形，尾部为 1.5 m 的不钻孔的止浆段，管棚节间用丝扣连接，管棚单双序孔的连接丝扣错开半个节长。大管棚加工示意图如图 4.4-2、图 4.4-3 所示。

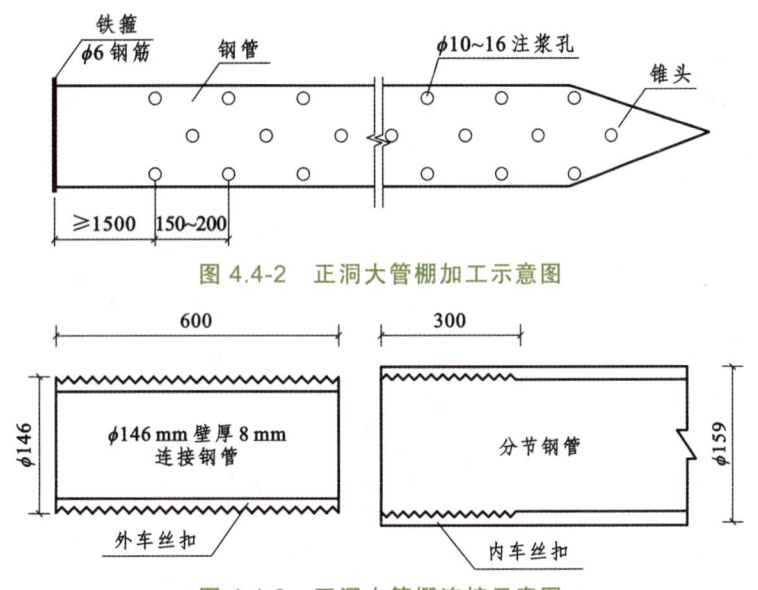

图 4.4-2　正洞大管棚加工示意图

图 4.4-3　正洞大管棚连接示意图

③ 大管棚施工。

● 钻孔。

待测量放样出孔位的准确位置后再进行钻孔。钻孔采用管棚钻机进行，钻机平台的高度根据钻机的可调控范围以及钻孔顺序进行确定。钻孔时先钻两侧孔位，后钻拱顶孔位。

钻孔时，应认真做好钻孔记录，除记录钻孔深度、外插角外，还应根据钻孔时排出的岩屑情况，判断前方的围岩状况，达到超前探测围岩的目的。

钻孔完毕之后用钻机进行反复扫孔，确保孔径、孔深达到设计要求，并用高压风从孔底向孔口进行吹孔，以清除孔内的钻渣及杂物，防止安装钢管时堵孔。

● 管棚安装。

钻孔完毕后应立即安装钢管，以免因长时间放置造成坍孔、缩孔而导致钢管无法顺利安装。管棚安装主要采用钻机顶进，并辅以人工安装。

管棚在安装前用高压风对孔内扫孔、清孔，清除孔内浮渣，确保孔径（孔径不得小于 108 cm）、孔深符合要求，防止堵孔。管棚可采用顶进安装，逐节接长，用于接长的管节接头可采用直径 114 mm、壁厚 6 mm 的热轧无缝钢管通过外车丝扣及内车丝扣进行连接。正洞管棚外车丝扣长度为 30 cm，内车丝扣长度为 60 cm；斜井管棚外车丝扣长度为 30 cm，内车丝扣长度为 60 cm。管棚安装完成后向管棚内安装钢筋笼，钢筋笼主筋为 4 根 $\Phi22$ 钢筋，焊接在 $\Phi42$ 的固定环上，固定环长度为 5 cm。

● 管棚注浆。

管棚及钢筋笼安装完成后进行注浆，浆液采用水泥浆，水泥浆水灰比为 1∶1。注浆时先对钢花管进行单液注浆，注浆压力取 0.5 ~ 1.5 MPa，根据岩层性质、地下水情况和注浆材料的不同而定。

注浆时先注单号孔（钢花管），待单号孔注浆完成后再钻双号孔并安设钢管，以检查钢花管的注浆质量。

注浆的顺序原则上由低向高依次进行，有水时从无水孔向有水孔进行，一般采用逐孔注浆。

以单孔设计注浆量和注浆压力作为注浆结束标准，其中应以单孔注浆量控制为主，注浆压力控制为辅；注浆时要注意对地表以及四周进行观察，如压力一直不上升，应采取间隙注浆方法，以控制注浆范围。

注浆时，应对注浆管进行编号（注浆编号应和埋设导向管的编号一致），对每个注浆孔的注浆量、注浆时间、注浆压力作出记录，以保证注浆质量。注浆记录包括：注浆孔号、注浆机型号、注浆日期、注浆起止时间、压力、水泥品种和标号、浆液容重和注浆量。

注浆的质量直接影响管棚的支护刚度，因此必须做到压浆饱满、密实。注浆孔封堵方式：采用钢板在钢管口焊接封堵，预留注浆管及排气管，注浆管必须安装阀门，堵头必须封闭严实。

（2）超前小导管。

隧道超前小导管支护采用外径 42 mm、厚 3.5 mm 的热轧无缝钢管与钢架联合使用，小导管环向间距 33 cm，外插角为 10° ~ 15°，搭接长度不小于 1 m。

① 施工工艺与程序。

超前小导管每一循环为一个完整的作业流程，主要包括小导管制作、小导管钻孔、安装、压浆。施工工艺流程如图 4.4-4 所示。

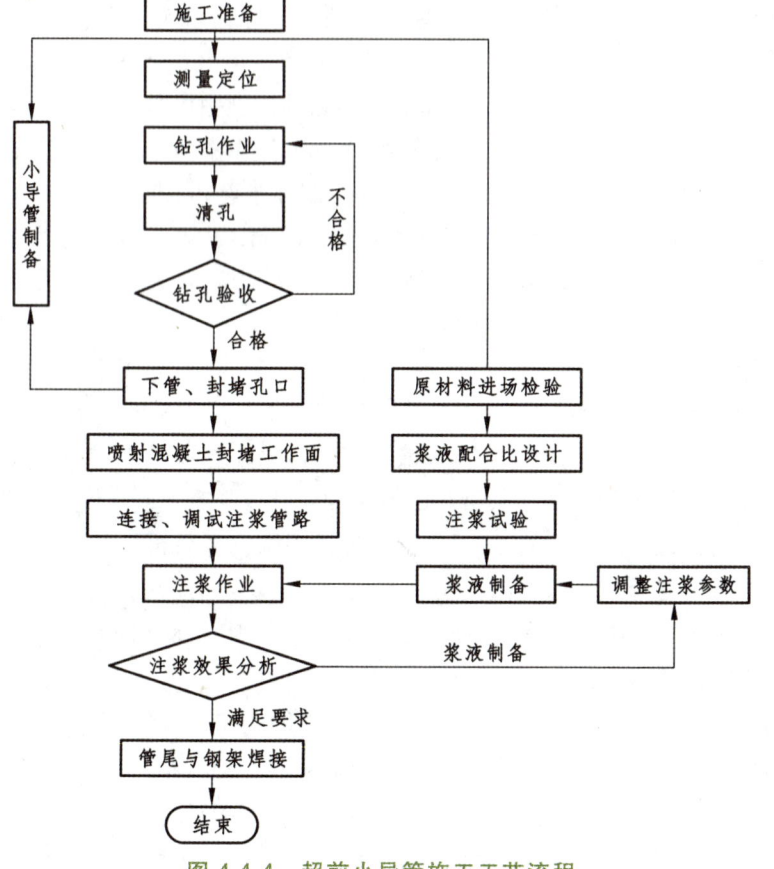

图 4.4-4　超前小导管施工工艺流程

② 施工方法。

● 测量放线。

现场测量人员按照设计尺寸在掌子面绘出开挖轮廓线，在开挖轮廓线上按设计间距定出小导管中心位置，并用红色喷漆喷示点位。

● 钻孔。

小导管钻孔采用手持式凿岩机凿孔。钻孔时采用普通钻杆，钻头采用 Φ50 钎头，以满足成孔后孔径大于钢管直径 3～5 mm 的要求。钻孔时严格按照测量定出的孔位进行钻孔，施钻过程中及时观察钻杆方向及外插角度，当发现方向及外插角偏差较大时应予以调整，以保证钻孔按设计要求完成。

● 小导管制作及安装。

小导管在构件加工场制作，导管上钻注浆孔，孔径 6 mm，孔间距 20～30 cm，前端加工成锥形，尾部 1 m 为不钻孔的止浆段，尾部设加劲箍。小导管的加工在钢筋加工场完成，其构造如图 4.4-5 所示。

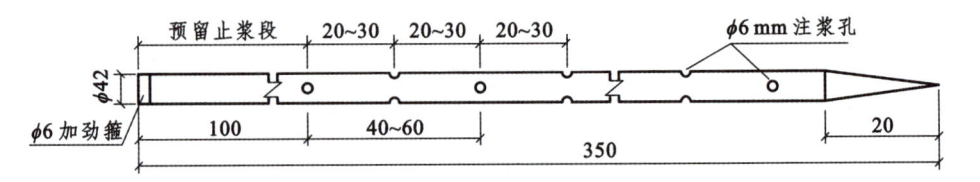

图 4.4-5　超前小导管构造示意图

小导管由锤击打入或钻机顶入，要求顶入长度不小于设计长度的 90%。小导管安装完成后及时用高压风将钢管内的砂石吹干净，并用塑胶泥封堵孔口及周围裂隙，必要时在小导管附近及工作面喷射混凝土，以防止工作面坍塌。小导管安装完成后及时报质检工程师和监理工程师检查签认。

• 压浆。

先冲洗管内沉积物，按由下至上的顺序进行。注浆压力一般为 0.5～1 MPa，浆液采用 1∶1 的水泥浆，注浆参数为参考值，具体参数可根据现场工艺性试验及现场情况确定。注浆量和注浆压力达到设计注浆量时，结束注浆。注浆由两侧对称向中间进行，自下而上逐孔注浆，如有窜浆或跑浆时，采用间隔注浆，最后全部完成注浆。

水泥浆液采用专用的浆液拌制机在现场拌制，拌制时用磅秤对水泥及用水量进行称量控制。当一盘浆液拌制好后即可将其引流至事先准备好的盛浆容器内，而浆液拌制机可继续拌制浆液，以满足注浆连续性的需要。注浆采用双浆液注浆机，注浆时必须连续进行。

当出现串孔和漏浆现象时，采用分浆器多孔注浆或堵塞隔孔注浆。为加快注浆速度和发挥设备效率，可采用群管注浆（每次 3～5 根）。注浆时遵循从下到上、从无水至有水的原则进行。

在注浆时，为防止管路堵塞，结束注浆后，应尽快卸开孔口接头，用清水泵冲洗管路，以免造成管路中的剩余浆液凝结、堵塞管路。

注浆作业完毕后，所有的机具设备，特别是搅拌机、注浆管、接头、阀门、储浆桶等，都要认真清洗干净，收好后撤出洞外，并定期进行检查、保养，保证其处于良好状态，以备下循环注浆使用。

注浆结束的条件：（a）单孔结束的条件：注浆压力达到设计终压并持续一段时间；浆液注入量达到计算值。（b）循环结束的条件：所有注浆孔均符合单孔结束的条件，无漏注情况。

③ 超前小导管控制要求。

• 无缝钢管进场后应对原材进行检验，对不合格产品应坚决清理出场。

• 小导管安装前对其加工质量进行检查核实，小导管的长度、注浆孔等的加工应符合设计要求，并应进行检验，对不符合设计及规范要求的小导管应清理出场并重新加工合格产品。

• 小导管要求全部在钢筋加工厂集中预制，并应符合设计和规范要求。

• 小导管沿隧道拱部在钢拱架上部（不得从钢架上穿孔）均匀布置，同钢架配合使用时，尾端应与钢架焊接。相邻两环小导管之间的搭接长度不得小于 1 m。

• 小导管插入孔内的长度不得小于设计长度的 90%，在开挖过程中应检查浆液渗透及固结状况，并根据压力-流量曲线分析判断注浆效果，及时调整预注浆方案。

• 注浆孔数量、间距、角度、孔深应符合设计要求。注浆无冒浆、隆起现象。

• 小导管外露长度一般为 30 cm，以便连接孔口阀和管路。

• 小导管的安设应采用引孔顶入法，钻孔方向应顺直，采用吹管法清孔。

• 注浆浆液的配合比应符合设计要求。

2．支护参数

（1）临时仰拱。

临时仰拱采用 I18 工字钢，喷射混凝土厚 20 cm。

（2）型钢钢架。

型钢钢架采用 I25a 工字钢，全环设置，间距 0.6 m，钢架采用 I18 工字钢连接，纵向连接筋设置于钢架内侧，环向间距 1 m。

（3）钢筋网片。

网片采用 Φ8 钢筋，网格间距 20 cm×20 cm，搭接长度为 1～2 个网格，采用焊接连接。

（4）锁脚锚管。

锁脚锚管采用 $\Phi42$ 小导管，长度 4 m，上台阶每处拱脚设置 4 根，中下台阶拱脚设置 2 根，角度斜向下 30°，每榀钢架共 16 根。

锁脚与拱架用 L 形钢筋满焊连接。

（5）喷射混凝土。

喷射混凝土采用 C25 湿喷混凝土，厚度 35 cm。

（6）系统锚杆。

系统锚杆采用 $\Phi25$ 砂浆锚杆，长度 4 m，设置在拱墙部位，环向间距 1.2 m，纵向间距 1.0 m。

4.4.2　隧道支护参数优化研究

在软弱膨胀性泥岩隧道的支护体系中，超前支护是其重要的一个组成部分，在控制围岩变形上起到极大的积极作用。一方面，可以通过超前小导管注浆加强围压的整体性，对其力学特性有一定的提升，以此加强围岩的自承能力，同时注浆起到堵水的作用，有效地避免洞周围岩在地下水的作用下出现泥化、崩解及膨胀等不利现象；另一方面，超前大管棚在隧道开挖施工中起到独特的"拱梁"作用，能够承担部分围岩压力，减小围岩变形。

本节采用数值模拟的方法，利用岩土有限差分软件 FLAC3D 进行三维计算，针对超前大管棚支护效果及超前小导管注浆范围优化进行研究，重点关注围岩沉降收敛变形（拱顶沉降、拱脚水平收敛及边墙水平收敛），研究结果可指导实际施工，具有一定的工程应用价值。

1. 计算模型及参数

根据雅万高铁 2 号隧道 DK74+320 的断面及埋深情况，本次三维数值计算模型的尺寸为：$0 \text{ m} \leqslant X \leqslant 130 \text{ m}$，$0 \text{ m} \leqslant Y \leqslant 60 \text{ m}$，$0 \text{ m} \leqslant Z \leqslant 110 \text{ m}$，隧道埋深 40 m；模型共计单元数（element）175314，节点数（node）167640，单元为八节点六面体单元；边界条件为位移约束，模型左右两侧施加 X 方向约束，前后边界施加 Y 方向约束，底面施加 Z 方向约束，上边界为自由边界，初始应力场仅考虑自重应力，计算模型如图 4.4-6 所示。

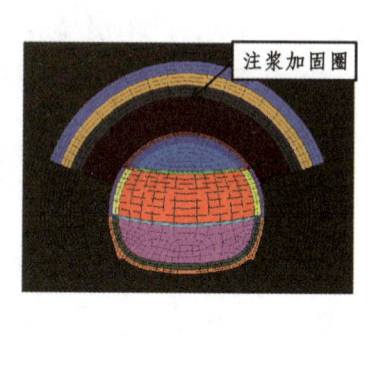

图 4.4-6　数值计算模型

数值模拟中，围岩及注浆加固圈采用弹塑性实体单元进行模拟，采用摩尔-库仑屈服准则，隧道初期支护和二次衬砌采用弹性实体单元模拟，围岩及支护结构物理力学参数见表 4.4-1；超前大管棚采用 beam（梁）单元模拟，锚杆及锁脚管棚采用 Cable（锚索）单元模拟，其物理力学参数见表 4.4-2 和表 4.4-3。

表 4.4-1　围岩及支护结构物理力学参数

材料	参数				
	容重 /（kN/m³）	弹性模量 /GPa	泊松比	内摩擦角 /（°）	黏聚力/kPa
泥岩	17.8	0.21	0.32	30.5	130
粉质黏土	19.4	0.12	0.35	28	68
注浆加固圈	20.40	0.35	0.32	33.5	210
初期支护	25	27.85	0.2	—	—
临时仰拱	25	25.98	0.2	—	—
二次衬砌	25	32.5	0.2	—	—

表 4.4-2　梁单元参数

材料	弹性模量 E/GPa	横截面面积/m²	泊松比	关于 x 轴二次矩/m⁴	关于 y 轴二次矩/m⁴	极惯性矩/m⁴
超前管棚	93.26	9.16×10^{-3}	0.2	6.68×10^{-6}	6.68×10^{-6}	1.336×10^{-5}

表 4.4-3　锚杆单元参数

材料	弹性模量 E/GPa	横截面面积/m²	单位长度上水泥浆黏结力/（N/m）	单位长度上水泥浆刚度/（N/m²）	水泥浆外圈周长/m
系统锚杆	210	4.91×10^{-4}	2.0×10^{5}	2.0×10^{7}	0.078
锁脚锚管	75.7	1.38×10^{-3}	2.0×10^{5}	2.0×10^{7}	0.132

2. 注浆加固圈厚度优化研究

在进行注浆加固圈厚度的优化研究时，根据现场实际施工情况，设定注浆加固范围为拱部 140°范围内，如图 4.4-7 所示。对注浆加固厚度进行优化，根据厚度 H 的不同共设置 4 个工况，分别为注浆加固圈厚度 3 m、4 m、5 m、6 m，其余开挖及支护参数相同。

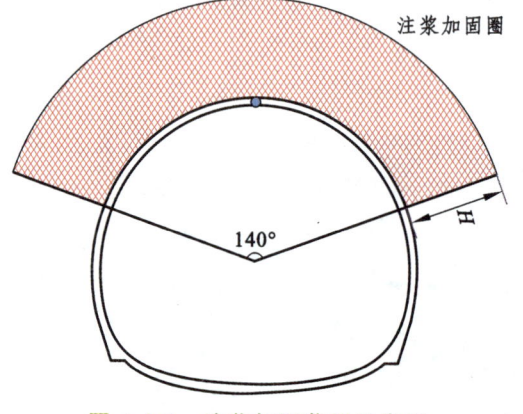

图 4.4-7　注浆加固范围示意图

不同注浆加固圈厚度下监测断面（$Y=30$）围岩变形云图如图 4.4-8、图 4.4-9 所示。

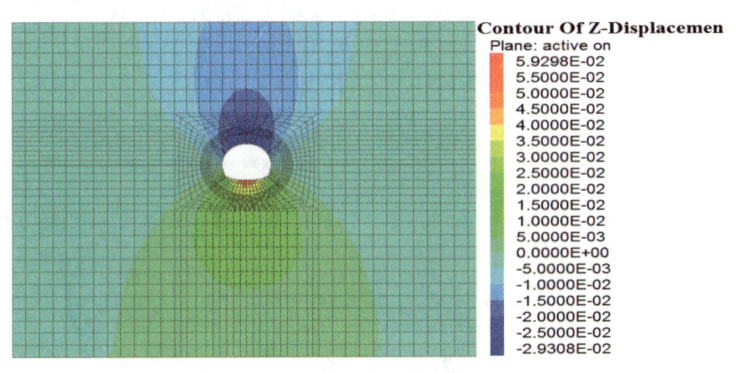

（a）注浆加固圈厚度 3 m

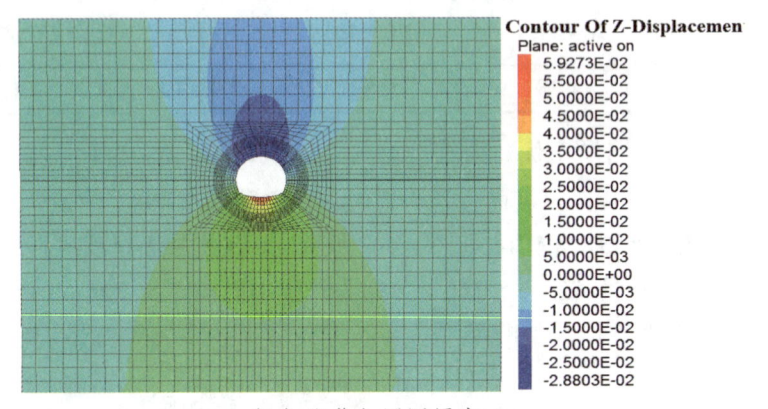

（b）注浆加固圈厚度 4 m

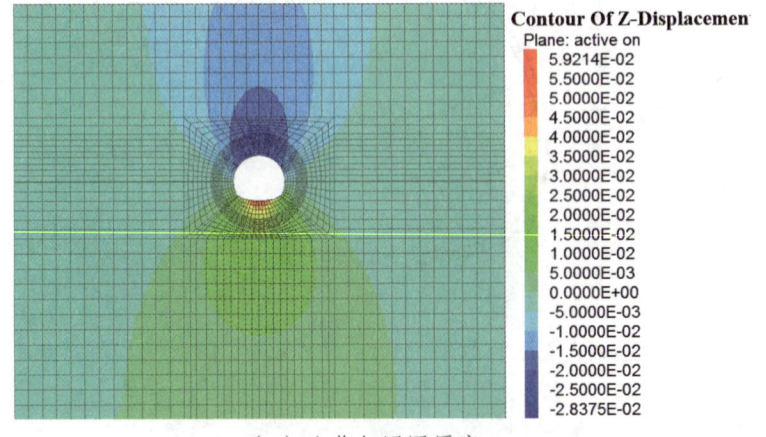

（c）注浆加固圈厚度 5 m

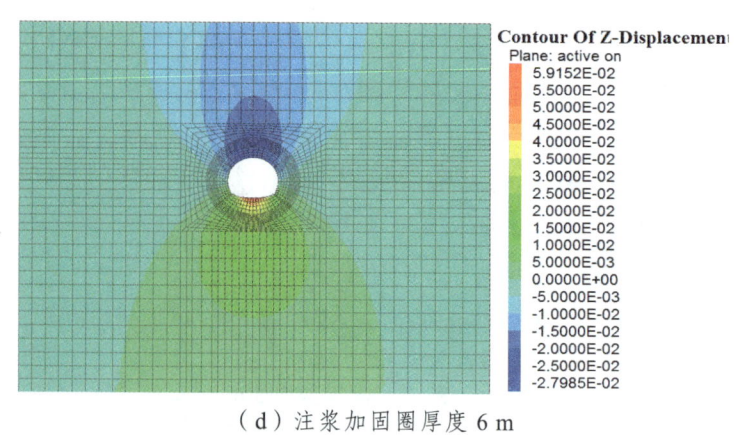

（d）注浆加固圈厚度 6 m

图 4.4-8 不同注浆加固圈厚度围岩竖向位移云图（单位：m）

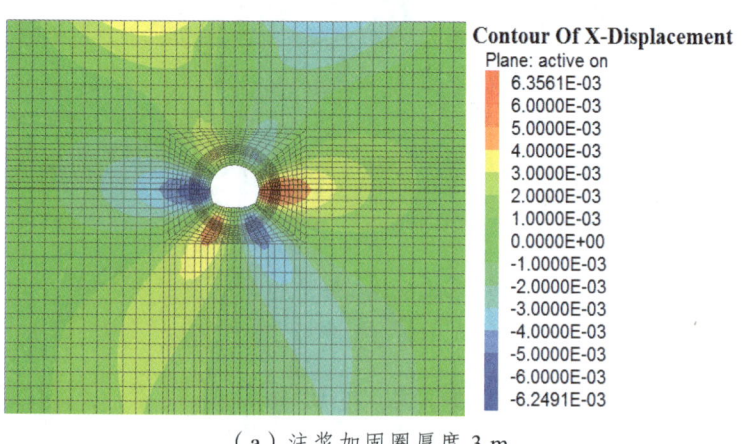

（a）注浆加固圈厚度 3 m

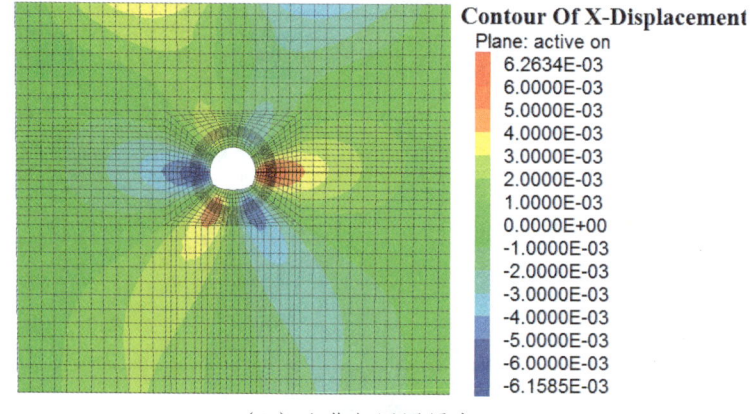

（b）注浆加固圈厚度 4 m

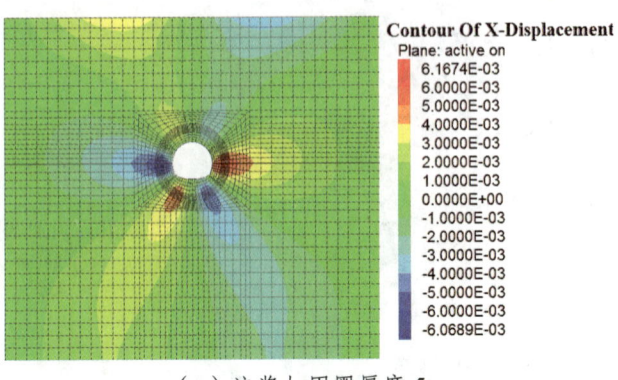

（c）注浆加固圈厚度 5 m

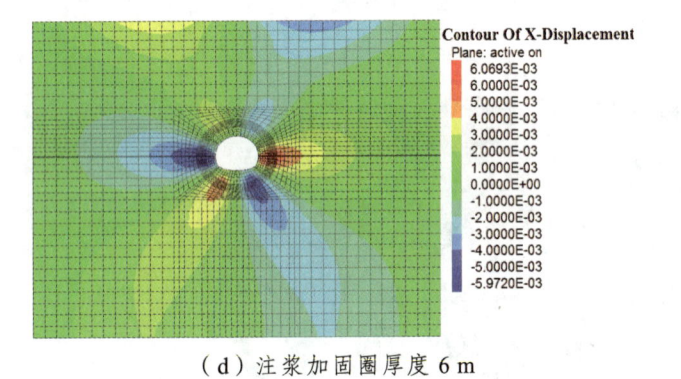

（d）注浆加固圈厚度 6 m

图 4.4-9　不同注浆加固圈厚度围岩水平位移云图（单位：m）

各工况下围岩沉降收敛变形如图 4.4-10 所示。

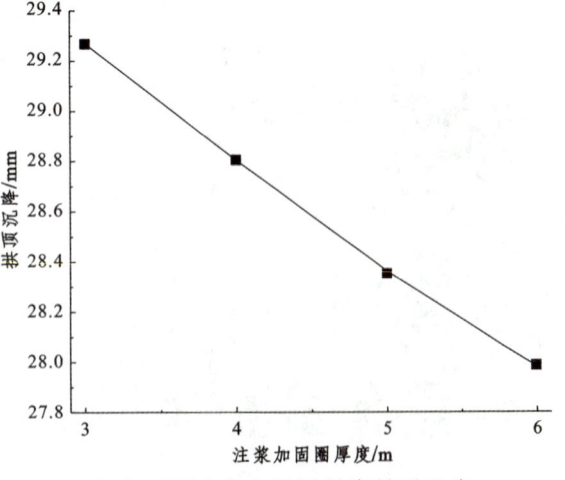

（a）不同注浆加固圈厚度拱顶沉降

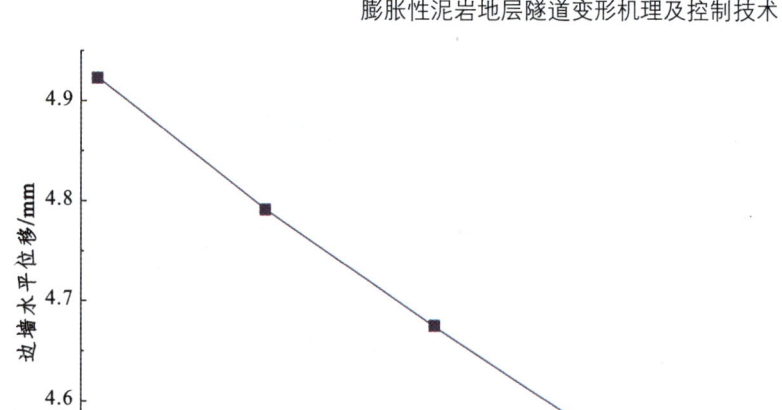

（b）不同注浆加固圈厚度边墙水平位移

图 4.4-10　不同工况下围岩沉降收敛值（单位：mm）

由图 4.4-8 ~ 图 4.4-10 可知，注浆加固圈的厚度对围岩变形产生一定的影响。总体来看，随着注浆加固圈厚度的增加，围岩沉降收敛变形在数值上呈现出线性减小趋势。当注浆加固圈厚度为 3 m 时，其拱顶沉降和边墙水平位移分别为 29.27 mm、4.92 mm；当注浆加固圈厚度达到 6 m 时，拱顶沉降和边墙水平位移分别为 27.98 mm 和 4.56 mm，相较于 3 m 的减小幅度分别为 4.41% 和 7.32%。由此可见，增加注浆加固圈的厚度对围岩变形有一定的控制作用，但其控制效果有限。

在实际施工中，一方面要保证施工安全，另一方面要考虑工程经济效益。在注浆加固圈厚度的选择中，增加其厚度可以在一定程度上控制围岩变形，但其建设成本也会随之上升。因此，在综合考虑注浆加固圈厚度对围岩变形的控制效果及工程建设成本的基础上，选择注浆加固圈厚度为 3 m。

3. 超前大管棚作用效果分析

超前大管棚在隧道支护中有明显的拱梁效应，因此管棚支护采用梁单元进行模拟，梁的刚度采用抗弯刚度等效原则将钢管与水泥浆抗弯刚度进行等效换算，管棚长度设置为 12 m，搭接长度为 4 m，数值计算模型中管棚布置示意图如图 4.4-11 所示。

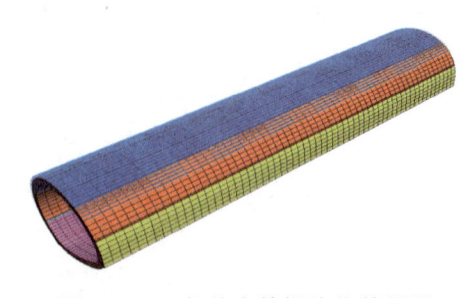

图 4.4-11　超前大管棚施作效果图

（1）掌子面挤出变形。

有无超前大管棚的掌子面挤出变形云图如图 4.4-12 所示。

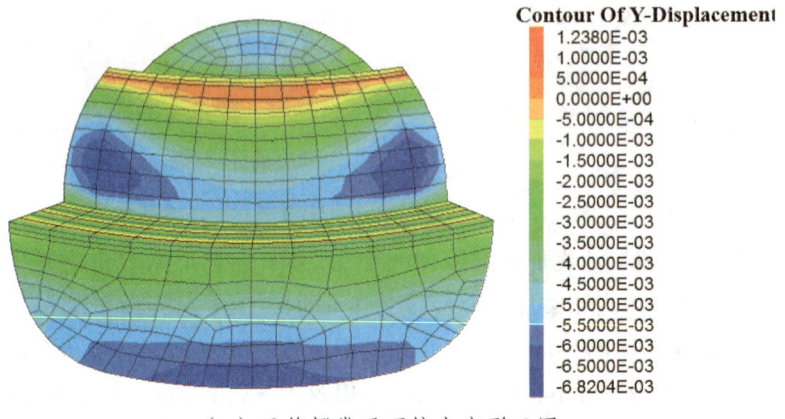

（a）无管棚掌子面挤出变形云图

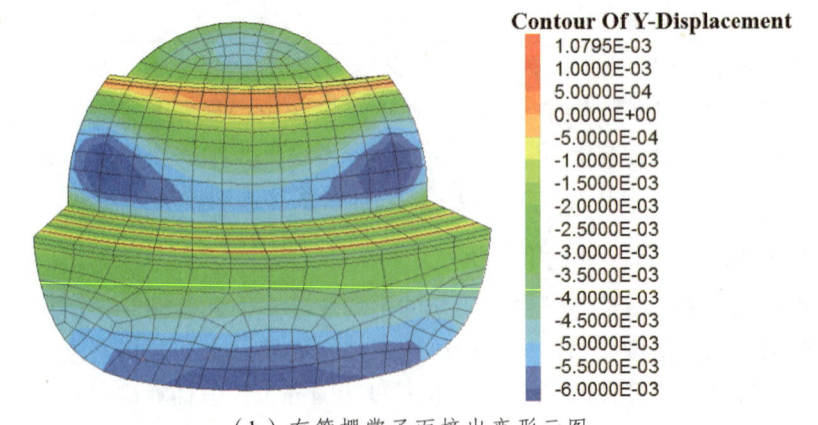

（b）有管棚掌子面挤出变形云图

图 4.4-12　掌子面挤出变形云图（单位：m）

由上图可知,掌子面挤出变形最大值出现在中台阶的两侧,上台阶的挤出变形相比之下较小。施作超前大管棚工况下掌子面挤出变形最大值为 6.00 mm,未施作超前大管棚工况下掌子面挤出变形最大值为 6.82 mm。施作管棚与未施作管棚相比掌子面挤出变形减小 12.02%,可见管棚对于减小掌子面挤出变形效果显著。

(2)超前大管棚力学效应分析。

超前大管棚位移及弯矩云图如图 4.4-13、图 4.4-14 所示。

图 4.4-13　超前大管棚竖向位移云图（单位：m）

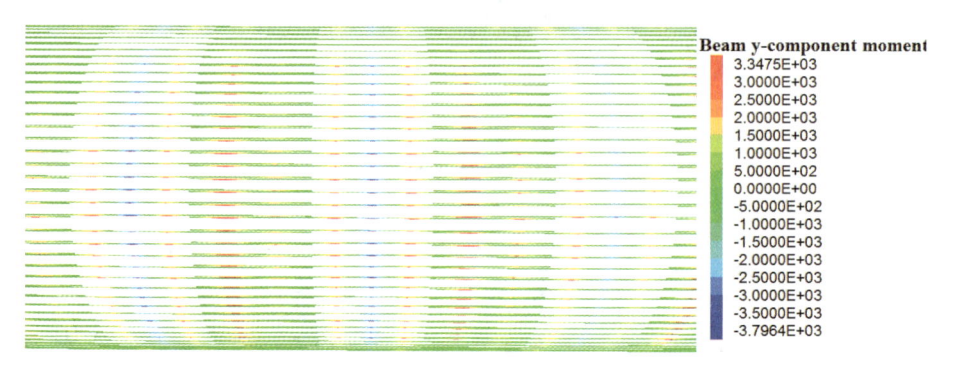

图 4.4-14　超前大管棚竖弯矩云图（单位：N·m）

由超前大管棚竖向位移及弯矩云图可知,随着隧道掌子面向前掘进,管棚竖向位移及弯矩均呈现出中间大、两边小的规律,说明在隧道的开挖过程中,管棚有效地承担了岩体开挖形成临空面后未支护段围岩的荷载,有效发挥了其拱梁作用,对于控制围岩应力的释放起到了一定的积极作用。

4.4.3　变形控制效果数值模拟研究

本节采用数值模拟方法分析膨胀性泥岩隧道变形控制措施对雅万高铁 2 号隧道变形的控制效果。变形控制措施数值计算模型见图 4.4-15。

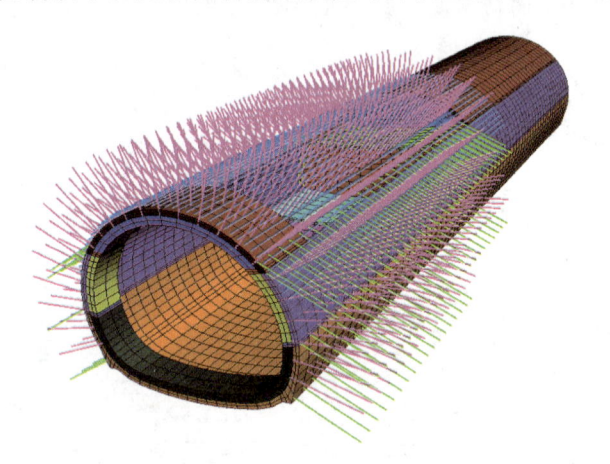

图 4.4-15　采用控制措施数值计算模型

1. 围岩变形对比分析

采用控制措施及原设计的隧道围岩变形时程曲线对比分析如图 4.4-16 所示。

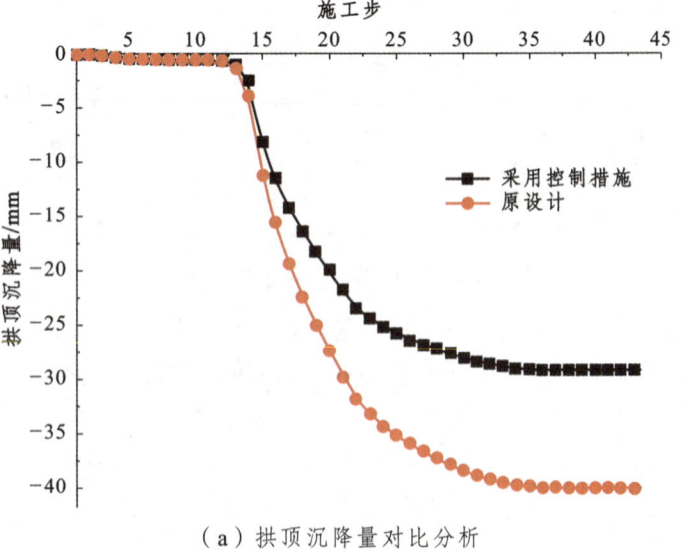

（a）拱顶沉降量对比分析

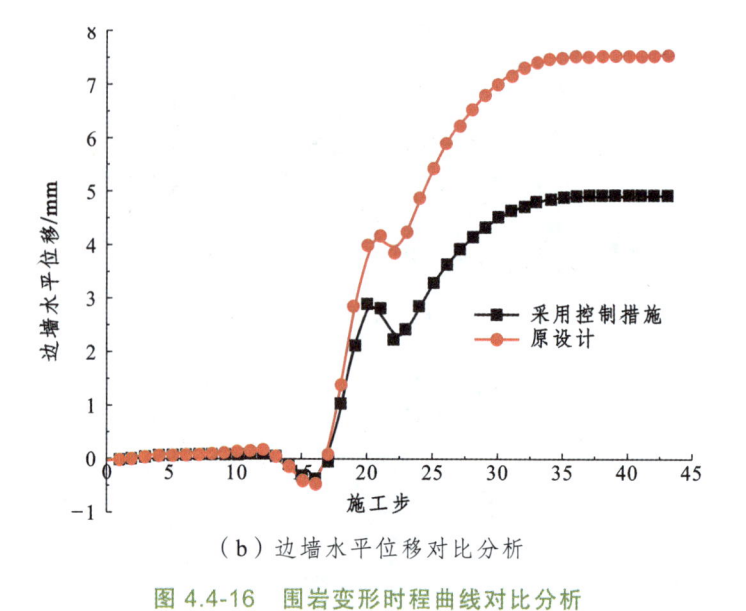

（b）边墙水平位移对比分析

图 4.4-16 围岩变形时程曲线对比分析

　　根据采用控制措施前后围岩变形时程曲线对比分析图可知,采用"超前大管棚+径向注浆+锁脚锚管"的综合变形控制措施后,拱顶沉降量为 29.27 mm,相较于原施工工法减小了 26.97%,边墙水平位移为 4.92 mm,相较于原施工工法减小了 35.01%,可见对于围岩变形的控制效果是显著的。

2. 掌子面挤出变形对比分析

　　采用控制措施及原设计的隧道掌子面挤出变形云图如图 4.4-17 所示。通过分析可知,原施工工法下的掌子面挤出变形最大值为 11.54 mm,而采用变形控制措施后,其掌子面挤出变形最大值仅为 6.00 mm,降幅达到 48.01%,可见变形控制措施的实施对于隧道掌子面-核心土挤出变形的控制效果是极为明显的,极大地减小了掌子面挤出变形,有效地提高了膨胀性泥岩隧道围岩的稳定性,限制了围岩变形的发展趋势,这对于保障施工安全、提高经济效益具有积极深远的影响。

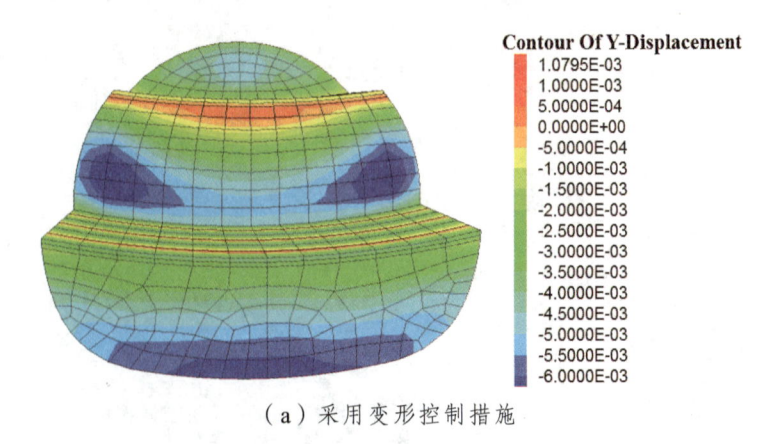

（a）采用变形控制措施

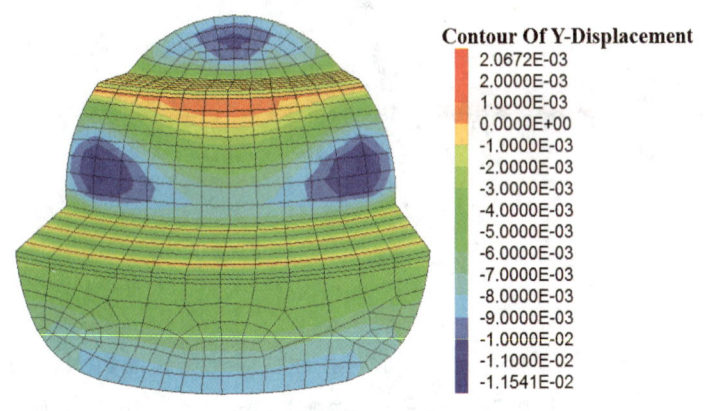

（b）原施工工法

图 4.4-17　掌子面挤出变形对比分析云图（单位：mm）

4.5　膨胀性泥岩隧道基底变形控制技术研究

4.5.1　软弱基底加固处理措施研究

1. 高压旋喷桩加固隧道基底施工技术

（1）施工参数确定。

①压力参数的选定。

喷射流的破坏力与速度的平方成正比。一般情况下采用加大泵压力来增加其流量及速度，进而增大喷射力。压力的提高，必然加快各种设备的磨损，并且能量消耗也很大。根据技术要求，一般泵压采用 20 MPa 左右。

② 旋转、提升速度的选定。

旋转、提升的速度与喷射流的半径有关，喷射流的有效半径又与喷嘴的几何尺寸和喷射角度有关。工程施工时应根据实际工程地质情况合理选用不同的转速和提升速度。本次施工中，钻杆提升速度为 25 cm/min，钻头转速为 22 r/min。

③ 喷嘴直径和喷射直径的估计。

喷嘴的直径大小直接影响喷射流流量，从而影响喷射流切削土体的效果。一般单管注浆中喷嘴直径选用 2.0 ~ 3.2 mm。在工程中，所用喷嘴直径是 2.2 mm，喷嘴个数是 1 个。在无试验资料的情况下，对于小型的或不太重要的工程，可根据经验选用，而对于大型或重要的工程应通过现场喷射试验确定。在雅万高铁 2 号隧道基底加固中，旋喷桩的设计直径为 0.6 m。

④ 桩长的取值。

设计时桩长应比基底标高再高出 800 ~ 1000 mm，待开挖时，再将上部桩头凿去。

（2）布孔形式和桩间距。

桩间距应根据工程需要经计算确定，一般情况下可取桩身直径的 2 ~ 3 倍。布孔形式可采用正方形、矩形或三角形，也可根据具体情况采用其他布孔方式。雅万高铁 2 号隧道穿越泥岩段旋桩如图 4.5-1 和图 4.5-2 所示，桩径为 60 cm，以梅花形纵横向桩心距 120 cm 布桩。

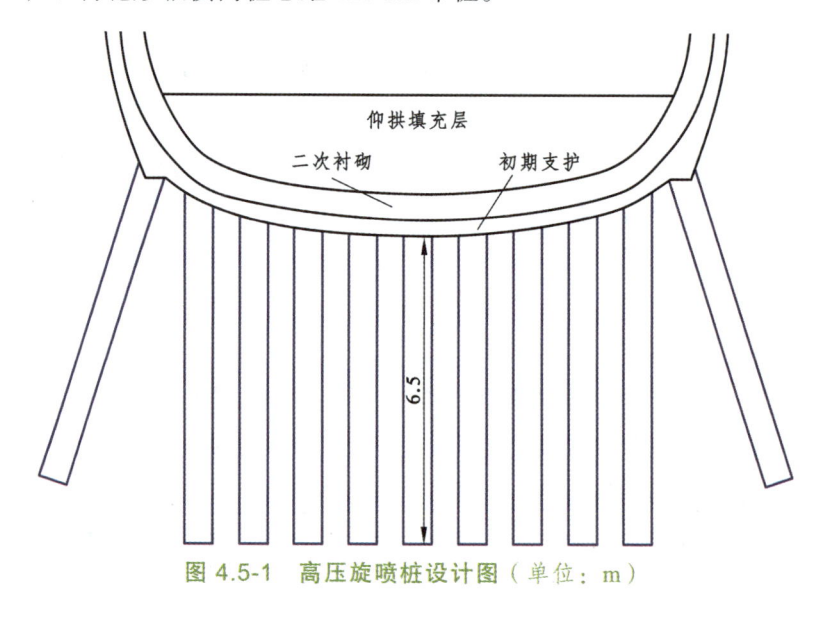

图 4.5-1 高压旋喷桩设计图（单位：m）

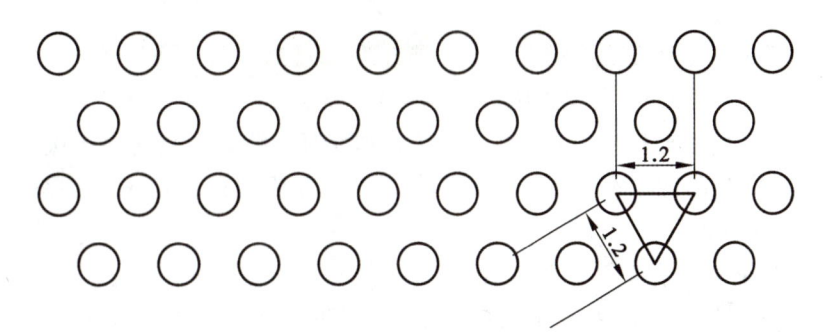

图 4.5-2　高压旋喷桩布孔设计图（单位：m）

（3）施工工艺。

① 注浆材料与配比。

旋喷浆液的主要材料是水泥，价格便宜，材源容易保证，是旋喷浆液最常用的材料。本工程采用普通硅酸盐强度等级为 32.5 级的水泥，无任何外加剂。水泥浆液的水灰比越小，旋喷后的固结体强度越高。但是在生产中因注浆设备的原因，水灰比太小时，喷射有困难，因此水灰比通常取 0.8～1.5，本次施工中选用的水灰比是 1.0。

② 施工机具及设备。

高压旋喷桩施工的主要机具有高压泥浆泵、钻机、泥浆搅拌机、旋喷管、高压胶管等，这些都是国产的中小型机具设备。

③ 施工程序。

高压喷射注浆包括钻机就位、钻孔、插管、喷射、拔管和冲洗、移动机具等基本工序。

· 钻机就位：钻机安装在设计的孔位上并应保持垂直，施工时旋喷管的允许倾斜不得大于 1.5%。

· 钻孔：单管常使用 76 型旋转振动钻机，钻进深度可达到 30 m 以上，适用于标准贯入度小于 40 m 的砂土和黏性土层。当遇到比较坚硬的土层时，宜使用地质钻机钻孔。

· 插管：在钻孔时，如果利用 76 型钻孔机工作，钻孔与插管是合二为一的工序，即钻孔完成时插管作业也同时完成。如使用地质钻机钻孔完毕，必须拔出岩芯管，并换上旋喷管插入到预定深度。

· 喷射：当喷管插入土中预定深度后，即喷嘴贯入设计标高时即可由上而下进行喷射作业。当注浆管不能一次提升完成而需要分几次卸管时，为保证固结体的整体性，卸管后喷射的搭接长度一般小于 100 mm。

- 拔管和冲洗：喷射施工完毕后，应把注浆管等机具设备冲洗干净，管内壁上及机器内不要残存水泥。

- 移动机具：将钻机等设备移到新的孔位上。

④ 注浆工艺。

- 喷射程序：各种高压喷射注浆均应自下而上连续进行。当注浆管不能一次提升完成，需分成数次卸管时，卸管后再喷射注浆的搭接长度不应小于 100 mm，以保证固结体的整体性。

- 深层长桩喷射工艺：对硬土、深部土层和土粒大的卵砾石要多喷些时间，适当放慢提升速度和旋转速度或提高喷射压力和流量。

- 复喷工艺：在不改变喷射技术参数的条件下，对同一土层做重复喷射（喷到顶再往下冲喷该部位），能增加土体破坏有效长度，从而加大固结体的直径或长度并提高固化强度。重喷时可先喷水最后一次喷浆或全部喷浆。复喷的次数越多固结体增径加长的效果越好。

4.5.2 高压旋喷桩加固效果数值模拟

1. 数值计算模型及参数

本次三维数值计算采用有限差分软件,计算模型以隧道轴线方向为 Y 轴，水平方向为 X 轴,竖直方向为 Z 轴。根据圣维南原理，为了减小边界效应对隧道施工的影响，隧道与模型边界间的距离为开挖洞径的 4 倍。根据雅万高铁 2 号隧道 DK74+320 的断面及埋深情况,本次三维数值计算模型的尺寸为：$0\ \mathrm{m} \leqslant X \leqslant 130\ \mathrm{m}$，$0\ \mathrm{m} \leqslant Y \leqslant 60\ \mathrm{m}$，纵向 1.0 m，隧道埋深 40 m；单元为八节点六面体单元；边界条件为位移约束，模型左右两侧施加 X 方向约束，前后边界施加 Y 方向约束，底面施加 Z 方向约束，上边界为自由边界，初始应力场仅考虑自重应力，计算模型如图 4.5-3 所示。在隧道仰拱初期支护施作完成后，对整个初期支护结构施加 300 kPa 的膨胀压力来模拟膨胀性泥岩遇水膨胀的作用。

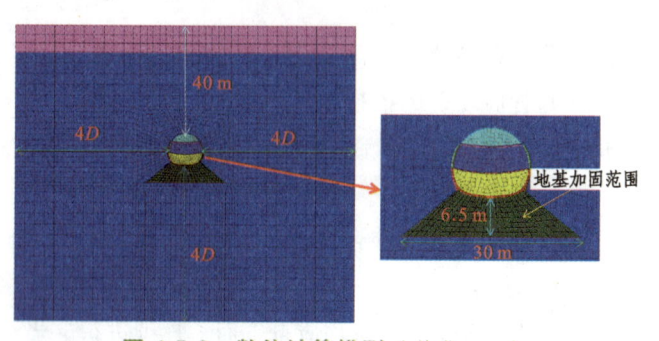

图 4.5-3　数值计算模型（单位：m）

数值模拟中围岩采用弹塑性实体单元模拟，采用摩尔-库仑屈服准则，隧道初期支护和二次衬砌采用弹性实体单元模拟，锚杆采用 Cable（锚索）单元模拟，高压旋喷桩对地基的加固作用通过提高该范围内土体力学参数来模拟。钢架的物理力学参数按等效刚度原则折算到喷射混凝土中，加固范围内土体模量按复合模量选取，计算公式如下：

$$E_{sp} = mE_p + (1-m)E_s$$

$$m = \frac{d^2}{d_e^2}$$

式中：E_{sp}——复合地基压缩模量；

m——面积置换率；

d——桩身平均直径；

d_e——1 根桩分担的处理地基面积的等效圆直径；

E_p——旋喷桩桩体压缩模量；

E_s——桩间土的压缩模量。

围岩及支护结构物理力学参数如表 4.5-1 所示。

表 4.5-1　围岩及支护结构物理力学参数

材料	参数				
	容重/（kN/m³）	弹性模量/GPa	泊松比	内摩擦角/（°）	黏聚力/kPa
泥岩	19.4	0.21	0.32	30.5	130
粉质黏土	17.8	0.12	0.35	28	68
地基加固圈	21.0	0.44	0.25	42	650
初期支护	25.0	27.85	0.20	—	—
临时仰拱	25.0	25.98	0.20	—	—
系统锚杆	78.0	200	0.30	—	—

2. 计算结果分析

（1）围岩变形对比分析。

采用高压旋喷桩和无地基加固措施的围岩变形云图如图 4.5-4、图 4.5-5 所示。

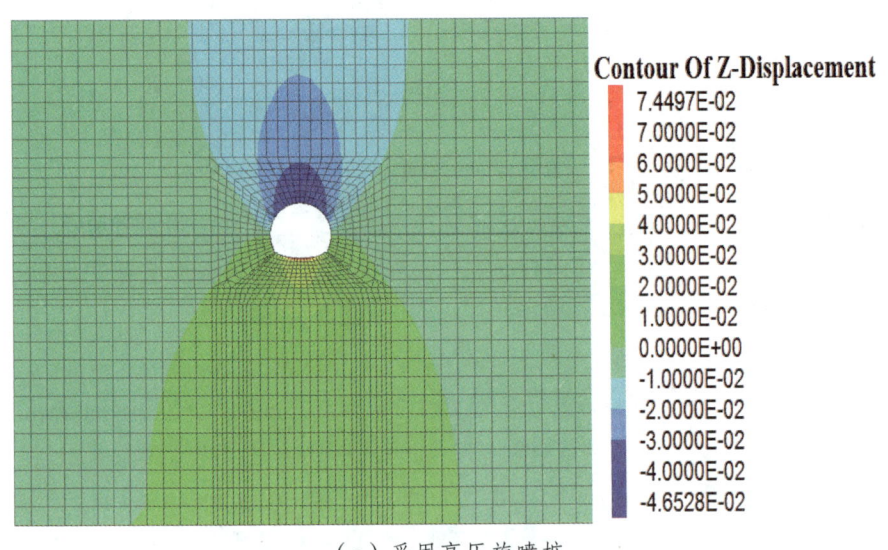

（a）采用高压旋喷桩

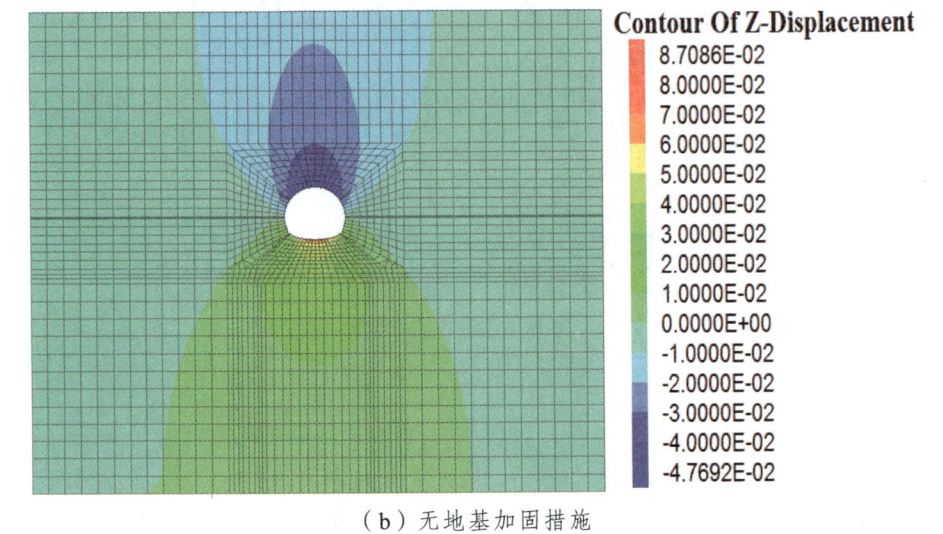

（b）无地基加固措施

图 4.5-4　围岩竖向位移云图（单位：m）

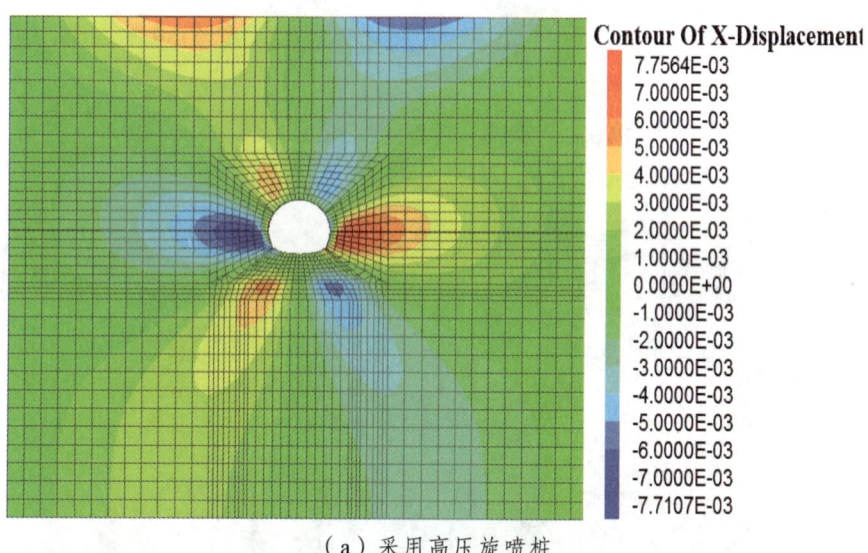

（a）采用高压旋喷桩

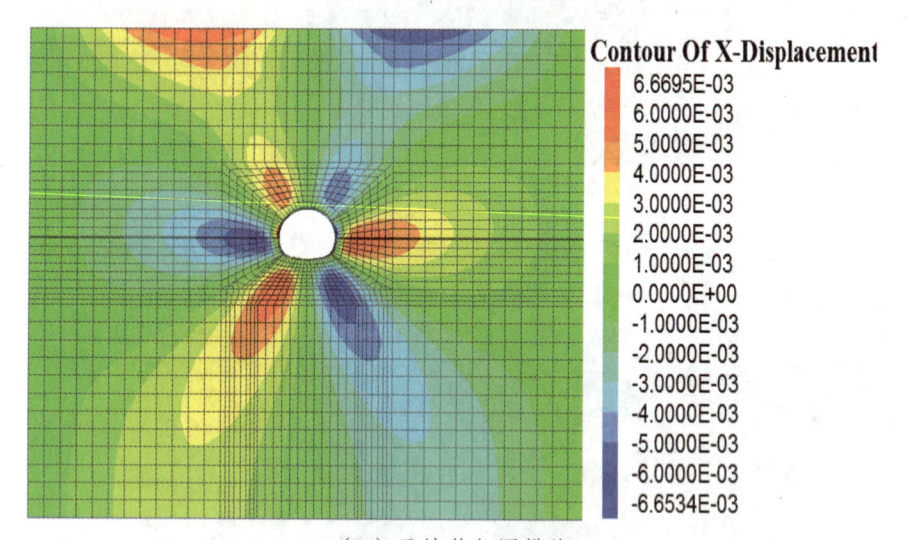

（b）无地基加固措施

图 4.5-5　围岩水平位移云图（单位：m）

由图 4.5-4 和图 4.5-5 可以分析得到：采用高压旋喷桩进行地基加固处理后，围岩最大沉降位移为 46.53 mm，最大隆起位移为 74.49 mm，最大水平位移为 7.76 mm，相较于无地基加固措施时的围岩变形减小幅度分别为 2.43%、14.47% 和 −14.05%。说明采用高压旋喷桩对地基进行加固后，对于围岩竖向变形具有一定的控制效果，尤其是对仰拱隆起的控制效果最为明显。在对软弱地基进行加固后，该部分土体的承载能力得到大幅度增加，一方面可以在隧道开挖卸荷、应力释放及应力重分布的过程中，充分发挥围岩的自承能力，防止隧道底部在施工初期出现严重隆起的现象；另一方面，地基承载能力的提高可以有效地加强对隧道支护结构的支承作用，避免出现由于地基承载能力不足而造成的支护结构的整体下沉，使其无法发挥出对于围岩的支护作用，从而出现隧道大变形、塌方等严重工程事故。因此，高压旋喷桩的施作可以有效控制围岩变形，保证施工安全。

（2）围岩塑性区对比分析。

采用高压旋喷桩和无地基加固措施的围岩塑性区如图 4.5-6 所示。

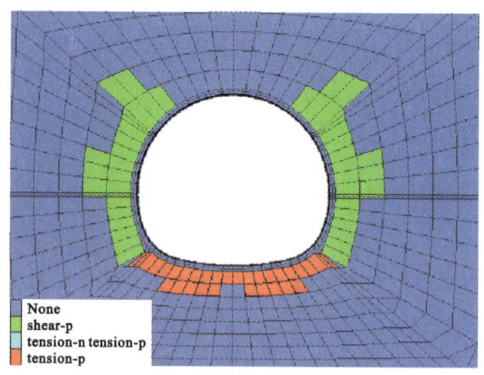

（a）采用高压旋喷桩

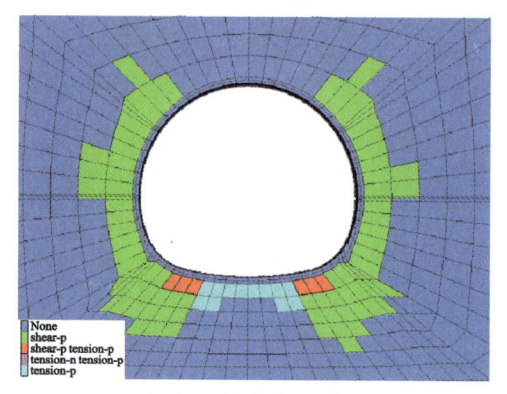

（b）无地基加固措施

图 4.5-6　围岩塑性区

围岩的塑性区主要分布在边墙及仰拱位置处，在采用高压旋喷桩后，边墙处的塑性区面积与无地基加固措施工况基本相同，且表现出剪切破坏模式，但仰拱处的塑性区面积大幅减小，表现为张拉破坏。这是由于对仰拱处地基进行加固后，该部分土体抗剪强度得到提高，使得该部位相较于其他位置不易出现剪切破坏。但整体来看，采用高压旋喷桩进行地基加固后，围岩仰拱处的塑性区面积得到大幅减小，有效地提高了隧道施工安全性。

4.5.3　隧底防隆起技术措施研究

本小节针对膨胀性泥岩地层隧道预防仰拱隆起施工技术进行研究，提出优化断面形状、加强支护参数及增加隧底锚杆长度 3 个应对措施，并采用数值模拟的方法对其有效性进行分析，对施工参数进行优化，将研究结果应用于雅万高铁 2 号隧道的实际施工，具有一定的工程价值。

1. 工况设置

（1）改变支护刚度厚度。

分别从初期支护刚度及厚度两方面设置 4 种工况，如表 4.5-2 所示。

表 4.5-2　支护刚度、厚度分析工况

工况序号	支护厚度/m	喷射混凝土标号
1	0.35	C25
2	0.35	C30
3	0.45	C25
4	0.45	C30

（2）布置隧底锚杆。

将隧底 11 根锚杆长度从 0～12 m 设置 6 种不同工况，如表 4.5-3 所示，锚杆布置示意图如图 4.5-7 所示。

表 4.5-3　锚杆长度分析工况

工况序号	锚杆长度/m
1	0
2	4
3	6
4	8
5	10
6	12

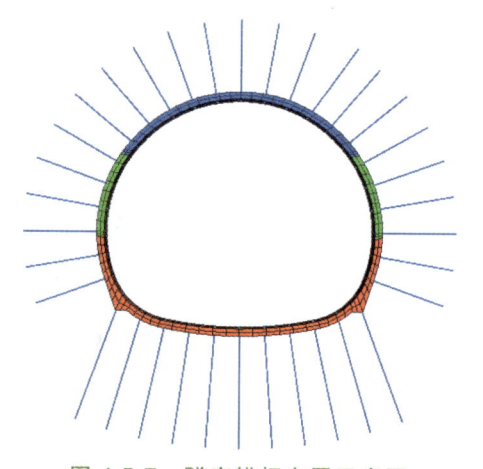

图 4.5-7　隧底锚杆布置示意图

（3）增加仰拱深度。

仰拱深度的改变将会改变锚杆打设角度，因此本节中将锚杆省去，单独分析仰拱深度的改变对仰拱隆起的控制效果。将原设计洞型仰拱进一步挖深直至圆形断面形式，设置 4 种工况，如图 4.5-8 所示。

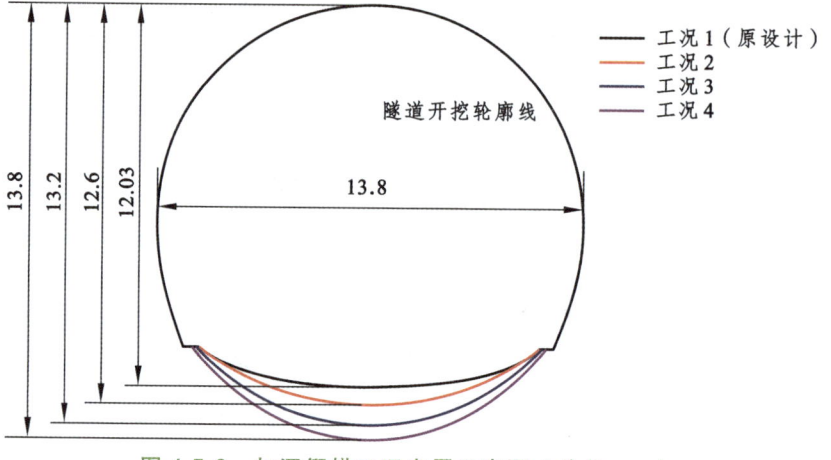

图 4.5-8　加深仰拱工况布置示意图（单位：m）

2. 数值计算结果分析

在进行数值计算时，为了对比分析各种施工对策的有效性，在仰拱施作完成后进行位移清零，并施加 300 kPa 的膨胀压力，对各工况下由于膨胀压力所致的仰拱隆起值进行分析，研究施工对策的有效性，优化施工参数，指导雅万高铁 2 号隧道穿越泥岩段的实际施工。

（1）隧底锚杆作用分析。

不同锚杆长度下初期支护竖向位移云图如图 4.5-9 所示。

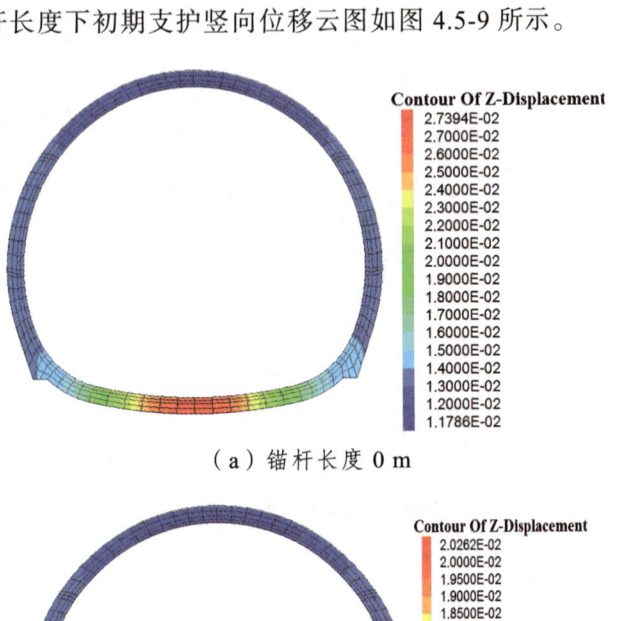

（a）锚杆长度 0 m

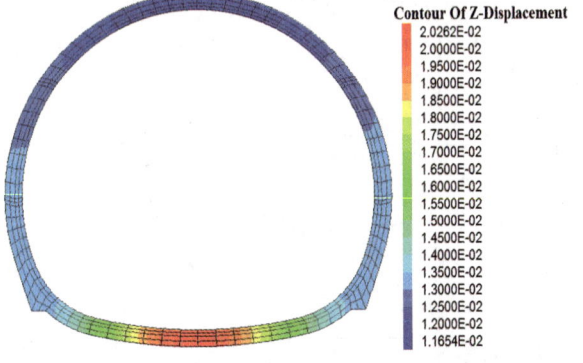

（b）锚杆长度 4 m

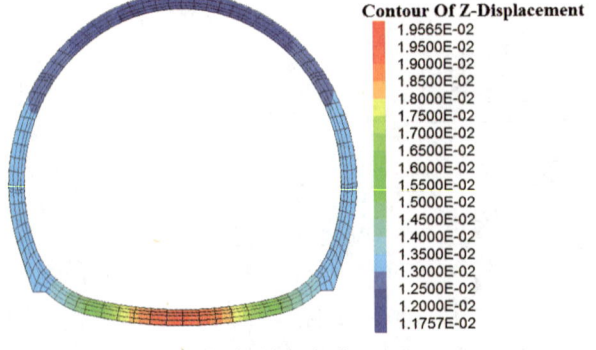

（c）锚杆长度 6 m

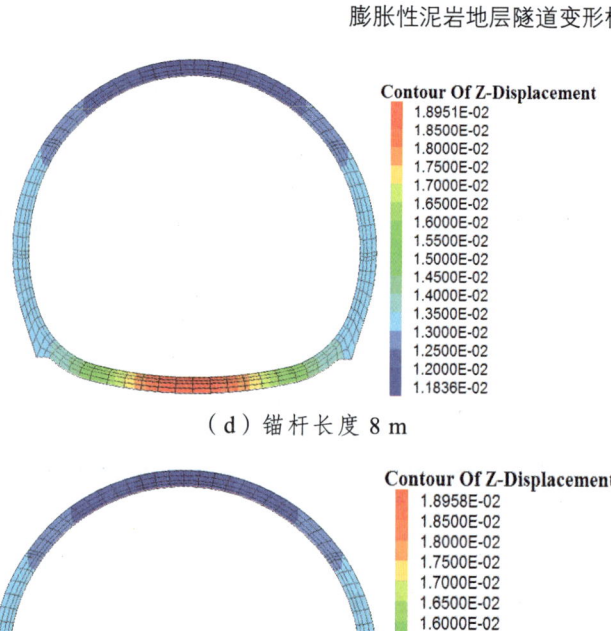

（d）锚杆长度 8 m

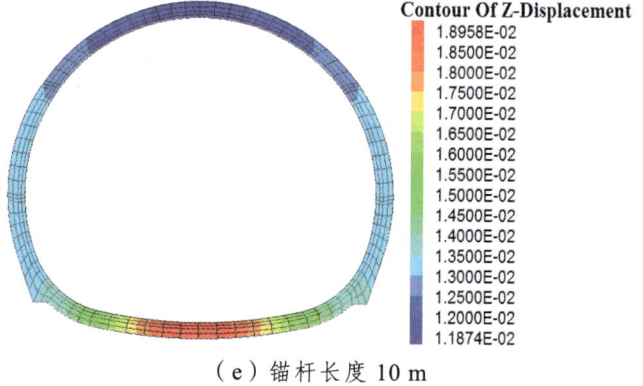

（e）锚杆长度 10 m

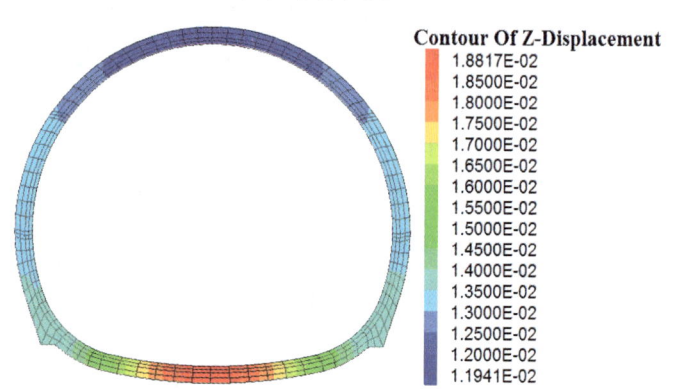

（f）锚杆长度 12 m

图 4.5-9　不同锚杆长度下初期支护竖向位移云图（单位：m）

不同锚杆长度下初期支护仰拱隆起值如图 4.5-10 所示。

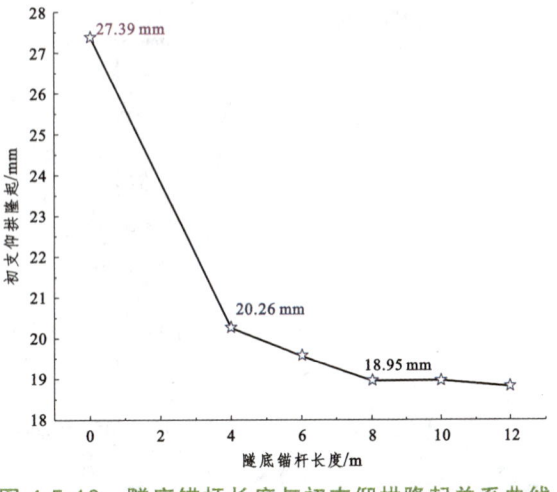

图 4.5-10　隧底锚杆长度与初支仰拱隆起关系曲线

由图 4.5-9、图 4.5-10 可知，施作隧底锚杆后，初期支护仰拱隆起值明显小于没有施作隧底锚杆工况。当隧道锚杆长度为 4 m 时，初期支护仰拱隆起值为 20.26 mm，相较于无隧底锚杆减小幅度达 26.03%，说明隧底锚杆的施作对于控制由于膨胀压力所致的仰拱隆起具有明显的效果。随着锚杆长度的增加，仰拱隆起值呈现出减小的趋势，但当隧底锚杆长度大于 8 m 时，仰拱隆起值差别不大，说明此时再增加锚杆长度对于仰拱隆起的控制作用不明显，因此从施工安全及经济效益等多方面因素出发，建议选择隧底锚杆长度为 8 m。此时初期支护仰拱隆起值为 18.95 mm，占无隧底锚杆工况的 69.19%，控制效果极为明显。

（2）增加支护刚度及厚度作用分析。

各工况下初期支护竖向位移云图如图 4.5-11 所示。

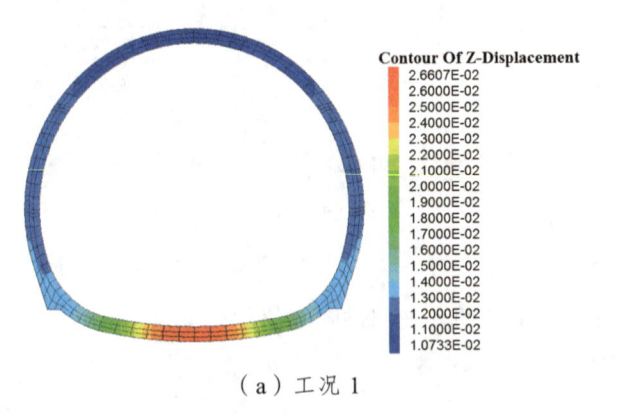

（a）工况 1

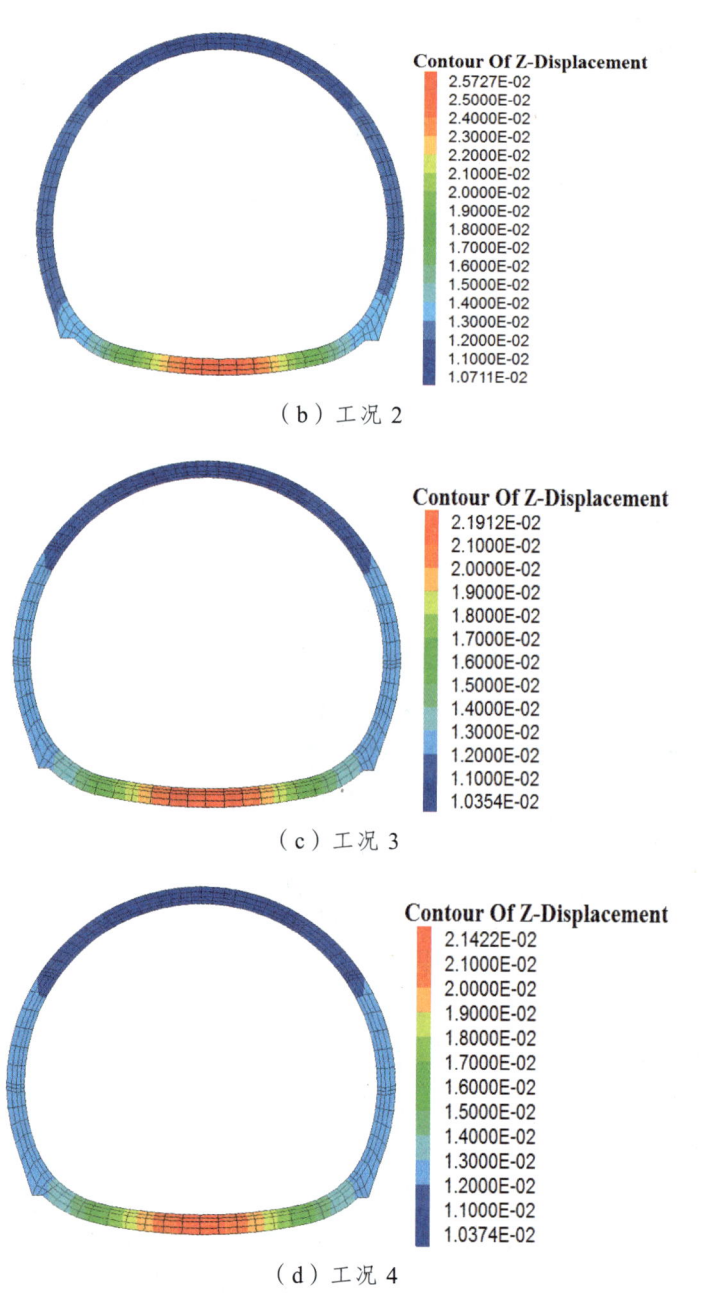

（b）工况 2

（c）工况 3

（d）工况 4

图 4.5-11　不同刚度及厚度初期支护竖向位移云图（单位：m）

不同刚度及厚度下初期支护仰拱隆起值如图 4.5-12 所示。

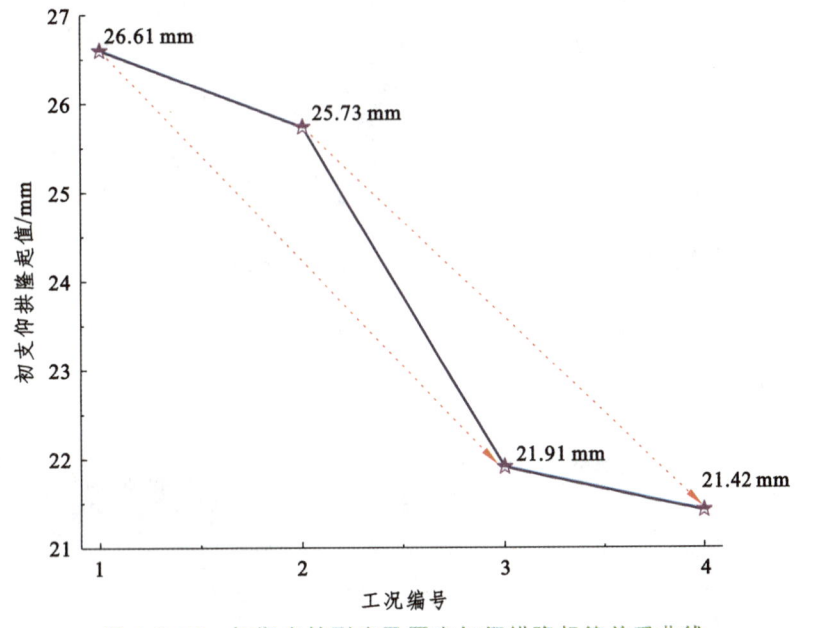

图 4.5-12　初期支护刚度及厚度与仰拱隆起值关系曲线

　　分析图 4.5-11、图 4.5-12 可知，增加初期支护刚度及厚度均对由于膨胀压力所致的仰拱隆起有一定的控制效果。对比工况 1 和工况 2、工况 3 和工况 4 的计算结果，在初期支护厚度一定的条件下，增加喷射混凝土标号（C25 提高到 C30），即增加其刚度，能够减小仰拱隆起值，但减小幅度极为有限，工况 2 和工况 4 的仰拱隆起值分别为 25.73 mm 和 21.42 mm，相较于工况 1 和工况 3 减幅分别为 3.31%、2.24%，说明单纯地增加初支刚度，对于仰拱隆起的控制效果并不明显；对比工况 1 和工况 3、工况 2 和工况 4 计算结果，在初期支护刚度一定的条件下，增加其厚度（35 cm 增加为 45 cm）后，初支仰拱隆起值大幅减小，以工况 3 为例，其仰拱隆起值为 24.91 mm，相较于工况 1 的减幅为 17.66%，说明增加初支厚度对于仰拱隆起具有明显的控制效果，可以在实际施工中应用以预防膨胀性泥岩地层隧底隆起的工程问题。

　　通过上述分析可知，增加初期支护的刚度及厚度均对仰拱隆起具有一定的控制效果，但显然可以发现，增加其厚度的作用更为明显。在实际施工中，应首先考虑到施工安全性，在保证预防隧底隆起效果的基础上，兼顾施工进度及经济效益。因此，建议依托工程在穿越膨胀性泥岩段的施工采取增加初期支护厚度的措施，即将初期支护厚度由设计的 35 cm 增加到 45 cm。

（3）加深仰拱作用分析。

增加仰拱深度后各工况下初期支护竖向位移云图如图 4.5-13 所示。

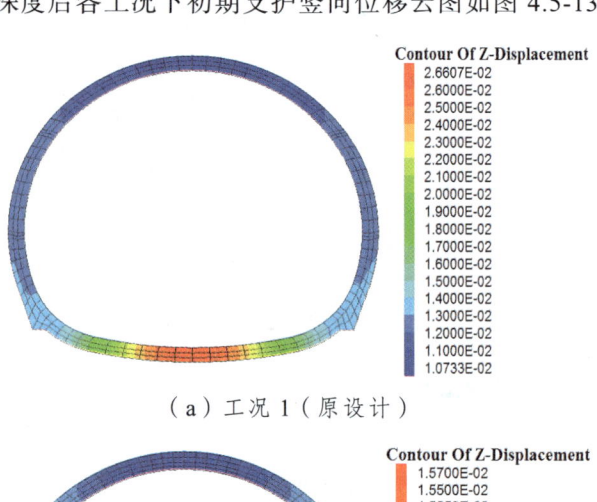

（a）工况 1（原设计）

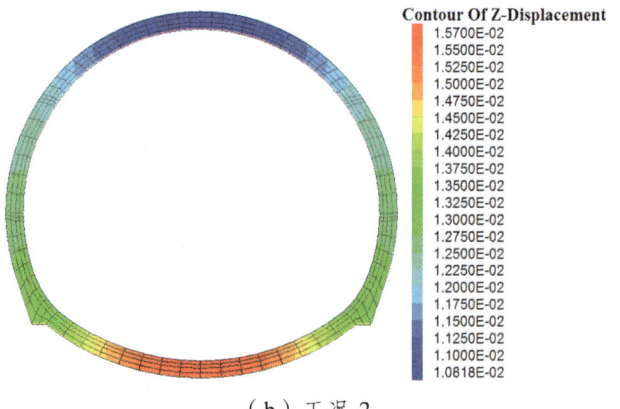

（b）工况 2

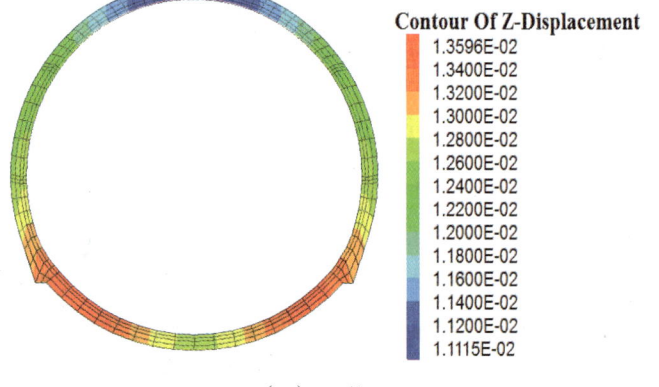

（c）工况 3

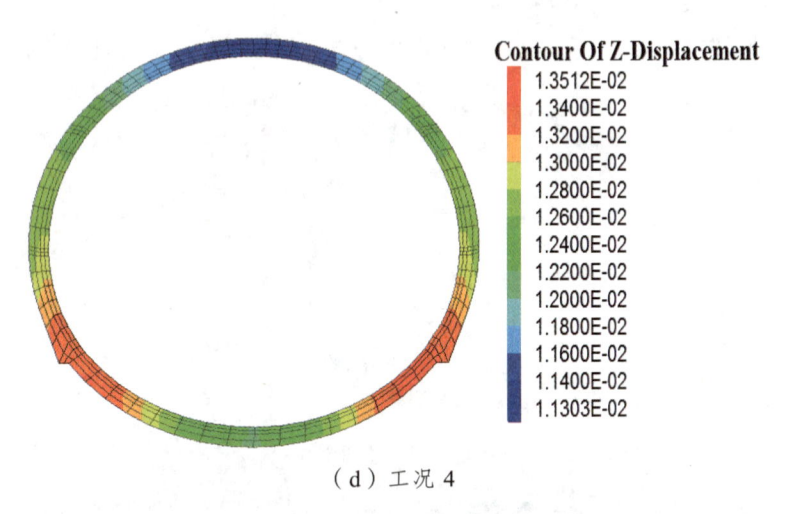

（d）工况 4

图 4.5-13　不同仰拱深度初期支护竖向位移云图（单位：m）

　　根据图 4.5-13 可以分析得到：在对初期支护施加膨胀压力后，其表现出方向向上的竖向位移，且仰拱的竖向位移最大，说明膨胀压力的作用对于仰拱的影响最为不利。显然可以发现：随着仰拱深度的增加，初期支护竖向位移整体呈现出减小的趋势，这是由于隧道断面形式逐渐接近圆形，使得初期支护的受力结构更合理，能够更好地发挥承载能力，从而限制其变形；工况 4（矢跨比 1）的仰拱最大隆起值为 13.51 mm，相较于工况 1（原设计）的最大隆起值减小幅度达到 49.23%，对于仰拱隆起的控制极为明显。但值得注意的是，随着仰拱深度的增加，初支仰拱隆起的最大值出现位置发生了转移，由仰拱中心位置逐渐转移到墙脚处，这同样是由于仰拱受力结构的改变所导致的，使得墙脚处成为整个仰拱的薄弱环节，在施工中应对其采取补强加固措施。

　　提取各工况下初期支护仰拱中心位置的隆起值，得到仰拱深度与仰拱中心隆起值关系曲线，如图 4.5-14 所示。

　　根据图 4.5-14 可知，随着仰拱深度的增加，初期支护仰拱中心隆起值呈现出逐渐减小的趋势，工况 4（隧道矢跨比为 1）的隆起值为 12.8 mm，仅为工况 1（原设计）的 45.77%，显然通过增加仰拱深度，改善初期支护受力结构对于控制仰拱隆起具有明显的效果，可以采取该措施进行膨胀性泥岩地层隧道底部隆起的预防。因此在实际施工中，建议采用矢跨比为 1 的近圆形断面。

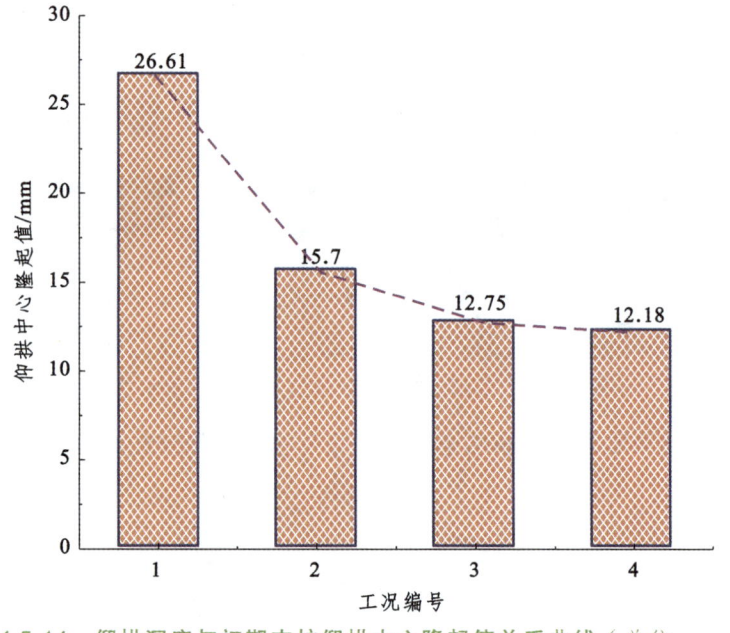

图 4.5-14　仰拱深度与初期支护仰拱中心隆起值关系曲线（单位：mm）

（4）隧底防隆起综合处治措施及控制效果分析。

根据上述膨胀性泥岩地层隧道基底隆起处治措施的有效性数值计算结果，通过布置隧底锚杆、增加仰拱厚度及加深仰拱的措施均可对仰拱隆起起到一定的控制作用，从控制效果来看，加深仰拱>布置隧底锚杆>增加仰拱厚度。

在保证膨胀性泥岩地层隧道施工及运营安全的前提下，并考虑施工进度和经济效益等多方面因素，建议在实际工程中采取"近圆形断面+8 m 隧底锚杆+45 cm 仰拱厚度"的综合控制技术措施，对于隧底仰拱隆起起到良好的预防作用。为了进一步探究该综合处治措施对于仰拱隆起的控制效果，本节采用数值模拟的方法，重点对比分析采用综合控制措施后与原设计的仰拱隆起值。

采用控制措施后的数值计算模型如图 4.5-15 所示。

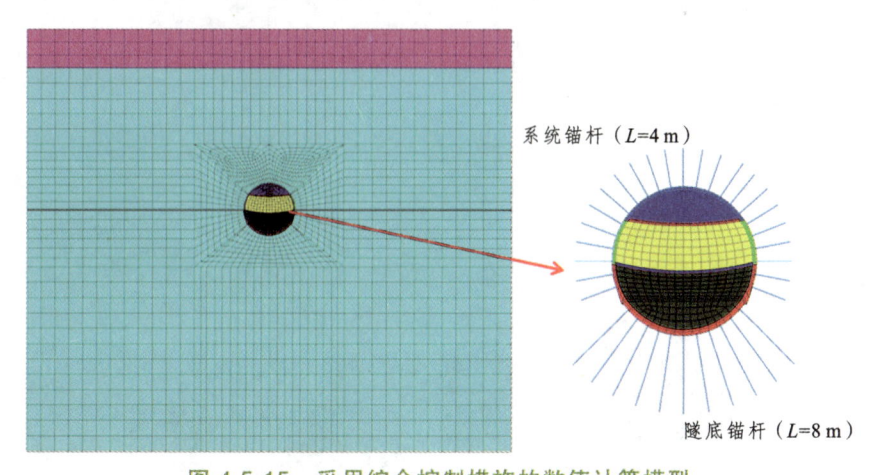

系统锚杆（L=4 m）

隧底锚杆（L=8 m）

图 4.5-15　采用综合控制措施的数值计算模型

　　计算得到采取综合控制措施后与原设计初期支护竖向位移，如图 4.5-16 所示。

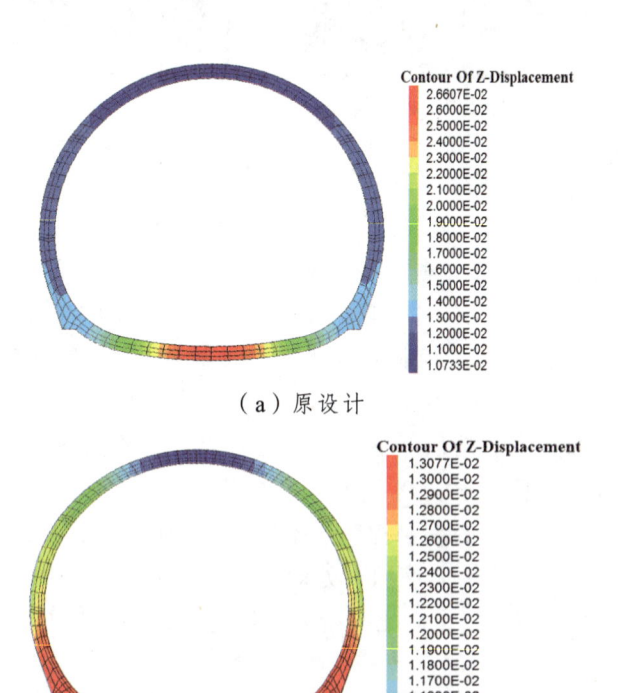

（a）原设计

（b）采取综合控制措施

图 4.5-16　初期支护竖向位移云图（单位：m）

对比分析采取综合控制措施后与原设计的初期支护竖向位移可知，"近圆形断面+8 m 隧底锚杆+45 cm 仰拱厚度"的隧底防隆起技术对于控制仰拱隆起具有明显效果，该工况下仰拱隆起最大值为 13.08 mm，相较于原设计减小幅度达到 50.85%。因此，可在实际施工中采取该综合控制措施，预防雅万高铁 2 号超越膨胀性泥岩段隧底隆起的工程问题，保障施工安全与经济效益。

4.6 小 结

（1）软弱膨胀泥岩隧道变形机理为：由于围岩强度较低，在开挖卸荷及施工扰动后自稳能力弱，加之在水的作用下泥岩出现崩解、泥化及膨胀现象，使得围岩压力急剧增大，支护结构强度不足而出现的隧道大变形。

（2）基于数值计算结果及多种计算方法，并考虑实际工程背景及经济效益，最终确定雅万高铁 2 号隧道穿越泥岩段的预留变形量为 12～15 cm。

（3）针对软弱膨胀性泥岩地层隧道的大变形问题，提出"超前大管棚+径向注浆+锁脚管棚"的综合变形控制措施，并采用数值模拟对其控制效果进行了研究。计算结果表明：采取变形控制措施后，拱顶沉降量为 29.27 mm，相较于原施工工法减小了 26.97%，边墙水平位移为 4.92 mm，相较于原施工工法减小了 35.01%，掌子面挤出变形最大值减小幅度达到 48.01%。可见该控制措施效果明显，在膨胀性泥岩隧道中具有较强的适用性。

（4）数值计算结果表明：通过布置隧底锚杆、增加仰拱厚度及加深仰拱的措施均可对仰拱隆起起到明显的控制作用。本研究首次提出"近圆形断面+8 m 隧底锚杆+45 cm 仰拱厚度"的综合控制技术措施，并采用数值模拟的方法对其控制效果进行了分析。研究表明：采用综合控制措施后仰拱隆起最大值为 13.08 mm，相较于原设计减小幅度达到 50.85%，可有效地预防膨胀性泥岩地层隧道仰拱隆起的工程问题，具有一定的工程应用价值。

第 5 章

热带雨林地区隧道施工期
防排水施工技术

5.1 热带雨林地区水文地质特点分析

印度尼西亚地跨赤道，属于热带雨林气候，常年气候变化不大，气温在 27 ~ 37 ℃。印度尼西亚没有春夏秋冬之分，而是分雨季和旱季两个季节。由于该国地处亚洲和大洋洲两大陆之间，其气候受到这两大陆季风的影响，雨季一般是从 11 月到次年 4 月。隧址所在区均属于热带雨林气候，终年炎热而潮湿，旱季受东南季风影响，晴天多而雨量少。

印度尼西亚雨季的特点是时间长、雨量大、连续不断，对隧道施工造成极大的困难。雨季的到来使得地表水系开始下渗，洞内会出现大面积点状出水，埋深浅、水系发达的地段会有线状或股状出水，给泥岩隧道施工带来很大的困扰。山体基本处于饱和水状态，增大了山体质量。洞内开挖后掌子面出水，未及时初喷封闭会出现小面积溜塌。由于热带雨林气候的多雨特性，结合印度尼西亚地质因素和地震多发现象，造成原有土层松散，施工中易出现掉块、溜塌、沉降、大变形等现象，洞内因出水量大出现潮湿、泥泞、积水等不利于施工的因素，同时给洞内用电安全、设备运行安全造成危害。每年的 6 月—10 月为印度尼西亚的旱季，旱季的特点是全天无雨，甚至在 7 月—9 月期间无雨，相对雨季天气完全相反，天气炎热、土地开裂。

5.2 热带雨林地区隧道施工重难点分析

依托工程场地全年 11 月至次年 4 月为雨季，历年平均降水量为 2415.8 mm，历年年平均降水日数为 223 d，地下水稳定水位均高于洞身结构面上部。施工期间会对膨胀性黏土、泥岩等地层进行扰动，从而形成地下水径流通道，进而造成洞身围岩坍塌。因此有必要开展强降水施工期间地表、洞内防排水措施研究，保证强降水期间隧道施工阶段的安全。隧道埋深浅，Ⅴb 类围岩较多，围岩稳定性差；隧洞施工区地下水为第四系孔隙潜水及基岩裂隙水，地下水位高，地表水丰富。

印度尼西亚地表以火山堆积黏土为主，在降雨时强度降低明显，山坡处极易造成滑坡，给隧道、路基等工程施工带来巨大风险和挑战。影响土体抗剪强度的指标有很多，如土的结构、密度、含水率等，其中含水率变化对抗剪强度的影响要大于其他因素的影响，尤其在含水率对土体黏聚力和内摩擦角的影响上更为明显。基于以上的工程重难点，展开高液限黏土地下水渗透机理和降水施工期间地表及洞内防排水技术措施研究。研究内容如下：①高液限黏土地下水的渗透机理研究。结合实际地下水情况，对比分析洞内洞外围岩的含水量，研究确定地表水的下渗深度及范围，同时开展不同地下水水位高度下洞内围岩基岩裂隙水的涌水量监测等。②强降水施工期间地表及洞内防排水技术措施研究。针对施工期间不同情况的洞内渗水，分析研究洞外地表的防排水方式和洞内的防排水方式，开展洞顶覆盖、洞顶集中防排水槽、洞外降水井和洞内移动式钢结构排水槽等防排水措施的实践效果分析，确定最后的防排水措施。

5.3　高液限黏土地下水的渗透机理研究

根据隧道工程实际情况，建立 FLAC3D 有限差分渗流模型，分析围岩与衬砌开挖瞬态过程应力场、位移场、渗流场的变化规律，预测隧道开挖支护全过程中涌水量与地表水位的变化趋势。

5.3.1　FLAC3D 流固耦合原理

FLAC3D 计算渗流功能比较强大，能够模拟地下水在隧道孔隙与裂隙中的流动。FLAC3D 既可以单独进行流体计算，又可以将流体计算和力学计算耦合，考虑流体与岩土体的相互作用。FLAC3D 可以设定地下水位面的位置，如果忽略材料的毛细作用，可以不考虑气相作用，认为地下水位以上的孔压为零。FLAC3D 采用有限差分原理，应用等效连续介质渗透模型，模拟岩土体流固耦合机理时，将岩石裂隙透水性平均到岩石中，流体在孔隙介质中流动时满足达西定律，同时符合 Biot 方程。对应于 FLAC3D 的数值计算控制微分方程包括运动方程、平衡方程和本构方程。

1. 运动方程

流体的运动由达西定律描述，材料为均质、各相同性固体，流体密度保持不变。方程具有如下形式：

$$q_i = -k \left[p - \rho_f x_j g_j \right]$$

式中：k——介质渗透系数；

ρ_f——流体密度；

g_j——重力加速度三个分量。

2. 平衡方程

对于小变形类型，流体质点平衡方程为

$$-q_{i,j} + q_V = \frac{\partial \zeta}{\partial t}$$

式中：q_V——被测体积的流体源强度；

$q_{i,j}$——渗流速度；

ζ——单位体积孔隙介质的流体体积变化量。

流体满足质量守恒，质量平衡关系为

$$-\frac{\partial q_i}{\partial x_i} + q_V = \frac{\partial \zeta}{\partial t}$$

式中：ζ——液体容量的变分（多孔深水材料的单位体积的液体体积的变分）；

q_V——液体的密度。

流体满足动量守恒，动量平衡的形式为

$$\frac{\partial \sigma_{ij}}{\partial x_j} + \rho g_i = \rho \frac{\partial u_i}{\partial t}$$

式中：ρ——体积密度，$\rho = (1-n)\rho_s + ns\rho_w$，$\rho_s$ 和 ρ_w 分别为固体密度和液体密度。

3．本构方程

由于流固耦合作用，围岩体积应变发生变化后会造成流体孔隙水压的变化；相应地，孔隙水压的变化也会影响围岩应变的变化。本构方程为

$$\Delta \tilde{\sigma}_{ij} + a\Delta p \delta_{ij} = \dot{H}_{ij}\left(\sigma_{ij}, \Delta \varepsilon_{ij}\right)$$

式中：$\tilde{\sigma}_{ij}$——岩土体中的应力变化量；

$\dot{H}_{ij}$——给定的函数；

ε_{ij}——岩土体体积总应变。

4．相容方程

应变率和速度梯度之间的关系为

$$\dot{\varepsilon}_{ij} = \frac{1}{2}\left(\frac{\partial \dot{u}_i}{\partial x_j} + \frac{\partial \dot{u}_j}{\partial x_i}\right)$$

式中：u——介质中节点的速度。

5.3.2　数值模型

采用 FLAC3D 软件建立雅万高铁 4 号隧道 DK77+720～DK78+250 断面区间渗流模型，计算模型分组与注浆加固圈如图 5.3-1 所示。依据圣维南原理和工程经验，隧道开挖影响的应力重分布范围在洞室直径的 3～5 倍范围内。本研究取左右宽度为 100 m，隧道底部距离下部边界距离为 50 m，隧道拱顶至地表平均为 11.5 m；模型左右、底部以及前后边界取为不透水边界，隧道洞壁取压力水头为零的边界条件，隧道支护后，喷层内侧表面孔隙水压设为零；二衬施作后，衬砌外表面孔隙水压设为零；顶部边界取为自由边界，地下水位面根据模拟工况分别设定为 0 m、2 m、4 m、6 m、8 m、10 m、12 m、14 m、16 m、18 m、22 m，为自由水面；地表不受任何约束，为自由边界；模型的左右边界均受到 X 方向的位移约束，模型的底部边界受到 Z 方向的位移约束，模型沿 Y 轴方向前后边界受到 Y 方向的位移约束。采用二维渗流模型，不考虑开挖过程掌子面的渗流。在数值模拟计算时，为了简化分析，假定围岩是各向同性、连续均值的理想弹塑性本构模型，符合摩尔-库仑屈服准则。

渗流计算模型的建模及分析步骤为：①建立模型网格；②自重应力场模拟分析；③超前注浆加固圈处理（可选）；④开挖计算，初期支护施作计算；⑤二次衬砌施作计算；⑥计算结果分析。

根据勘测资料，需要选用合理的渗透系数、孔隙比等参数。围岩及材料计算参数如表 5.3-1 所示。

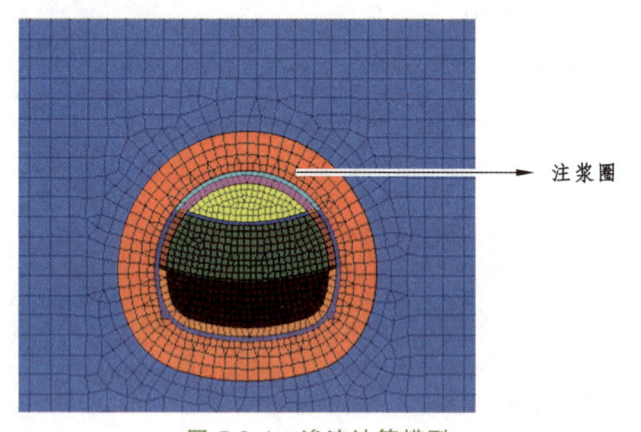

注浆圈

图 5.3-1 渗流计算模型

表 5.3-1 数值模拟材料参数

材料	密度 / (kg/m³)	弹性模量 /MPa	泊松比	黏聚力 /kPa	内摩擦角/ (°)	渗透系数 / (m/d)	孔隙率
围岩	2100	10	0.35	63	20.6	0.1	0.49
初期支护	2400	27.85×10³	0.2	—	—	6.4×10⁻⁴	0.25
二次衬砌	2500	31.5×10³	0.2	—	—	—	—
注浆加固圈	2200	0.5×10³	0.32	160	33	2.4×10⁻²	0.4

5.3.3 隧道施工过程渗流场变化规律

为分析有水条件对隧道施工的影响，模拟计算施工过程、注浆与未注浆情况下隧道开挖引起的应力场、渗流场、位移场以及地表水位变化规律，有水工况下模拟水位为地表水位。

1. 初始应力场与渗流场

隧道开挖前的初始应力场和渗流场如图 5.3-2 所示。

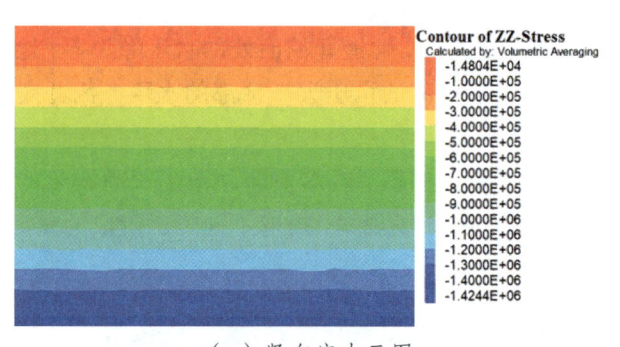

（a）竖向应力云图

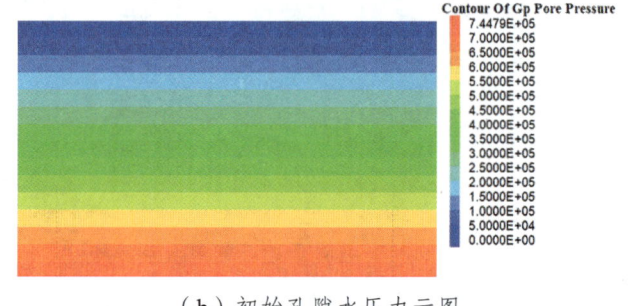

（b）初始孔隙水压力云图

图 5.3-2　隧道开挖前的初始应力场和渗流场（单位：Pa）

自重应力场平衡计算、水压力场梯度设置，由以上云图可知，隧道开挖前初始地应力与初始孔隙水压力基本呈层状布置，从上到下依次增大。

2. 隧道施工渗流场变化规律

图 5.3-3 为隧道开挖时的渗流方向。

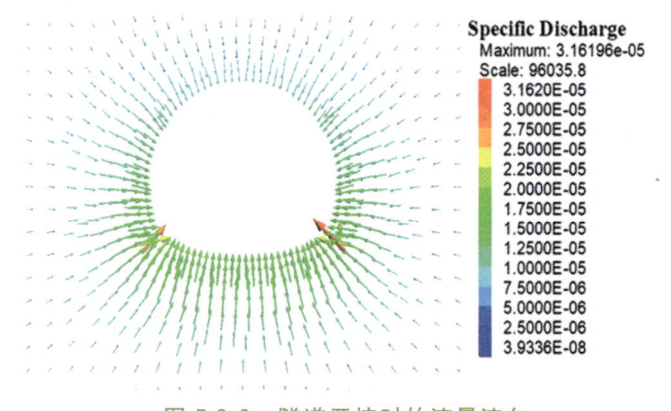

图 5.3-3　隧道开挖时的流量流向

由上图可知，隧道开挖后，隧道开挖面处的水压降为零，地下水不断流向隧道开挖的临空面，由于底部的水压大于顶部的水压，因此底部流速高于顶部流速。

为进一步明确隧道施工过程、注浆和未注浆工况下围岩的渗流场分布情况，分析不同施工阶段下渗流场规律，提取不同施工阶段的渗流场云图，如图5.3-4所示。

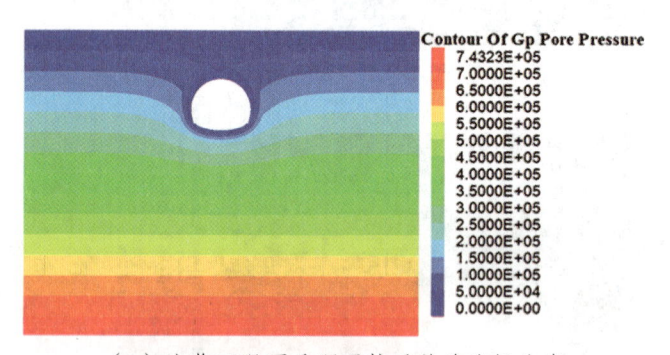

（a）注浆工况下毛洞开挖后的渗流场分布

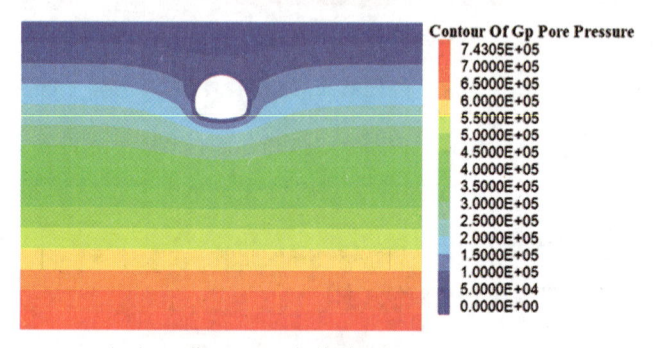

（b）注浆工况下支护结束后的渗流场分布

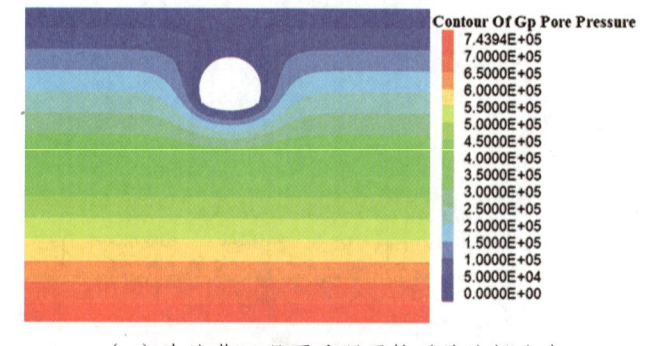

（c）未注浆工况下毛洞开挖后渗流场分布

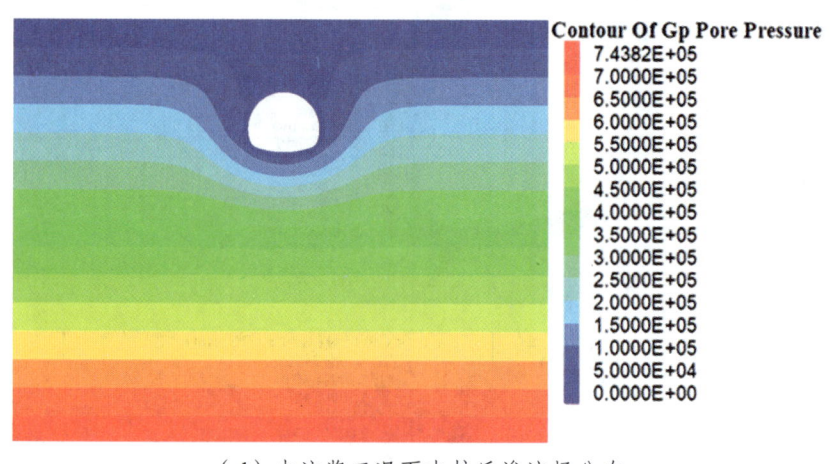

（d）未注浆工况下支护后渗流场分布

图 5.3-4　不同施工阶段渗流场分布（单位：Pa）

从渗流场云图可知，隧道开挖后，地下水通过加固圈以及临空面进入隧道，开挖边界区域形成自由透水边界，离开挖边界距离越近孔隙水压力越小。随着开挖断面面积的增大，透水面积也在增大。而当初期支护施作完成后，二次衬砌外侧孔隙水压力为零，影响范围内距离临空面越近，孔隙水压越小；影响范围之外，则围岩孔隙水压受开挖影响越来越小。无论是注浆加固还是未注浆加固，隧洞周围孔隙水压力急剧减小导致渗流速度剧增，隧道拱顶向上部位孔压有明显下降趋势，从整体上看呈现出疏干漏斗型变化。

隧道开挖后，洞壁位置孔隙水压力由某一数值变为 0，地下水在水压作用下涌入洞室，从而引起地下水位的下降。在同等施工条件下，注浆加固工况下拱顶上部孔隙水压力小于未注浆工况。

为进一步明确注浆工况和未注浆工况下开挖支护完成以后初期支护所受的孔隙水压力分布规律，对比两种工况下初期支护最大孔隙水压力，发现两种工况下最大孔隙水压力均出现在墙脚处，未注浆工况下的水压力大于注浆工况下的水压力，如图 5.3-5 所示。注浆工况下开挖面附近地下水流动较平缓，注浆圈起到一定堵水作用，分担更多的水压力，而初支承受的水压力更低。

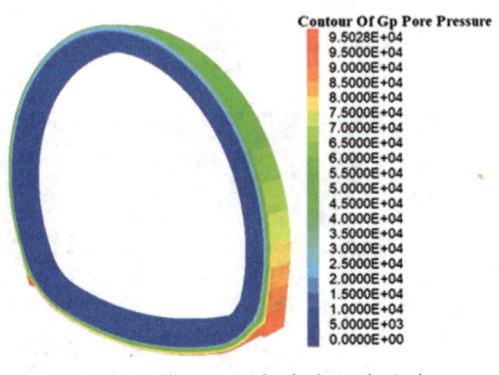

（a）注浆工况下初支水压力分布

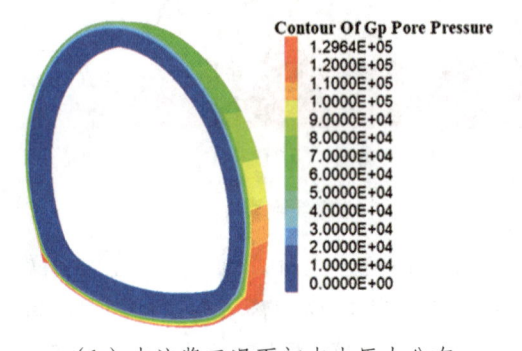

（b）未注浆工况下初支水压力分布

图 5.3-5　注浆和未注浆工况下初期支护水压力分布（单位：Pa）

3. 地表水位变化规律

为清楚施工过程地表水位的变化规律，建立施工过程中的地表水头变化曲线，如图 5.3-6 所示。其中图（a）为开挖至支护过程不同埋深处的地表水头变化，图（b）为地表下 8 m 处不同工况、施工过程水头变化。

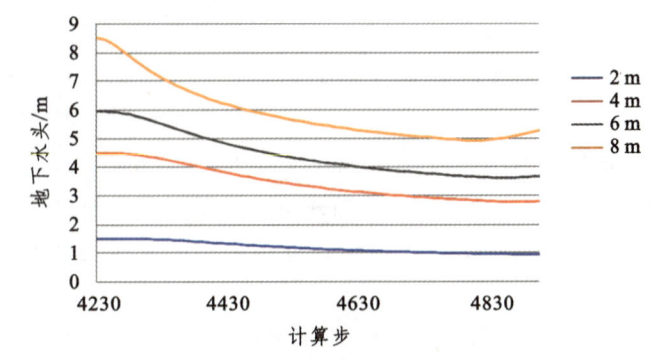

（a）开挖至支护过程不同埋深处的地表水头变化

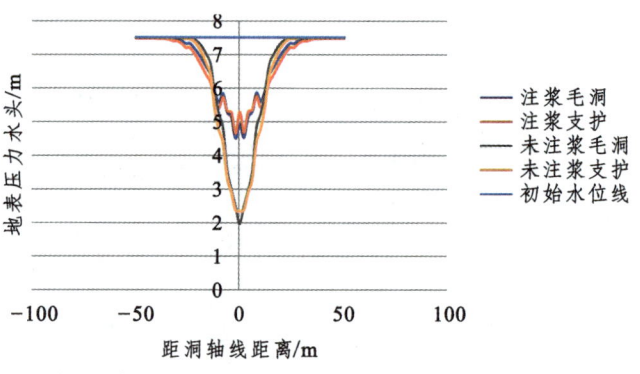

（b）地表下 8 m 处不同工况、施工过程水头变化

图 5.3-6　施工过程地表水头变化趋势

根据图 5.3-6 所示结果，开挖的瞬间，随着地下水向洞内流入，压力水头明显开始降低；随着隧道开挖瞬间至支护的完成，图（a）表明不同埋深的水头变化不一致，其中，8 m 处的水头变化最为明显，2 m 处的水头变化不大，说明在深度方向上，越靠近隧道开挖面，水头的变化越大；8 m 处整个过程地表水位降低最大为 3.6 m 左右；此外，随着初支和二次衬砌封闭，水位呈恢复趋势。进一步地，分析在水平面上水头的变化规律，从图（b）可以看出：距离洞轴线越近的地方水位降低越明显，离洞轴线越远的地方水位变化越不明显；无论施工开挖阶段还是支护阶段、注浆或是未注浆，影响范围大致在 35 m 范围内；未注浆工况地下水位下降程度大于注浆工况，原因是隧道开挖前进行注浆加固具有堵水效果。隧道支护后，水位逐渐恢复。

5.3.4　不同地下水位对隧道施工的影响

上一节对比分析了隧道在地下水环境下施工对位移场、应力场、渗流场的影响，进一步研究了隧道开挖支护过程在注浆和未注浆工况下地下水渗流规律及地下水头的变化规律，结果表明地下水对隧道施工过程具有不利影响，为指导隧道防排水施工设计提供了理论依据。本节将在上一节的基础上，进一步分析不同地下水头高度对隧道施工过程应力场、位移场及渗流场的影响，预测不同水头高度下地下水头变化规律及隧道开挖支护过程渗流规律。

1. 初始应力场和渗流场

图 5.3-7 分别为地下水埋深 2 m、6 m、10 m、14 m、18 m、22 m 的初始

应力场和渗流场分布。

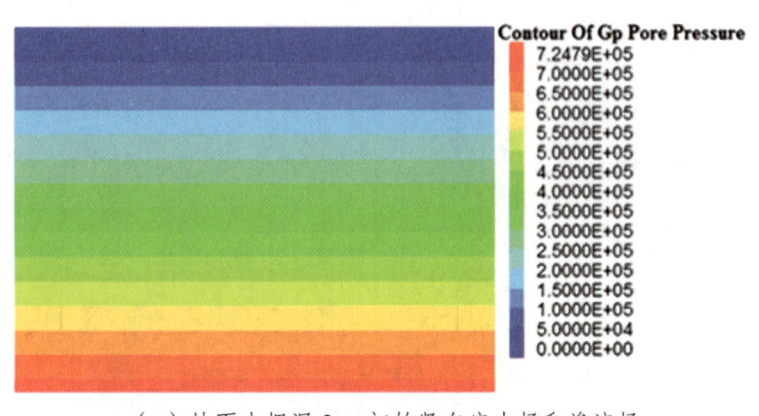

（a）地下水埋深2 m初始竖向应力场和渗流场

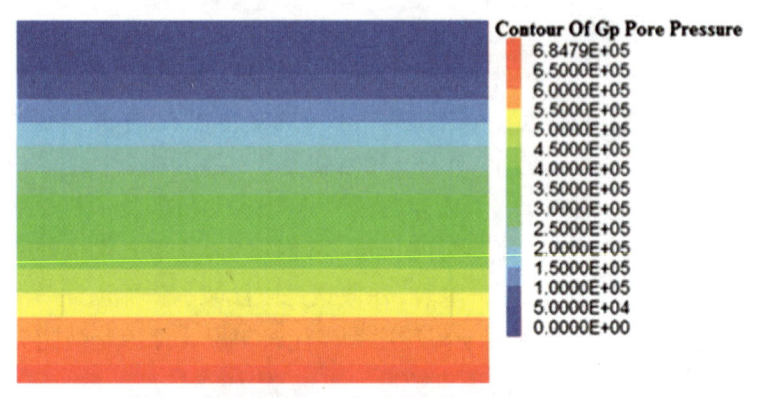

（b）地下水埋深6 m初始竖向应力场和渗流场

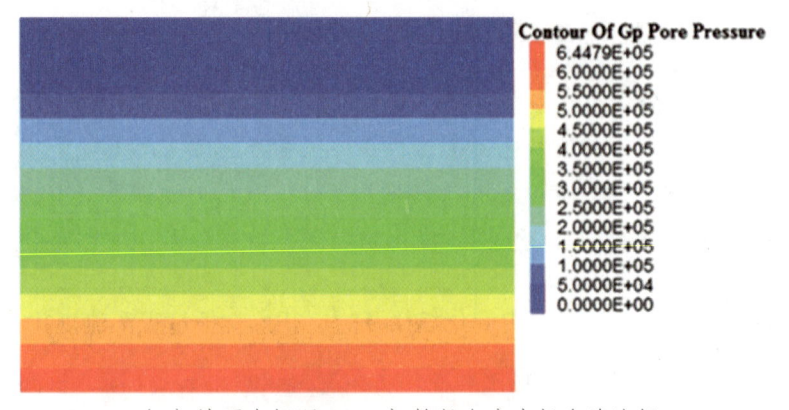

（c）地下水埋深10 m初始竖向应力场和渗流场

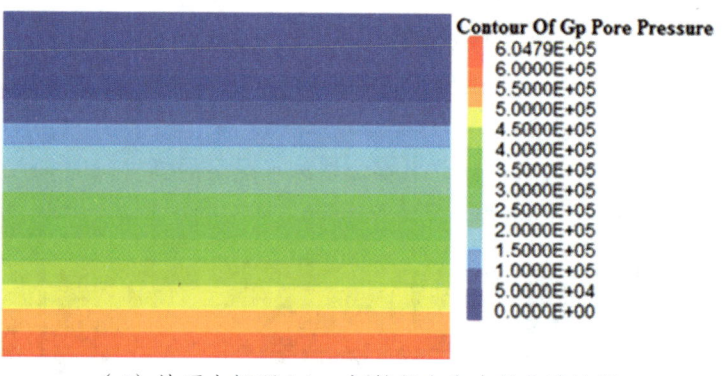

（d）地下水埋深 14 m 初始竖向应力场和渗流场

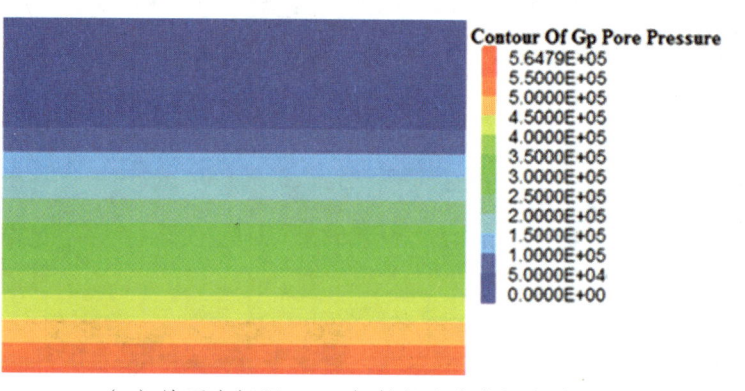

（e）地下水埋深 18 m 初始竖向应力场和渗流场

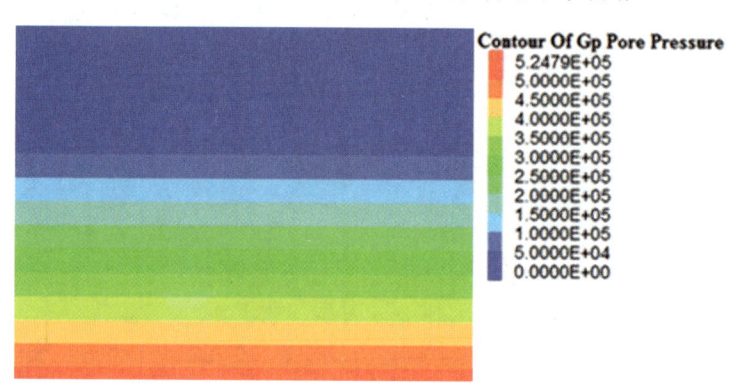

（f）地下水埋深 22 m 初始竖向应力场和渗流场

图 5.3-7　不同水位初始应力场和渗流场（单位：Pa）

　　图中初始地应力随着埋深呈梯度增加，渗流场中水位面以上的孔隙水压力为零，水位面以下随着埋深呈梯度增加。

2. 隧道施工应力场和位移场变化规律

本小节分析不同水位隧道施工过程围岩、支护结构的应力场变化规律。

（1）围岩应力场分析。

隧道开挖支护完成后不同地下水位埋深工况下的围岩竖向应力分布场和水平应力分布场如图 5.3-8 所示。

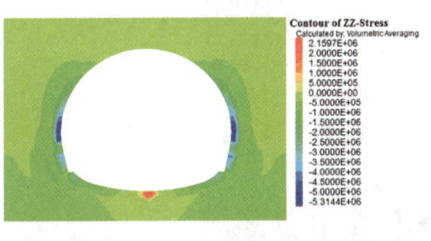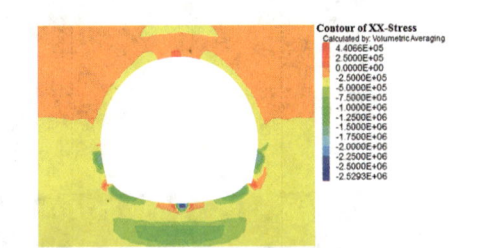

（a）地下水埋深 2 m 竖向应力场和水平应力场

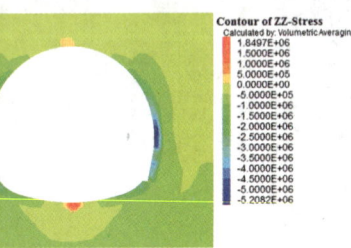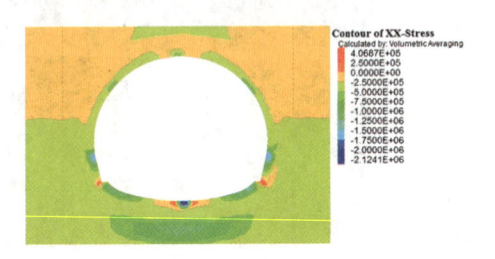

（b）地下水埋深 6 m 竖向应力场和水平应力场

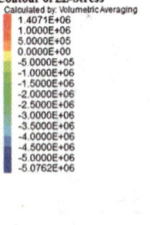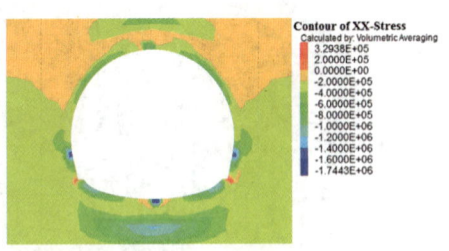

（c）地下水埋深 10 m 竖向应力场和水平应力场

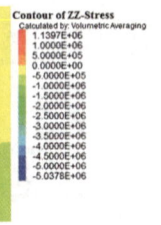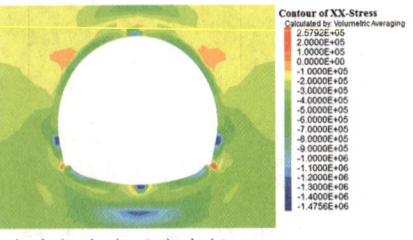

（d）地下水埋深 14 m 竖向应力场和水平应力场

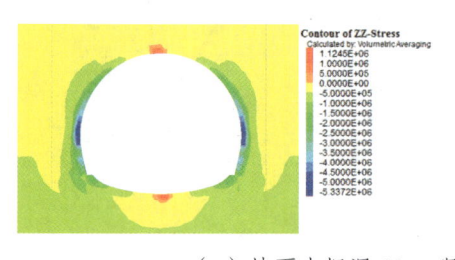
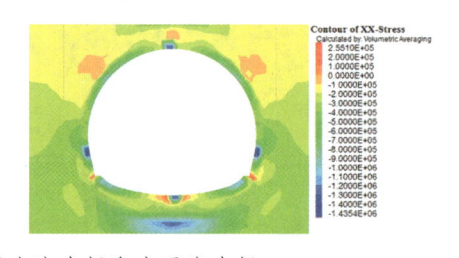

（e）地下水埋深 18 m 竖向应力场和水平应力场

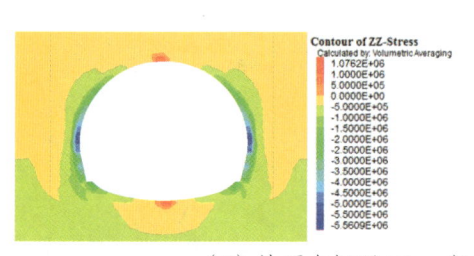
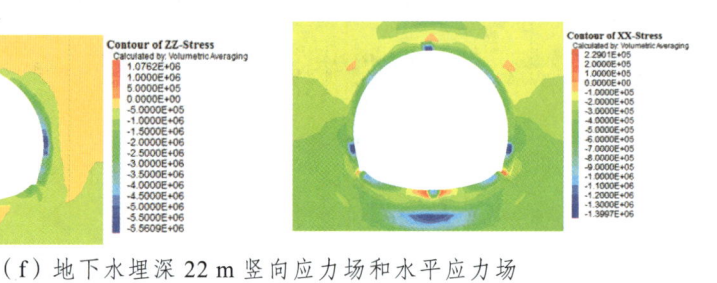

（f）地下水埋深 22 m 竖向应力场和水平应力场

图 5.3-8　不同水位下隧道支护后围岩竖向应力和水平应力场（单位：Pa）

根据围岩应力云图结果，从竖向应力来看，不同水位下最大竖向应力出现在边墙，为压应力；当地下水位处在开挖面以上时，随着地下水头的升高，竖向最大压应力不断增大，地下水头为 2 m，边墙压应力值达到 5.314 MPa；当地下水头低于开挖面时，随着地下水头的降低，边墙最大压应力有反向增大的趋势，逐渐达到无水时的应力值。从水平应力来看，当地下水头为 2 m 时，隧洞拱顶、墙脚、拱底局部均出现水平拉应力，此时这 3 个位置处于不利状态，其余工况仅在墙脚和拱底局部区域出现最大水平拉应力，随着地下水头的降低，水平应力也不断降低。因此，随着地下水头的升高，隧道开挖引起的围岩应力分布更加复杂，其绝对值也随之增大。

（2）初支应力场分析。

隧道开挖支护完成后不同地下水位埋深工况下的初期支护竖向应力分布场和水平应力分布场如图 5.3-9 所示。

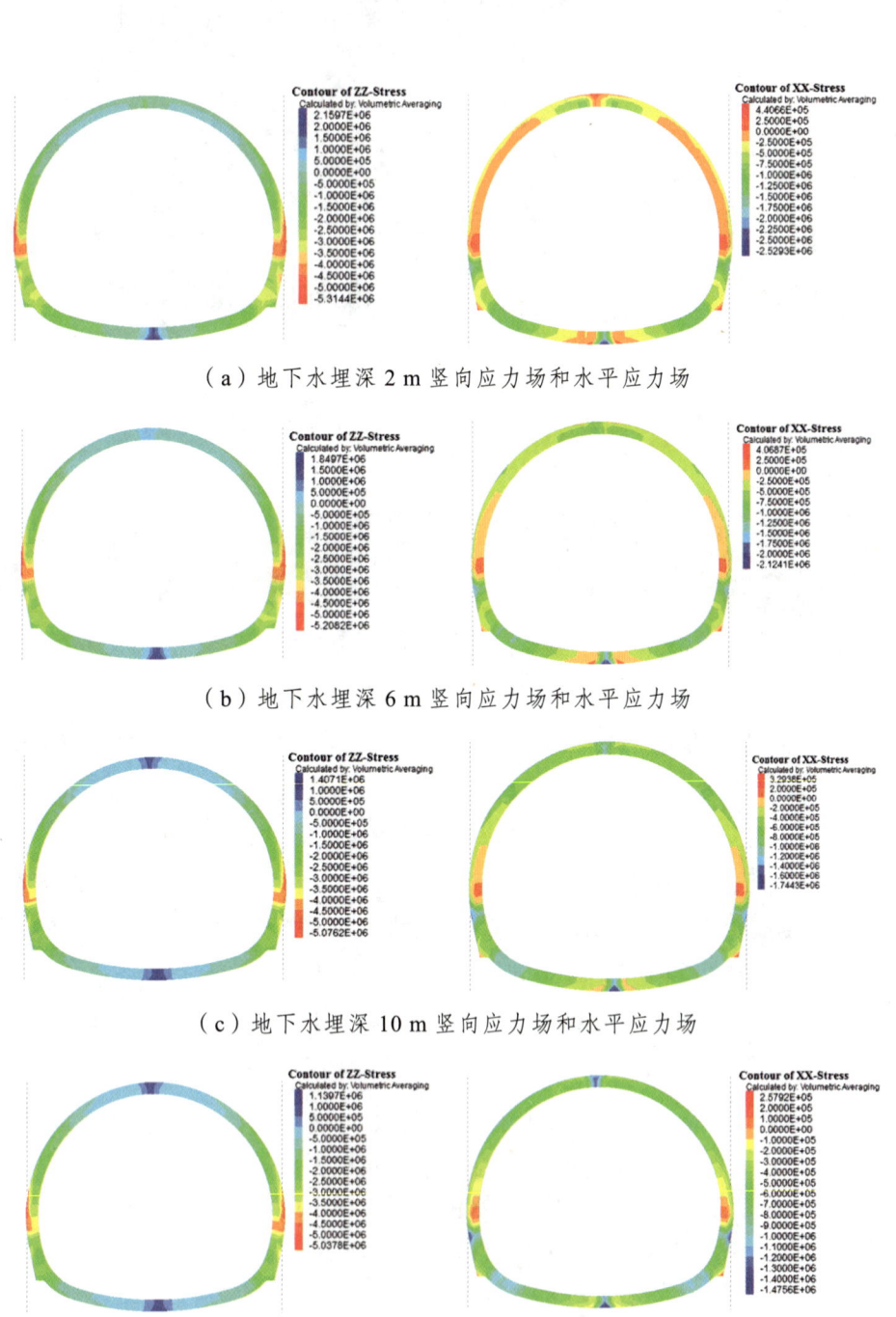

（a）地下水埋深 2 m 竖向应力场和水平应力场

（b）地下水埋深 6 m 竖向应力场和水平应力场

（c）地下水埋深 10 m 竖向应力场和水平应力场

（d）地下水埋深 14 m 竖向应力场和水平应力场

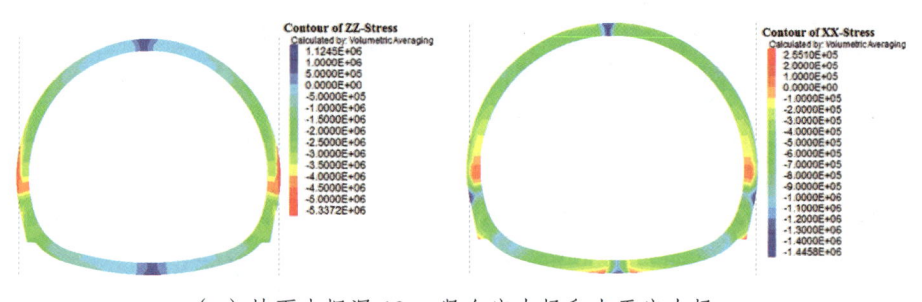

（e）地下水埋深 18 m 竖向应力场和水平应力场

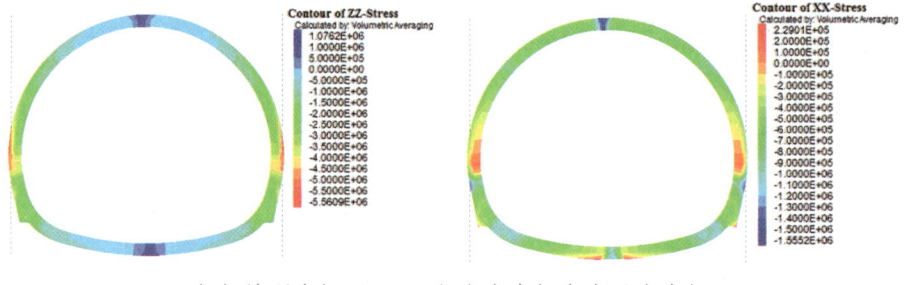

（f）地下水埋深 22 m 竖向应力场和水平应力场

图 5.3-9　不同水位下初期支护的竖向应力和水平应力分布（单位：Pa）

由初期支护的竖向应力云图可知，最大应力出现在初支边墙外侧，为压应力，其随地下水头的变化规律与围岩的竖向应力变化规律具有一致性。由初期支护的水平应力云图可知，墙脚外侧、边墙初支内侧、拱底局部以及 2 m 水头工况下拱顶外侧均出现水平拉应力，且随着地下水头的降低，其应力也不断减小，地下水头越高，初期支护应力分布越复杂。

3. 隧道施工渗流场变化规律

图 5.3-10 展示了不同水头、两种施工状态下的渗流场分布。

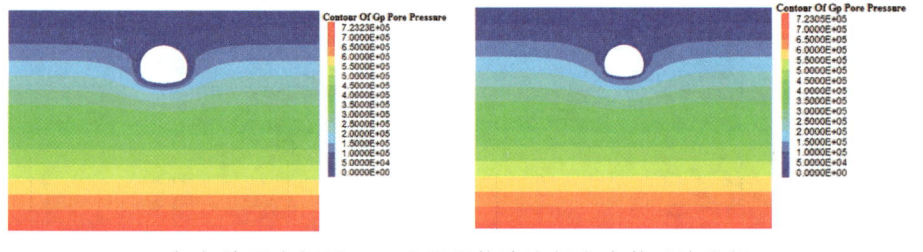

（a）地下水埋深 2 m 毛洞开挖渗流场和支护后渗流场

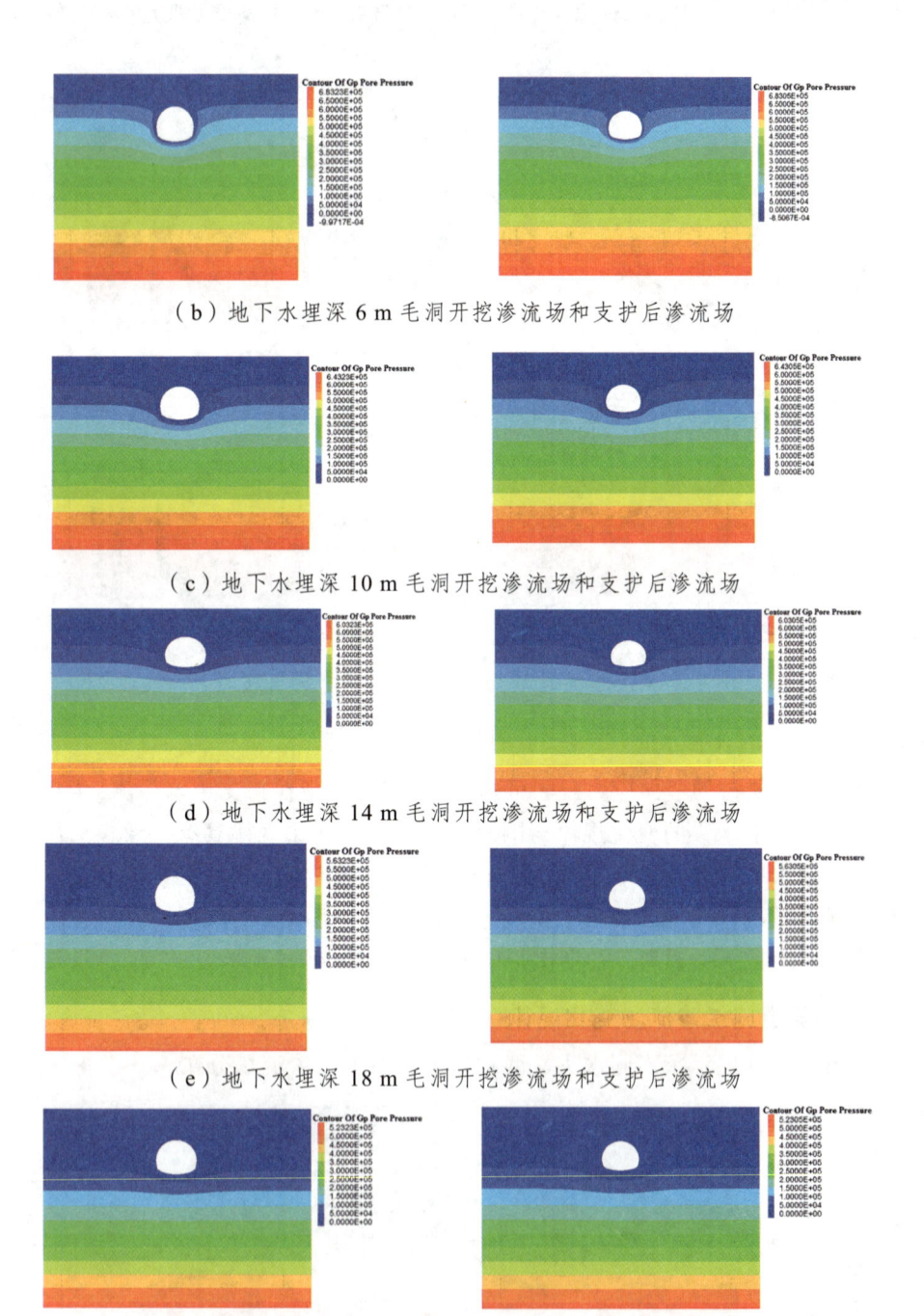

（b）地下水埋深 6 m 毛洞开挖渗流场和支护后渗流场

（c）地下水埋深 10 m 毛洞开挖渗流场和支护后渗流场

（d）地下水埋深 14 m 毛洞开挖渗流场和支护后渗流场

（e）地下水埋深 18 m 毛洞开挖渗流场和支护后渗流场

（f）地下水埋深 22 m 毛洞开挖渗流场和支护后渗流场

图 5.3-10　不同水头隧道施工过程渗流场分布（单位：Pa）

从图中可以看出：隧道开挖后原有的初始渗流场平衡被打破，周围的地下水不断通过隧道临空面渗流进入隧道内部，离隧道开挖面越近，孔隙水压力降低速度越大，孔隙水压力越小，离隧道越远的区域，渗流场受到的影响越小，直到一定区域，孔隙水压力不再发生变化；不同水头下的渗流场均在隧道开挖过程中呈现疏干漏斗状，地下水头越高，趋势越明显。此外，随着隧道初期支护和二次衬砌的施作，地下水的渗流面被堵塞，其孔隙水压力作用在初期支护上面，且地下水有恢复的趋势，地下水位越高，地下水恢复越快。

图 5.3-11 为不同水头高度下初期支护水压力云图。

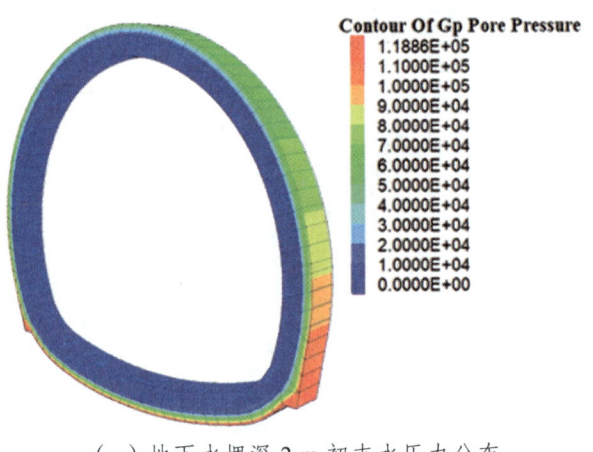

（a）地下水埋深 2 m 初支水压力分布

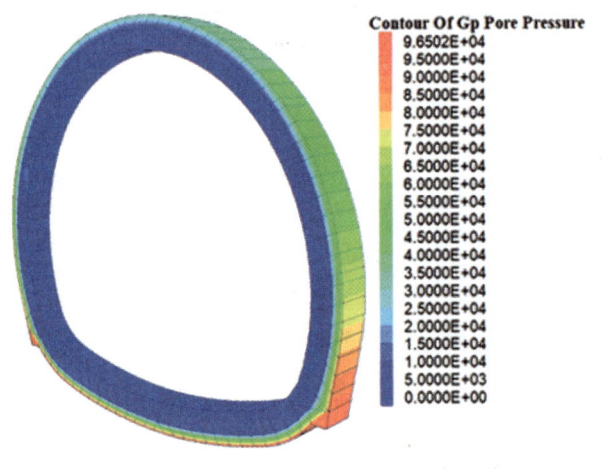

（b）地下水埋深 6 m 初支水压力分布

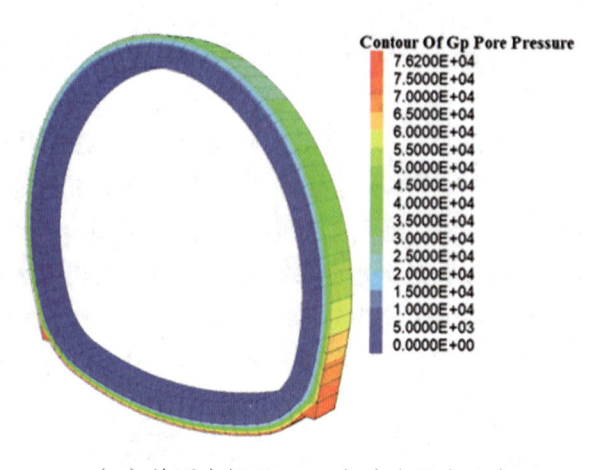

（c）地下水埋深 10 m 初支水压力分布

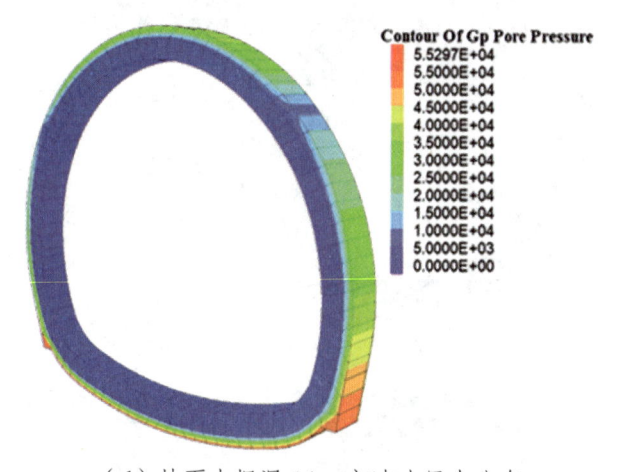

（d）地下水埋深 14 m 初支水压力分布

图 5.3-11　不同水头下初期支护水压力分布（单位：Pa）

　　从图中可以得知，不同水头高度下初期支护所受的最大水压力位于拱底和墙脚部位，二次衬砌作为不透水层，其内部水压力为零。初期支护的最大水压力的变化规律为：随着地下水头高度的增加，初期支护的水压力不断增大，当地下水埋深 2 m 时，最大水压力达到 118.9 kPa，而 14 m 的地下水埋深最大水压力仅为 55.3 kPa。

4. 地表水位变化规律

　　隧道开挖后，通过提取靠近地表水位附近孔隙水压力大小变化情况，最终可以得到地表水位变化规律。由上一节的计算结果可知，地下水位的变化在地下埋深 8 m 处最为明显，因此监测不同水头工况下拱顶正上方地表以下 8 m 位置的空隙水压力变化情况，以横坐标为计算步数、竖坐标为水头高度，建立监测曲线如图 5.3-12（a）所示。进一步地，分析毛洞开挖和支护后的地下埋深 8 m 的水平空隙水压力的变化趋势，如图 5.3-12（b）所示。

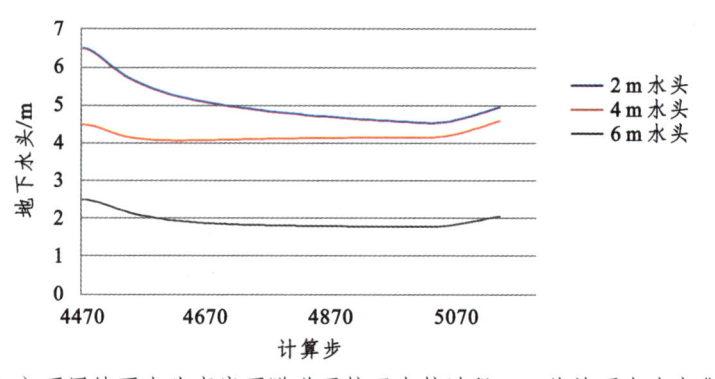

（a）不同地下水头高度下隧道开挖至支护过程 8 m 处地下水头变化

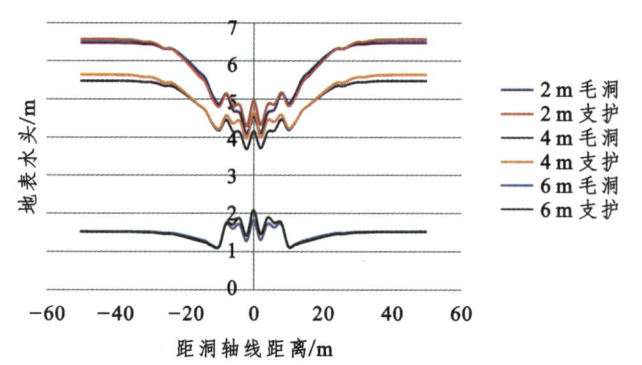

（b）地表下 8 m 处施工过程水头变化

图 5.3-12　不同水头高度下隧道施工过程地表水头变化趋势

从图 5.3-12（a）可以看出：地下水头高度越高，地表水头变化受到的影响越大，地下 2 m 水头埋深下地下水头降低最大达到 2 m 左右；同样地，在支护过程中，地下水头逐渐恢复。从图 5.3-12（b）可以看出：在水平范围内，距离开挖面越近的区域，水头变化越明显，距离开挖面越远的区域，地表水头变化受到的影响越小；水头高度越高的工况，水头变化幅度越大；支护后的水头高度高于支护前，表明支护后堵住地下水的渗流方向，衬砌外的水头有恢复趋势。

5. 涌水量变化规律

隧道开挖后，自临空面开始向洞内渗水。通过监测各个时间步的隧道临空面内节点不平衡流量总和，最终得到涌水量随施工进度的变化量，如图 5.3-13 所示。

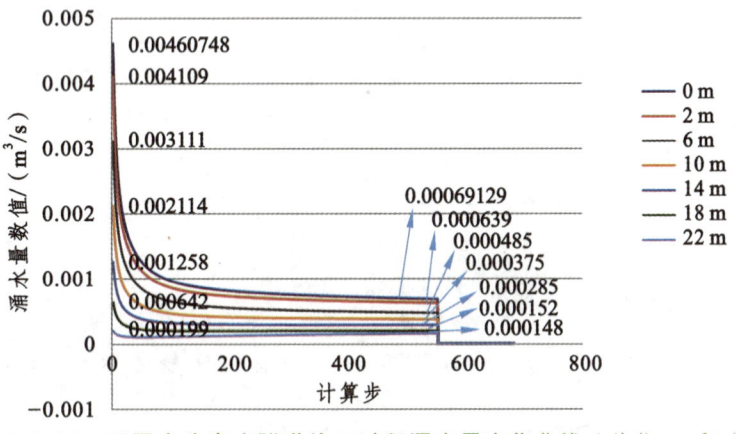

图 5.3-13　不同水头高度隧道施工过程涌水量变化曲线（单位：m³/s）

如图 5.3-13 所示，隧道开挖的瞬间，临空面涌水量有个突增的过程。地下水头高度越大、突增的涌水量越大，尤其隧道拱顶低于地下水位时，但是持续时间较短，之后有个快速的衰减，随着时间进行，涌水量降低速度越来越慢，慢慢趋于稳定，直至下次支护或开挖。当初期支护施作后，稳定后涌水量低于支护前，二次衬砌施作后，隧道涌水量趋于零，这是由于二次衬砌的抗渗性能优于初期支护。

5.4　热带雨林地区隧道施工期防排水施工技术

由上一节高液限黏土地下水的渗流机理研究结果，隧道开挖后地下水不断通过临空面向隧洞内渗流，引起隧道周围的渗流场产生急剧变化、地下水位降低明显，地下水对隧道施工的影响较大，施工过程若处置不当，可能引起围岩变形过大，地下水流失过多，甚至塌方的风险；通过注浆的方式能够起到堵水、止水效果，有利于减少地下水流失，降低围岩变形过大的风险，且在支护结构及时施作后也能减少隧道涌水；不同地下水位高度对围岩位移和支护结构的受力有所不同，施工期间，开挖前进行洞外降水或引排水能够减小围岩变形、支护受力。

5.4.1 施工期间地表防排水技术措施

目前，隧道施工防排水技术措施遵循"防、排、截、堵结合，因地制宜、综合治理"的原则，要求隧道衬砌、防水层具有防水能力，防止地表水、地下水透过防水层、衬砌结构渗入洞内；隧道应有系统、畅通的排水设施，将衬砌背后积水排入洞内中心水沟或路侧边沟；对易于渗漏到隧道的地表水，采用设置截（排）水沟、清除积水、填筑积水坑洼地、封闭渗漏点等措施；对于地下水，应采取导坑、泄水洞、井点降水等措施；针对隧道围岩渗漏水地段，采用注浆、止水墙等方法将地下水堵在围岩内。

1. 洞顶地表防排水措施

应用填充、铺砌、勾补、抹面等措施对洞顶存在的塌穴、钻孔等采用防水材料进行密实封闭，防止地表水下渗，隧道进出口段范围地表可采用注浆加固措施进行处理。洞外排水应根据隧道洞口所处环境的地形、地质、气象条件，考虑自然环境保护全面规划，因地制宜、综合治理设置截水、疏水、引水设施。

为截断洞口边仰坡地表水来源，防止地表水冲刷边仰坡和洞门区域，可在距洞门边仰坡一定距离外，修筑环抱隧道洞门的截水天沟。水沟一般采用浆砌片石铺砌，厚度≥30 cm，梯形断面形式，石质地段可采用矩形的断面形式铺砌。洞口段施工前先做好截水天沟，以利截排水，同时在洞口段开挖线以外5～10 m范围设置边沟，天沟应在隧道分界断面处与路基天沟连接。沟的长度设置应考虑边仰坡坡面不受冲刷，流量比较大时，不宜将水引入路基排水边沟排出，应根据地形将水引至附近涵洞或沟谷。为避免冲刷山体，可将下游水引至适当地点排出。

熊高明等人针对超浅埋膨胀土隧道洞顶防排水技术措施进行分析，总结了防排水设计方案及施工流程。

隧道洞顶防排水措施为：①在明洞临时边仰坡开口线以外5 m设排水沟，排水沟底部增设防水涂料、防水卷材防止排水沟中流水下渗，明洞临时边仰坡开口线至排水沟之间的部位用M10水泥砂浆封闭防水；②排水沟将汇集的地表水引排至附近天然排水沟渠；③采用超前管棚注浆固结黏土的裂隙，截堵地表水，以降低土体渗透系数，控制地表水下渗，确保隧道顶部土体稳定；

④在隧道顶四周坡脚处设置截水沟将坡面水集中引排至排水沟，防止坡面水流入洞顶土体。

排水沟：排水沟采用 30 cm 厚 C25 钢筋混凝土，沟底设 10 cm 厚 M10 水泥砂浆，沟底砂浆表面涂刷 1.5 mm 厚聚氨酯防水涂料，再铺设氯化聚乙烯防水卷材，在防水卷材上设 5 cm 厚 M10 水泥砂浆保护防水卷材。通过上述防水措施防止排水沟流水下渗下部土体裂隙中。

排水沟施工工艺流程：开挖→10 cm 厚 M10 砂浆找平层施工→涂刷聚氨脂防水涂料（3 遍）→氯化聚乙烯防水卷材铺设→10 cm 厚 M10 砂浆保护层施工→钢筋制安→C25 混凝土浇筑→M10 水泥砂浆防水层施工。

截水沟：在隧道顶低洼坡脚处设置临时截水沟将坡面流水截流至截水沟中，引排至明洞顶排水沟，排入附近天然水系，防止坡面流水直接流入洞顶土体中。截水沟采用 20 cm 厚 M10 浆砌石，沟底设 5 cm 厚 M10 水泥砂浆，沟底砂浆表面涂刷 1.5 mm 厚聚氨酯防水涂料，铺设氯化聚乙烯防水卷材。

截水沟施工工艺流程：开挖→5 cm 厚 M10 砂浆找平层施工→涂刷聚氨酯防水涂料（3 遍）→氯化聚乙烯防水卷材铺设→20 cm 厚浆砌片石砌筑。

2. 洞外降水井

将井点管埋设到待开挖隧道底部以下 10 m 或者进入岩层 6 m，利用管井内外水位差，使土层或破碎岩层里的地下水通过渗透流入井管内，再通过井管内的抽水泵排出地面，最终使得待开挖隧道内地下水位降低至隧道底部以下 1 m。隧道降水原理图如图 5.4-1 所示。

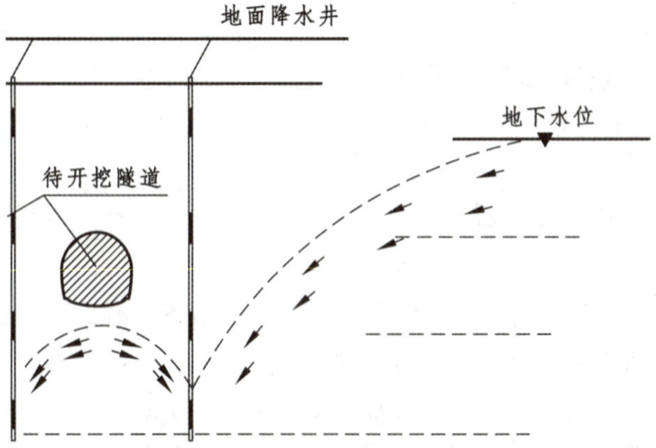

图 5.4-1　隧道降水原理示意图

隧道降水可保证隧道掌子面开挖时无渗水或涌水，在干燥的状态下进行施工，有效地解决掌子面遇水失稳、侧壁滑塌等施工风险。地下水位控制应满足以下要求：

（1）按降水试验得出降水速度，进而统一计划安排降水施工时间确保隧道开挖前地下水位控制在隧道底部以下 1.0 m。

（2）停止降水时，初期支护必须封闭成环。

（3）二次衬砌施工前，需恢复地下水位以便检测初期支护施工质量及渗漏情况，进而及时注浆修补。

（4）加强对地表及周边环境的监测，当出现沉降超标时，立即分析原因采取措施，控制沉降进一步发展，避免造成环境破坏。

（5）充分调查地质水文资料，进行详细降水计算并通过试验验证控制降水。在保证施工安全的前提下，尽可能少降地下水，减少对地下水资源的浪费，并降低用电消耗，节约能源。

井点降水布置示意图如图 5.4-2 所示、降水井结构如图 5.4-3 所示。

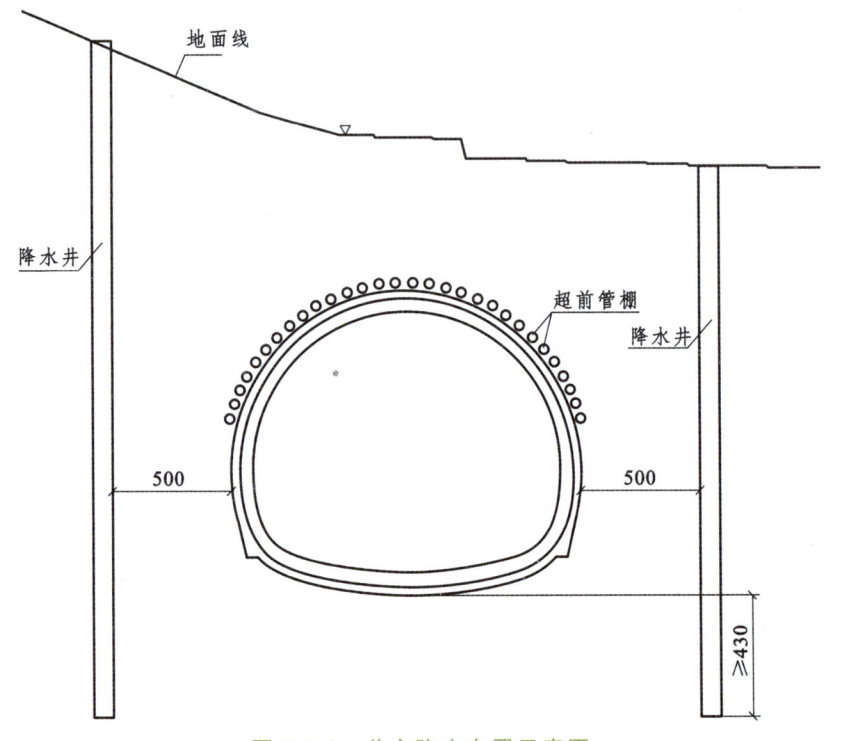

图 5.4-2　井点降水布置示意图

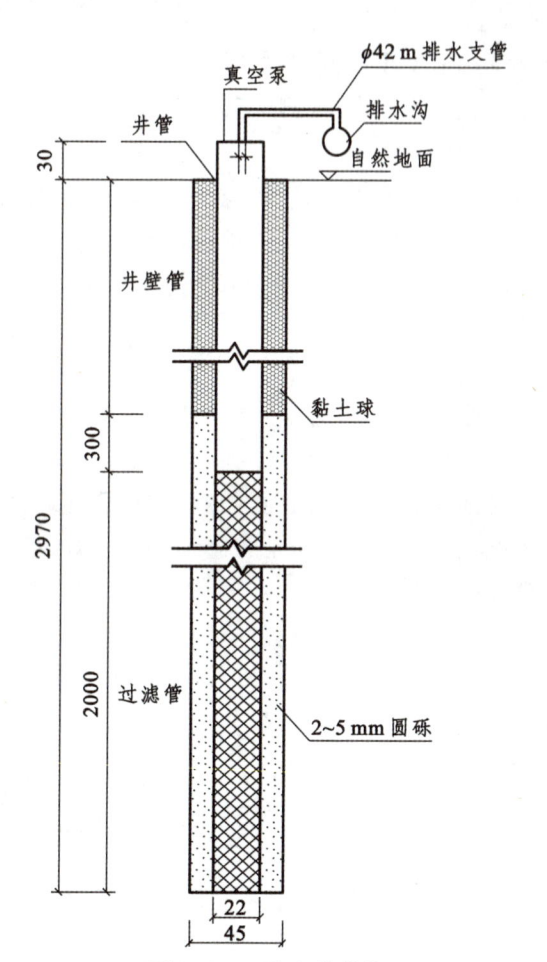

图 5.4-3　降水井结构

井点降水实施控制要点：

（1）降水在掌子面开挖前 20 d 或提前 40 m 进行，做到及时降低隧道的地下水位。

（2）降水井抽水时，有效控制抽水时间，抽水时间间隔按照先短后长，及时观察水量进行调整。井内的水被抽干后，应立即停泵。出现出水量较大的情况时，抽水的次数可以相应地增加。

（3）降水运行过程中，做好各井的水位观测工作，尤其要加强对观测井的水位测定，及时掌握井内水位的变化情况。

（4）降水运行期间，安排专职人员进行值班或跟班，安排两人 24 h 值班，交班时做好各种记录的交接，保证能准确地分析整理。

（5）为合理指导降水工作，提高降水运行的效果，在降水运行过程中要做好各项记录，绘制各种必要图表并及时分析整理。降水运行记录每天提交一份，如有停抽的井应及时测量水位。

5.4.2 施工期间洞内防排水技术措施

软弱围岩隧道施工治水是一大关键问题。特别是特殊地质隧道，隧道开挖后围岩遇水即会产生失稳现象，会给前期的初期支护造成较大的压力，从而引起大变形的现象。在软岩富水地段要坚持"以堵为主，限量排放"的治水原则。

目前常用的隧道施工防排水技术措施：当围岩稳定性较差时，必须对地下水进行限量排放，以释放水压，同时避免大量的地下水将各种填充物冲出，导致围岩间摩阻力降低而发生塌方；富水地段的治水方法可通过超前小导管的注浆及系统中空锚管注浆对松散围岩进行注浆固结堵水。对于个别富水量极大且围岩破碎地段或区域，可施作止浆墙堵水，即可根据浆液在围岩中的扩散系数，在开挖轮廓一定范围内加密中空锚管数量，保证该区域注浆后形成整体结构，增大其稳定性，然后在已固结部位打设泄水孔，释放水压，进行限量排放，避免水压过大对前方围岩造成更大压力，从而避免掌子面出现突水突泥现象。

1. 排水沟排水管

隧道进口工作面供水、排水采取双管路设置，施工供水、排水管各一根，主排水管采取 ϕ150 mm 钢管。隧道设计为上坡，进口施工区、斜井往大里程工区与明洞往大里程工区施工期利用自然坡度在隧道两侧设置排水沟排水，并派专人维护，保证水沟无堵塞，排水顺畅；斜井往小里程工区与明洞往小里程工区采用抽水机抽水的方式排水。

2. 洞内注浆堵水方案

为保证径向后注浆的精确有效，注浆施工前，业主、设计、监理和施工单位对隧道施工现场出水部位及出水量大小进行详细记录并绘制隧道出水部位展开图。

在隧道出水部位展开图绘制完后，针对出水情况，采用全断面径向后注浆结合局部注浆的方式堵水。

注浆顺序采取跳孔间隔注浆的方式进行，从水头高的一段开始注浆。如发现串浆现象，可多孔同时进行注浆，或者加深钻孔后下套管注双液浆，及时封堵裂隙水。

一个注浆段注浆结束后，随机抽取不少于总孔数的 5%且不少于 3 个检查孔，对该段注浆效果进行检查，检查孔内涌水量不大于 5 L/min，否则需要加密钻孔注浆，补充注浆。注浆工艺流程如图 5.4-4 所示。

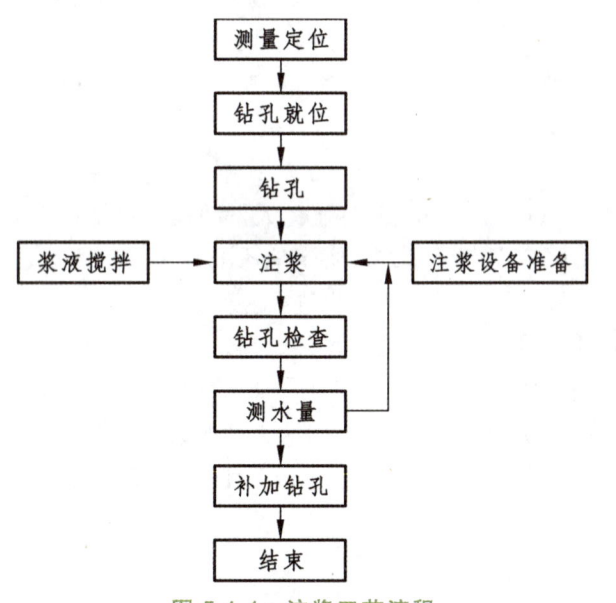

图 5.4-4　注浆工艺流程

3. 结构防排水技术措施

（1）防水。

① 隧道二次衬砌采用防水混凝土，一般地段抗渗等级为 P10。

② 暗作衬砌初期支护与二次衬砌间拱墙部位铺设防水板加无纺布，明作衬砌外缘设置水泥砂浆找平层、单面自黏式防水板、PVC 毛细排水板、无纺布及水泥砂浆保护层，并在回填土石顶面设复合隔水层。

③ 隧道衬砌纵向施工缝采用中埋式钢边橡胶止水带+遇水膨胀止水条+1 mm 厚水泥基渗透结晶形防水涂料进行防水处理;环向施工缝(含仰拱)采用中埋式橡胶止水带+遇水膨胀止水条+1 mm 厚水泥基渗透结晶形防水涂料。

④ 变形缝宽约 20 mm，采用中埋式橡胶止水带+遇水膨胀止水条+聚乙烯泡沫塑料板+聚硫建筑密封膏嵌缝材料进行防水处理。

（2）排水。

① 隧道衬砌背后均设环向盲管、纵向盲管、横向泄水管及双侧保温边沟、中心水管。中心水管浅埋段，环、纵向排水盲管直接弯入侧沟，再由横向泄水管排入中心检查井；中心水管深埋段，环向盲管水汇聚到纵向盲管后，再通过仰拱底横向导水管流入中心排水管；最后通过中心水沟管排出洞外。

② 全隧二次衬砌背后设环向盲管，贫水区纵向每 10 m 设定一环，富水地区每 5 m 设定一环；两侧边墙脚设纵向盲管，每隔 10 m 或一个衬砌台车长将地下水引入洞内侧沟。

③ 全隧初期支护与防水板间设置环向及纵向排水盲管，采用 HDPE 双壁打孔波纹管（外裹无纺布），环向盲管直径为 80 mm，纵向盲管直径为 100 mm。环向透水盲管每 10 m 或一个衬砌台车长一环，直接引入侧沟。

（3）防排水系统施工工艺。

① 洞内排水沟槽。

本隧道采用双侧排水沟槽加中心水管排水，中心水管浅埋段，环、纵向排水盲管直接弯入侧沟，再由横向泄水管排入中心检查井；中心水管深埋段，环向盲管水汇聚到纵向盲管后，再通过仰拱底横向导水管流入中心排水管；最后通过中心水沟管排出洞外。洞内采用双侧水沟，双侧电缆槽。

② 中心水管和横向泄水管。

本隧道均设有中心排水管。沿隧道纵向间隔一定距离设置一处横向泄水管，横向泄水管与中心水管或中心检查井、侧沟连通，以保证衬砌后排水畅通。横向泄水管在仰拱混凝土填充时预留；在进行仰拱填充找平层施工时施工纵向排水管及集水井，模筑时注意纵横向坡度与标高，并保证与两侧水沟和检查井的连通。

③ 防水板施工。

隧道内防水板施工工艺流程如图 5.4-5 所示。

施工准备：测量隧道断面，利用作业台车对断面进行修整，首先应凿除喷射混凝土表面"葡萄状"结块，用电焊或氧焊将初期支护外露的锚杆头和钢筋头等铁件齐根切除，在割除部位用细石混凝土抹平覆盖，以防刺破防水板。对于开挖面严重凹凸不平的部位须进行修凿和找平，采用细石混凝土抹平明显坑洼，保证初支面平整度满足 $D/L \leqslant 1/10$ 的要求。

检查防水板的质量，是否有变色、老化、波纹、刀痕、撕裂、孔洞等缺陷；在防水板边沿画出焊接线和拱顶中线；防水板按实际轮廓线长度截取，对称卷起备用。

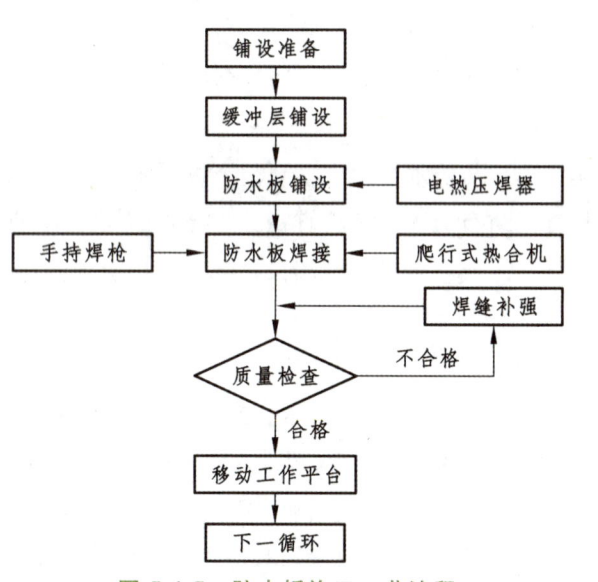

图 5.4-5　防水板施工工艺流程

无纺布铺设：无纺布长边沿隧道纵向铺设，长度为混凝土循环灌注长度外大于 50 cm。首先在喷射混凝土隧道拱顶标出隧道纵向中线，把无纺布用射钉、塑料垫片固定在混凝土基面上，要求无纺布的中心线与隧道中心线重合，无纺布搭接宽度不小于 50 mm，侧墙无纺布的铺设位置在施工缝以下 250 mm，以便搭接，塑料垫片用射钉固定在无纺布上，拱部间距 0.5 ~ 0.8 m、边墙间距 0.8 ~ 1.0 m，呈梅花形布设，对于变化断面和转角部位，钉距适当加密。无纺布与防水板固定如图 5.4-6 所示。

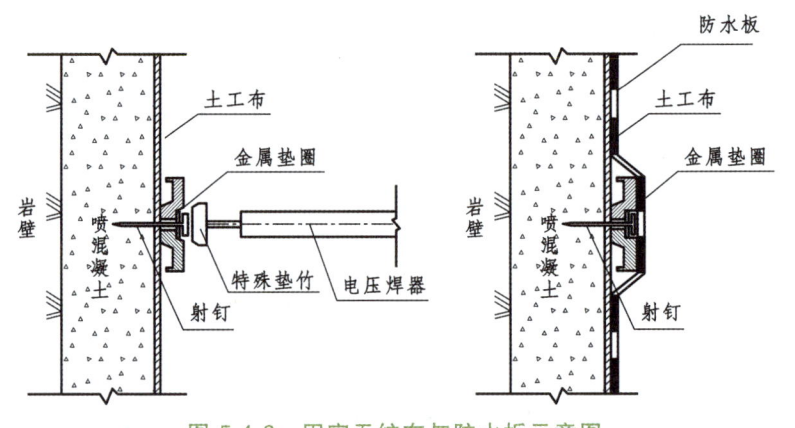

图 5.4-6　固定无纺布与防水板示意图

防水板铺设：防水板长边沿隧道环向铺设，铺设长度与无纺布相同，先在隧道拱顶的无纺布缓冲层上正确标出隧道纵向中心线，再使防水板的中心线与隧道中心线重合，从拱顶开始向两侧下垂铺设。防水板铺设采用超声波焊接工艺，防水板对位正确后，从拱部开始，人工将防水板按压至基层土工布垫片上并保持密贴，用超声波焊枪将防水板点焊到基层热熔垫片上。超声波焊接机压焊：一手持超声波焊接机，一手顶压防水板，超声波焊接机与压过的防水板面保持垂直，再用力压紧并按下开关，熔化防水板后，在端头压入防水板约 0.5 mm 即停止焊接，单点焊接持续时间约 4 s。防水板搭接缝与施工缝错开距离不应小于 100 cm。

附属洞室铺设防水板时，按照附属洞室的大小和形状加工防水板，将其焊在洞室内壁的喷锚支护上，并与边墙防水板焊接成一个整体。在隧道与附属洞室相交会处的阴阳角防水层铺设，在转角 1 m 范围内布置双层防水板。

防水板的铺设要松紧适度，使之能紧贴在喷射混凝土表面上，不致因过紧被撕裂；如果铺设过松，无纺布防水板褶皱堆积会形成人为蓄水点。

防水板一次铺设长度根据混凝土循环灌注长度确定，并领先衬砌施工 1～2 个循环，并设临时挡板防止机械损伤或电火花灼伤防水板。如发现防水板有破损，必须及时修补：先取一小块防水板剪成圆角，除尽两防水板上的灰尘后，将其置于破损处，然后用手动电热熔接器熔接。熔接质量用真空检测器检测，若不合格必须重新修补。

防水板接缝焊接：防水板接缝焊接采用爬行热焊机双缝焊接，将两幅防水板的边缘搭接，通过热熔加压而有效黏结。热合器预热后，放在两幅防水板之间，边移动融化防水板边顶托加压，直至接缝黏接牢固。无条件用机焊的特殊部位可用人工焊接，但一定要认真检查焊接是否牢固。

防水板搭接宽度不小于 15 cm，单条焊缝的有效焊接宽度不小于 1.5 cm，不得焊焦焊穿。防水板搭接缝应与施工缝错开 1.0 ~ 2.0 m。无条件用机焊的特殊部位可用人工焊接，但一定要认真检查焊接是否牢固。防水板搭接如图 5.4-7 所示。

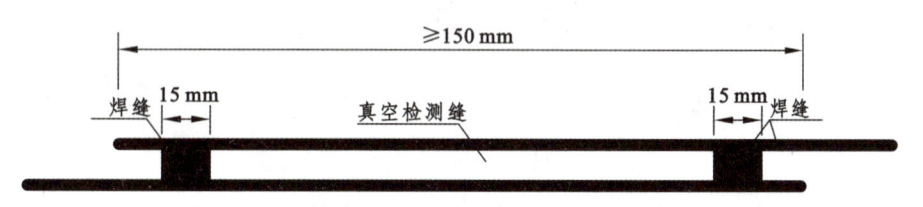

图 5.4-7　防水板搭接示意图

竖向焊缝与横向焊缝成十字相交时（十字形焊缝），在焊接第二条缝前，先将第一条焊缝外的多余边削去，将台阶修理成斜面并熔平，修整长度 > 12 mm，以确保焊接质量和焊机顺利通过。

焊缝质量与焊接温度、焊接电压和焊接速度有密切关系，施焊前必须先试焊，确定焊接工艺参数。焊接时，不可高温快焊或低压慢焊，以免造成假焊或烧焦、烧穿防水板；加压均匀，不可忽轻忽重，使轻压处产生假焊现象；焊缝若有假焊、漏焊、烧焦、烧穿时应进行补焊，防水板被损坏处，必须用小块防水板焊接覆盖。

防水板质量检查：

• 外观检查。

防水板铺设应均匀连续，焊接采用双焊缝。单条焊缝宽度不小于 15 mm，相邻两幅板的搭接宽度不小于 150 mm，分段铺设相邻两幅板边缘部位应预留至少 60 cm 搭接余量。焊缝应平顺、无褶皱、均匀连续，无假焊、漏焊、焊过、焊穿或夹层等现象。

• 焊缝质量检查。

防水板搭接部位焊缝为双焊缝，中间留出空隙以便充气检查。检查方法：先堵住空气道的一端，然后用空气检测器从另一端打气加压。用 5 号注射针头与打气筒相连，针头处设压力表，打气筒进行充气。当压力达到 0.25 MPa 时，停止充气，保持该压力达 15 min，压力下降幅度在 10% 以内为合格焊缝，否则说明有未焊好之处。用肥皂水涂在焊接缝上，产生气泡地方重新焊接，可用热风焊枪和电烙铁等补焊，直到不漏气为止。检查数量采取随机抽样的原则，每浇筑段环向检查一条焊缝，纵向检查两条焊缝，为保证质量，每天每台热合机焊接应制取一个试样，注明取样位置、焊接操作者及日期，供试验检查之用。

对搭接焊接及吊挂点焊缝进行检查，如有不符合质量要求者，应及时进行补焊处理，以满足质量要求。

钢筋绑扎时要对防水层进行防护，所有靠防水板一侧钢筋弯钩及绑扎铁丝接口设在背离防水板一侧。焊接钢筋时必须在此周围设防火板遮挡，以免电火花烧坏防水层。混凝土振捣时不能触碰到防水板。

松紧度检测（吊挂余量）。

用木棍端部推压防水板，如果能够使其接触到喷层表面，则表明防水板的松紧适当，否则还需调整防水板的松紧度，使其满足要求。

（4）排水盲管。

隧道拱墙防水层与初期支护间环向设 $\Phi 80$ mm 双壁打孔波纹管盲沟，结合施工缝设置，纵向间距一般为 10 m，并根据地下水情况调整，在地下水较大处增设 1～2 道；在隧道两侧边墙墙脚外层纵向设外包无纺布的 $\Phi 100$ mm 双壁打孔波纹管，按台车位长度将其两端直接弯入侧沟内。环向盲沟与纵向盲沟两端均直接与隧道侧沟连通，便于排水管路维护。地下水发育地段环向盲沟适当加密。

环向盲管安装：先在喷射混凝土面上定位划线，线位布设原则上按设计进行，但根据洞壁实际渗水情况作适当调整，尽可能通过喷射层面的低凹处和有出水点的地方。沿线用 PE 板窄条（8 cm×20 cm）和水泥钢钉将环向盲管钉于初喷混凝土表面，钢钉间距 30～50 cm。集中出水点沿着水源方向钻孔，然后将单根引水盲管插入其中，并用速凝砂浆将周围封堵，以便地下水从管中集中流出。

纵向盲管安装：按设计位置在边墙底部放线，沿线钻孔，打入定位钢筋，安设纵向盲管，用卡子卡住盲管，固定在定位钢筋上。环向与纵向、纵弯入侧沟内应保证畅通，采取管口封堵无纺布等必要措施预防堵塞。盲管与喷射混凝土层面的间距不得大于 5 cm，盲管与岩面脱开的最大长度不得大于 10 cm。

（5）施工缝、变形缝防水处理。

① 施工缝防水处理。

拱墙采用中埋式橡胶止水带+背贴式橡胶止水带，仰拱采用中埋式橡胶止水带+遇水膨胀止水条；全隧道纵向施工缝设中埋式镀锌钢板止水带+遇水膨胀止水条。

② 中埋式止水带安装。

环向中埋式止水带在施工仰拱、拱墙二衬施工时采用端模平展对夹固定工艺。止水带固定如图 5.4-8 所示。

③ 止水条安装。

在浇筑前一板衬砌混凝土时，先在端模板将要安装止水条的位置钉上一条直径 30 mm 的麻绳，涂好脱模剂，在先浇筑的衬砌端面上留好镶嵌止水条的沟槽。在下一板混凝土之前，先清理沟槽，涂胶将止水条贴在沟槽中，原混凝土面凿毛洗净，处理完毕后立模浇筑下一板衬砌混凝土。

④ 涂抹防水涂料。

安装好止水条后在止水带上涂抹 1 mm 厚水泥基渗透结晶型防水涂料。

图 5.4-8　止水带固定示意图

⑤ 变形缝防水处理。

浅埋抗震设防段及洞口明洞段均应设置变形缝，变形缝宽度 2 cm，变形缝设中埋式钢边橡胶止水带+聚乙烯塑料泡沫板+双组分聚硫密封胶。

⑥ 止水带搭接。

止水带的搭接采用热熔焊接工艺，热熔焊接机使用方法：

- 将两个止水带接头切齐对正。
- 预留 3~5 mm 接缝，将热混炼胶片填补在预留接缝处。
- 用 8 cm 宽、65 cm 长、2 mm 厚的生胶带包裹止水带接缝一周，并用手压实密贴。
- 将连接接头位置置于热熔焊接主机上。
- 在温控仪上调试好需要加热的温度，195 ℃±10 ℃。
- 在加热过程中不断调整千斤顶，使两块模具缝隙刚好达到止水带厚度为止。
- 加热时间 10 min±5 min，待冷却到室温即可。

止水带安装前，必须对止水带进行完好性检查，检查止水带是否有断裂、破损、穿孔等缺陷。如果有缺陷，应立即对缺陷部位进行修补，修补采用热熔硫化橡胶粘补。

5.5 小 结

（1）隧道在地下水环境施工过程中会增大围岩的局部应力、支护结构的应力，且会使得应力分布更加复杂。隧洞周围孔隙水压力急剧减小导致渗流速度剧增，隧道拱顶向上部位置孔压有明显下降趋势，从整体上看呈现出疏干漏斗型变化。隧道开挖后，洞壁位置孔隙水压力由某一数值变为 0，从而地下水在水压作用下涌入洞室，从而引起地下水位的下降。

（2）当地下水位处在开挖面以上时，随着地下水头的增加，竖向最大压应力不断增大；当地下水头低于开挖面时，随着地下水头的降低，边墙最大压应力有反向增大的趋势，逐渐达到无水时的应力值。

（3）地下水头高度不断增加，隧道开挖引起的围岩应力分布更加复杂，且其绝对值也随之增大，围岩的拱顶沉降和边墙收敛位移也会逐渐增大。初期支护的最大水压力的变化规律为：随着地下水头高度的增加，初期支护的水压力不断增大。

（4）地下水头高度越高，地表水头变化受到的影响越大，2 m 地下水埋深下地下水头降低最大达到 2 m 左右，在支护过程中，地下水头逐渐恢复。地下水头高度越大、突增的涌水量越大，尤其隧道拱顶低于地下水位时，但是持续时间较短，之后衰减，随着时间进行，涌水量降低速度越来越慢，慢慢趋于稳定；当初期支护施作后，稳定后涌水量低于支护前，二次衬砌施作后，隧道涌水量趋于零。

（5）通过注浆的方式能够起到堵水、止水效果，有利于减少地下水流失，降低围岩变形过大的风险，且在支护结构及时施作后也能减少隧道涌水；不同地下水位高度对围岩位移和支护结构的受力有所不同，施工期间，开挖前进行洞外降水或引排水能够减小围岩变形和支护受力。

（6）在对隧道开挖地下水渗流机理研究的基础上，展开降水施工期间地表及洞内防排水技术措施的分析。隧道施工防排水技术措施遵循"防、排、截、堵结合，因地制宜、综合治理"的原则；对于地表防排水，洞外排水应根据隧道洞口所处环境的地形、地质、气象条件，考虑自然环境保护全面规划，因地制宜、综合治理设置截水、疏水、引水设施；对于洞内防排水，除了设置排水沟、排水管引排之外，对于富水段进行注浆堵水。此外，结构防排水也会对地下水产生影响，施工时应重点关注防水板、排水盲管、施工缝施工。现有工程实例表明：浅埋富水软岩隧道施工期间，采用地表防排水和洞内防排水相结合的技术措施能够降低围岩变形、减小对地下水的影响。

参 考 文 献

[1] 王兵,谢锦昌. 偏压隧道模型试验及可靠度分析[J]. 工程力学,1998, 15（1）：85-92.

[2] 姜勇，朱合华. 岩石偏压隧道动态分析及相关研究[J]. 地下空间, 2004，24（3）：312-314.

[3] 程曙光. 偏压隧道施工及病害处治技术[D]. 上海：同济大学，2007.

[4] 谢世平. 偏压隧道稳定性分析及控制研究[D]. 重庆：重庆大学， 2007.

[5] 姜德义，郑彦奎，任松，等. 地质偏压隧道松动圈探测与初衬开裂 原因分析[J]. 中国矿业，2008，17（1）：101-104.

[6] 韩昌瑞，张波，白世伟，等. 深埋隧道层状岩体弹塑性本构模型研 究[J]. 岩土力学，2008，29（9）：2404-2408.

[7] 李志厚. 云南山岭公路隧道修筑技术研究[D]. 西安：长安大学， 2009.

[8] 赵龙宾. 圆形偏压隧道应力场的弹性解析[D]. 长沙：湖南大学， 2010.

[9] 范秋雁. 胀岩与工程[M]. 北京：科学出版社，2008.

[10] 曲永新，陈历鸿，金春山. 膨胀岩学术讨论会概况[J]. 水文地质工 程地质，1986（6）：16-17.

[11] 缪林昌,仲晓晨. 膨胀土的强度与含水量的关系[J]. 岩土力学,1999, 20（2）：71-75.

[12] 杨庆，张慧珍，栾茂田. 非饱和膨胀土抗剪强度的试验研究[J]. 岩 石力学与工程学报，2004，23（3）：420-425.

[13] 高国瑞. 膨胀土的微结构和膨胀势[J]. 岩土工程学报,1984,6(2)：

40-48.

[14] 陈宗基,闻萱梅. 膨胀岩与隧洞稳定[J]. 岩石力学与工程学报,1983
（1）: 5-14.

[15] 何满潮, 邹正盛, 邹友峰. 软岩巷道工程概论[M]. 徐州: 中国矿业
大学出版社, 1993.

[16] 朱珍德, 张爱军, 张勇, 等. 基于湿度应力场理论的膨胀岩弹塑性
本构关系[J]. 岩土力学, 2004, 25（5）: 700-702.

[17] 曹勇, 秦祖军, 杨元勋. 高应力松软膨胀极软岩巷道控制支护与应
用[J]. 煤炭科技, 2012, 3: 61-62.

[18] 崔炳伟. 断层带膨胀性软岩隧道变形特性研究[D]. 重庆: 重庆大学,
2012.

[19] 李华伟. 双层初期支护技术在软岩大变形隧道施工中的应用[J]. 隧
道与地下工程, 2014（2）: 52-69.

[20] 黄新梅. 隧道双层支护及双层衬砌试验研究[D]. 西安: 长安大学,
2014.

[21] 戴永浩, 陈卫忠, 田洪铭, 等. 大梁隧道软岩大变形及其支护方案
研究[J]. 岩土力学与工程学报, 2015, 34（2）: 4149-4156.

[22] 康红普, 陆士良. 巷道底鼓机理的分析[J]. 岩石力学与工程学报,
1991, 10（4）: 362-373.

[23] 康红普. 软岩巷道底臌的机理及防治[M]. 北京: 煤炭工业出版社,
1993.

[24] 孔恒, 王梦恕, 张德华. 隧道底板隆起的成因、分类与控制[J]. 中
国安全科学学报, 2003, 13（1）: 30-33.

[25] 钟祖良, 刘新荣, 王道良, 等. 桃树垭隧道隆起发生机理与防治技
术研究[J]. 岩土工程学报, 2012, 34（3）: 471-476.

[26] 杨词光. 都汶公路地震前后地应力场演化规律与软岩隧道底鼓防
治研究[D]. 成都: 成都理工大学, 2012.

[27] 杨生彬, 何满潮, 刘文涛, 等. 底角锚杆在深部软岩巷道底臌控制

中的机制及应用研究[J]. 岩石力学与工程学报，2008，27（S1）：
2913-2920.

[28]　陈鸿，汪大新. 膨胀土隧道仰拱施工技术[J]. 隧道建设，2010，30
（5）：582-585.

[29]　石有才. 既有线膨胀围岩隧道病害整治施工技术[J]. 现代隧道技术，
2005，42（1）：61-67.

[30]　肖小文，王立川，阳军生，等. 高地应力区缓倾互层岩体无砟轨道
隧道底部隆起的成因分析及整治方案[J]. 中国铁道科学，2016，37
（1）：78-84.